소장 사료를 통해 본

# 한국 방송 역사

일러두기

- 맞춤법과 띄어쓰기는 현행 어문 규정의 표기법을 따랐습니다. 다만 원문을 인용한 경우에는 해당 원문의 표기 방식을 그대로 따랐습니다.
- 본문의 각주는 저자주입니다.
- 이 책에 수록된 모든 이미지는 저자의 소장 자료를 촬영한 것입니다.

소장 사료를 통해 본

# 한국 방송 역사

김성호 지음

대한민국, 서울, 커뮤니케이션북스, 2025

**소장 사료를 통해 본 한국 방송 역사**

지은이 김성호
펴낸이 박영률

초판 1쇄 발행일 2025년 7월 31일

커뮤니케이션북스(주)
출판 등록 2007년 8월 17일 제313-2007-000166호
02880 서울시 성북구 성북로 5-11 (성북동1가 35-38)
전화(02) 7474 001, 팩스(02) 736 5047
commbooks@eeel.net
www.commbooks.com

CommunicationBooks Inc.
05-11, Seongbuk-ro,
Seongbuk-gu, Seoul, 02880, KOREA
phone 82 2 7474 001, fax 82 2 736 5047



이 책은 관훈클럽정신영기금의 도움을 받아 저술 출판되었습니다.



ISBN 979-11-430-0334-8 03070

책값은 뒤표지에 표시되어 있습니다.

# 책머리에

이 책에 실린 글들은 성글기 짝이 없습니다. 논문이라고 할 수는 없고, 그렇다고 논설문, 수필이라고 말씀드리기도 대단히 난감합니다. 그냥, 제 소장 사료에 대한 설명문 정도로 이해해 주시기 바랍니다. 이제 저도 생애를 마무리해야 할 연륜으로 접어들었기에, 내 몸같이 귀중하게 소장해온 한국 방송 사료를 후대에 전수하고 필요한 이들과 공유하려는 의도에서 이 책을 펴냅니다. 그리하여 시간이 날 때마다 소장 사료를 꺼내어 들추어 보면서 이 글을 씁니다. 이는 또 한편으로는 한국 방송 역사를 연구하는 학자로서 2027년 방송 100주년을 기념하기 위해서이기도 합니다.

역사는 사료의 기록입니다. 저는 1970년 문공부 방송직 공채 시험을 거쳐 KBS에 입사할 때부터 한국 방송 관련 사료 수집과 공부에 신경을 쓰기 시작했습니다. 방송국에서 일하면서 한국언론학회 학술 대회 및 세미나 등에 자주 참여했습니다. 한국방송학회에는 1988년 창립 행사 때부터 나갔는데, 학회 활동을 많이 하다 보니, 2001년에는 한국소통학회(창립 당시는 '한국스피치커뮤니케이션학회') 설립 위원으로도 징발(徵發)되었습니다. 징발이라는 표현이 거칠어 보여 사족을 달겠습니다. 소통학회 창립 공로자인 임태섭(당시 광운대 미디어영상학부 교수로 현재는 미국 위스콘신대학교 교수) 교수님이 동행을 요청하여 학회 창립에 적극 나서, 초대 부회장과 2대 감사 등을 역임한 후에 8대 학회장에 선임되기도 했습니다.

이 한국소통학회장 선임 사건은 '징발되었다'라는 표현이 적절할 것 같습니다. 2010년 당시, 광운대학교 교수로서 소통학회 4대 학회장을 지낸, 고인이 된 김현주(1956~2024) 선생께서 저에게 갑자기 전화를 하셨는데, 회장을 맡기로 했던 동아대학교 고 이범수(1950~2023) 교수님께서 사정이 생겨 회장 자리가 공석이 되게 생겼으니 맡아 달라고 간곡히 부탁하여, 엉겁결에 학회장의 영예를 안기도 했습니다. 제가 당시 광운대 정보콘텐츠대학원장 재임 시절이라 대내외적으로 모양새도 좋아서, 학교나 교수들을 유인하기가 좀 편리했습니다. 그때 부회장으로 학계에서는 이 분야 전문학자 이상철(성균관대) 교수님을, 업계에서는 서강대에서 스피치 과목을 오랫동안 강의하던 정 훈(한국DMB 회장 역임) 선생을 섭외하여 모시기도 했습니다. 이상철 교수님은 저 다음 9대 학회장을 맡았고, 지금도 열심히 봉사하고 있습니다.

이렇게 저는 방송계에서 학계를 넘나들며 평생을 살아왔습니다. 그런 연유에서인지 2015년 들어서는 언론학 퇴직 교수들의 모임인 '한국언론연구회'에 총무(회장)로 징발되어 지금까지 이 모임에 관여하고 있습니다. 100세가 다 되신 1927년생 김동철(이화여대) 최원로님을 비롯하여 90대 교수님들이 네 분이나 계십니다. 대체로 한국언론학회장 출신들이 이 모임의 봉사자인 총무를 맡았는데, 1대와 3대 총무이셨던 오진환(한양대) 교수님과 5대 총무인 김지운(성균관대) 교수님은 돌아가셨습니다. 그리고 매달 모임에 빠짐없이 참석하셨던 오인환(연세대) 교수님과 전영표(신구대) 교수님도 작고하셨습니다. 특히 이재원(미국 클리블랜드대) 교수님은 미국에서 돌아오셔서 경남 남해에 사시면서도 매달 서울 모임에 참석하시다가 2022년에 별세하셨습니다. 총무를 지낸 분으로 2, 4대 김동철 최원로님, 6대 이광재(경희대) 교수님, 7대 이정춘(중앙대) 교수님은 건장하십니다. 유일하게 비언론학회장 출신인 8대 총무인 저, 김성호는 윗분들을 모시고 가끔 모임을 하면서 90대 원로인 안광식(이화여대), 최정호(연세대), 이강수(한양대) 교수님 등도 뵙습니다만, 이제는 연로들 하셔서 그 일도 힘든 상황입니다. 이 모임에 이광재(경희대) 교수님과 오두범(청주대) 교수님께서는 한 번도 빠지지 않고 나오십니다. 필자의 후배로는 송해룡(성균관대) 교수님께서 퇴직 후 낙향하여 충청도에서 사시며 자주 모임에 오십니다. 세월이 흐르다 보니 이제는 창립 멤버들이 많이 돌아가신 데다, 병고에 계신 분들도 있어서 정기적인 모임은 어렵습니다. 저는 2015년 9월부터 이 모임에서 봉사 활동을 해 왔는데, 작년 2024년부터는 정기적인 회합은 어려워 분기별 1회 정도 '만남의 장'을 이어 나가고 있습니다.

이 한국언론연구회 총무로서의 업적을 하나 들자면, 『한국 언론학 설계자들』(다할미디어, 2019.5, 284p)이라는 책을 펴낸 일입니다. 2019년은 한국언론연구회 창립 20주년이라 총무로서 기념 이벤트를 구상하다가, 학자들의 모임 공동체이기에 『한국 언론학 설계자들』 책을 기획하게 되었습니다. 마침 한국언론학회가 창립 60주년을 맞이하는 해였기에 이 큰 사단법인체에게 공동 이벤트를 요청했습니다. 그리하여 당시 제45대 학회장이신 이재진(한양대) 교수님이 큰 도움을 주셨습니다. 한국언론학회가 앞장서 MBC 방문진의 지원을 받도록 주선하여 '방송문화진흥총서 199'로 단행본을 발간했습니다. 이 책의 출간 기획과 진행에 앞장섰던 저는 총무로서 책 맨 뒤에 발문(跋文)을 썼는데, 집필자 14분 교수님들이 80~90대 원로들이셔서 원고를 수집하고 관련 자료를 모아 출판사를 오가느라 고생이 좀 많았습니다. 그래서 그와 관련된 글을 이 책에 넣어 하나의 한국언론학 역사 사료로 남기고자 합니다. 용기를 내 보지만, 자화자찬이 될 듯하여 미안스러운 마음도 큽니다.

이 책의 차례는 소장 사료가 갖가지(단행본, 잡지, 사진. 서신, 조각품, 배지 등)인지라 기준을 설정하기가 쉽지 않았지만 연대만은 순서대로 맞추려고 노력했습니다. 한국 방송 100주년이 목전이라 '1927년 경성방송국 개국 홍보 지라시'를 맨 앞에 놓고 이어 1930, 1940년대 연대순으로 하여 2020년대까지 나열해 봤습니다. 사진은 같거나 비슷한 연대이면 두세 개를 한곳으로 모아 엮기도 했습니다. 따라서 글의 일관성이 부족하기도 하고 분량도 각각 다를 수 있습니다. 기존에 발표한 글도 포함되어 있는데, '소장 사료를 공유하려고 하나 보다'라는 차원에서 이해해 주시길 바랍니다. 한 말씀 더 드리면 이 책에 '참고문헌'을 싣지 않습니다. 소장 문헌이 대변하고 있으며, 곳곳에 관련 자료도 소개하고 있기 때문입니다.

이 책을 내는 데 도움을 주신 분들이 참으로 많습니다. 일일이 다 거론하기는 어려워 대략 몇 분만 적어 고마움을 드립니다. 우선, 작고하신 한국 방송계의 큰 어른 두 분 노정팔(1919～2002) · 최창봉(1925～2016) 선생께 감사드립니다. 저에게 사료를 주신 덕에 이 기획을 시작할 수 있었기에 평생 감사를 드려도 부족할 것 같습니다. 또한 이강수 교수님과 차배근 교수님께서도 값진 커뮤니케이션 관련 창간호 잡지와 방송 관련 사료를 주셨습니다. 아울러 송현식 형님께도 감사드립니다. 송 형은 저보다 6년이나 더 많은 인생 선배로 저와는 1970년 KBS 입사 동기인데, 부친 송영호(1915～1996) 선생께서는 한국 방송계의 거목이셔서 방송 사료들을 아들에게 전수하셨고, 아들이 저에게도 일부 넘겨주셔서 이 책을 엮는 데 큰 도움이 되었습니다.

이참에, 늘 미안하기만 했던 가족들에게도 고맙다는 얘기를 해야 하겠습니다. 셋방살이부터 이사를 수없이 다니며 살았는데, 이사 때마다 제 서가의 종이 한 장도 버리지 않고 꼼꼼히 챙긴 집사람 박현주와 20여 년째 제 글의 교정을 봐 주고 있는 딸 김서영(여고 국어교사)에게도 감사의 마음을 보냅니다. 그런데 이번 책은 딸이 큰 눈 수술을 받는 바람에 교정을 도와줄 수 없어, 글이 다소 성글게 느껴질 수도 있겠습니다. 제가 돈과 재산을 잘 모르는 사람이라 가족들에게는 불편을 끼치는 경우가 많았습니다. 이제는 더 이상 불편함이 없도록 노력해 보겠습니다. 이젠, 후학들에게 다 넘기고 편하게 살다 생애를 마치려고 하는데, 가능할지 모르겠습니다. 떠날 날이 언제일지 몰라, 하느님께 가끔 여쭤 봐도 대답이 없으시니 준비나 잘하려고 합니다. 선종(善終)하는 분들을 옆에서 많이 봐 왔고 제가 평생을 준비하고 인내하며 살았기에, 마지막도 준비에 힘을 기울이겠습니다. 그래서 선종 기도를 열심히 하고 있습니다.

특별히 감사드릴 분은 KBS미디어 황영환 전 부장입니다. 황 부장께서는 전문적인 기술로 제 소장 사료를 촬영·편집하여 책을 내는 데 결정적인 역할을 해 주셨습니다. 20여 년 전 제가 KBS인터넷(KBS미디어와 합병) 대표이사 사장 시절 입사하여 지금까지도 교류하면서 수많은 도움을 주고 있습니다. 또 가끔 도움을 준 김명남 KBS 재직 후배에게도 감사드립니다. 사위(홍성민)와 아들(김연욱)에게는 우리 집에 들를 때마다 편집과 교정을 부탁하곤 했습니다. 이들의 도움이 없었다면 저 혼자의 힘으로는 이 책을 내지 못했을 것입니다. 감사한 마음 한량이 없습니다.

마지막으로 이 책 출판에 오랜 기간 신경을 써 준 송해룡 성균관대 명예교수님과 커뮤니케이션북스 전정욱 주간님께 감사드립니다. 제가 까다로움을 드려 죄송합니다.

2025. 4

목동 우거에서 김성호

# 차례

# 사진 차례

# 소장 자료를 통해 본 한국 방송 역사

# 1.
# 1927년 경성방송국 개국 홍보 '지라시'

여기, 〈사진 1〉의 지라시(선전을 위해 만든 종이쪽지)는 1927년 2월 경성방송국이 개국 즈음에 홍보용으로 만들어 배포한 것으로 보인다. 이 한 장의 사료는 왼편의 큰 글자 '放送開始記念(방송개시기념)'과 큰 도장 모양의 동그라미 안에 쓰인 '京城放送局 發行(경성방송국 발행)' 등을 볼 때, 그 시대에 만들어진 문건임이 분명하다. 그러나 아쉽게도 그 사료의 제작 과정은 물론, 이 지라시가 필자에게 어떻게 전수되었는지 전혀 기억이 나지 않는다. 더욱이 한국 방송 사료를 수집하고 그 역사를 연구하는 학도인데도 이 사료에 관하여 기술된 어떤 문헌도 발견하지 못했고, 관련된 전언(傳言)조차 경청한 바가 없다. 방송학 연구 학자나 원로 방송인들에게 자문을 요청해 보기도 했지만, 모두 다 처음 보는 사료라고 반응할 뿐이었다. 특히 한국 방송 역사를 절절히 체험했고 꿰뚫고 있던 작고한 선인들에게 미리 자문을 받아 보지 못한 것이 못내 통탄스러운 마음으로 남아 있다.

이 지라시를 소장하고 있는 필자는 이 사료를 어떤 경로를 통하여 소지하게 되었는지 모르겠는데 미루어 짐작하건대, 오랫동안 많은 방송 사료를 수집하다가 어떤 책자에 끼여 들어온 것이 아닌가 생각이 들기도 한다. 그게 아니면, 작고한 한국 방송의 대가였던 노정팔(KBS 초대 민선이사장 역임) 또는 최창봉(MBC 사장 역임) 선현 등이 소장 사료를 필자에게 넘겨줄 때 받았는지도 모르겠다.

이 사료 중간에는 'ラヂオの 三大 使命(라디오의 3대 사명)'이 표기되어 있다. 이 3대는 '報導(보도), 教化(교화), 慰安(위안)'을 일컫는다. 참고로 보도(報導)의 '도(導)' 자는 '이끌 도'로 1960~1970년대 초까지도 보도의 한자어로 사용했던 것으로 기억한다. 그 후 길, 이치를 뜻하는 '도(道)' 자를 쓰기 시작하였다. 라디오 프로그램 장르의 관점에서 볼 때 교화는 교양을, 위안은 오락을 일컫는 것으로 해석할 수 있다. 이러한 프로그램 장르 분류는 한국 방송 역사 100년을 넘나드는 2020년대에도 그대로 통용되고 있다. 비록 일제 강점기에 쓰인 용어지만, 그 이후에도 동양권에서는 엇비슷하게 사용하고 있다.

여기 지라시의 '報導' 분야에는 內外(내외)·鮮內(선내)ニュース(뉴스), 天氣豫報(천기예보), 市場物價(시장물가), 經濟市況(경제시황) 등이 포함되어 있다. '教化'의 범주에는 名士の講演(명사의 강연), 各種の講座(각종의 강좌), 初等學習講座(초등학습강좌), 子供の時間(자공의 시간) 등이 내재되어 있다. '자공(子供)'은 일본어로 어린이를 뜻한다. '慰安'에는 和洋音樂(화양음악), 朝鮮音樂(조선음악), 演劇(연극), 其他內鮮(기타내선), 各種の娛樂(각종의 오락) 등으로 표기되어 있다. 여기서 화양음악은 일본음악과 서양음악을 일컫는다.

이 사료 지라시 오른편에 'JODK京城放送局放送時間表(경성방송국 방송시간표)'라는 제목으로 프로그램 편성표가 도표화되어 있다. 이 방송시간표 위쪽 좌우에는 주파수와 연락처(전화 광화문 2150 2151)가 소개되어 있다. 편성표를 살펴보면 평일 오전 첫 프로그램은 오전 9시 40분 '株式期米(주식기미)' 즉 미두시세(米豆時勢)를 5분간 방송하고 중단한 후, 10시 5분에 다시 5분간 방송 후 중단한다. 10시 35분에 또다시 '株式期米'를 5분간 방송하고, 이어서 10시 40분에는 '料理獻立(요리헌립)'과

사진 1. 1927년 경성방송국 개국 기념 전단

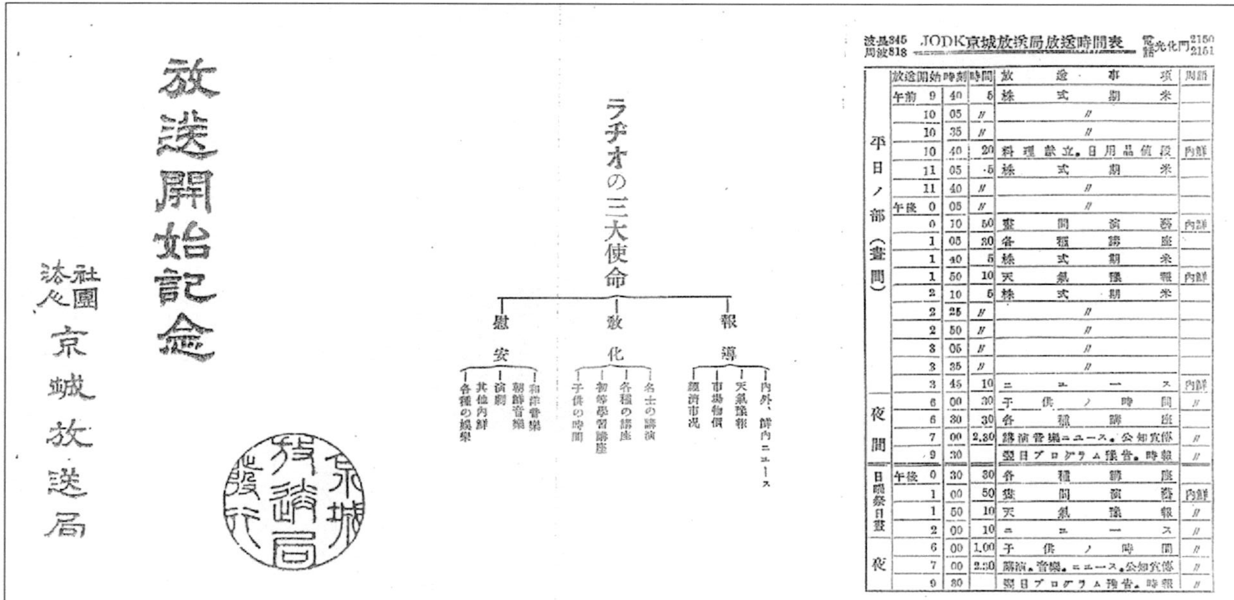

放送開始記念

社團法人 京城放送局

ラヂオの三大使命

- 慰安
  - 和洋音樂
  - 朝鮮音樂
  - 演劇
  - 其他內鮮
  - 各種の娯樂
- 教化
  - 名士の講演
  - 各種の講座
  - 初等學習講座
  - 子供の時間
- 報導
  - 内外、鮮内ニュース
  - 天氣豫報
  - 市場物價
  - 經濟市況

波長345 周波818 JODK京城放送局放送時間表 電話光化門2150 2151

| | 放送開始 | 時刻 | 時間 | 放送事項 | 用語 |
|---|---|---|---|---|---|
| 平日ノ部（晝間） | 午前 9 | 40 | 5 | 株式期米 | |
| | 10 | 05 | 〃 | 〃 | |
| | 10 | 35 | 〃 | 〃 | |
| | 10 | 40 | 20 | 料理獻立。日用品値段 | 内鮮 |
| | 11 | 05 | 5 | 株式期米 | |
| | 11 | 40 | 〃 | 〃 | |
| | 午後 0 | 05 | 〃 | 〃 | |
| | 0 | 10 | 50 | 音樂演藝 | 内鮮 |
| | 1 | 05 | 30 | 各種講座 | |
| | 1 | 40 | 5 | 株式期米 | |
| | 1 | 50 | 10 | 天氣豫報 | 内鮮 |
| | 2 | 10 | 5 | 株式期米 | |
| | 2 | 25 | 〃 | 〃 | |
| | 2 | 50 | 〃 | 〃 | |
| | 3 | 05 | 〃 | 〃 | |
| | 3 | 35 | 〃 | 〃 | |
| | 3 | 45 | 10 | ニユース | 内鮮 |
| 夜間 | 6 | 00 | 30 | 子供ノ時間 | 〃 |
| | 6 | 30 | 30 | 各種講座 | |
| | 7 | 00 | 2.30 | 講演音樂ニユース。公知宣傳 | 〃 |
| | 9 | 30 | | 翌日プログラム豫告。時報 | 〃 |
| 日曜祭日晝 | 午後 0 | 30 | 30 | 各種講座 | |
| | 1 | 00 | 50 | 音樂演藝 | 内鮮 |
| | 1 | 50 | 10 | 天氣豫報 | 〃 |
| | 2 | 00 | 10 | ニユース | 〃 |
| 夜 | 6 | 00 | 1.00 | 子供ノ時間 | 〃 |
| | 7 | 00 | 2.30 | 講演。音樂。ニユース。公知宣傳 | 〃 |
| | 9 | 30 | | 翌日プログラム豫告。時報 | 〃 |

1927년 정규방송을 시작할 즈음 만든 것으로 보이는 사료다.

출처: 저자 소장 자료.

'日用品價段(일용품가단)'이 한국어와 일본어로 20분간 교대로 방송되었다. 이어서 11시 5분에 株式期米가 방송된 후 11시 40분에 5분간 한 차례 더 방송하면 오전 방송은 끝난다. 獻立은 식단, 메뉴, '요리헌립'은 가정요리를 말한다. 價段은 값, 가격, '일용품가단'은 일용품 시세를 이른다.

오후 방송은 12시에 5분간 '株式期米' 방송을 시작한 후, 10분부터 1시까지 50분간 '晝間演藝(주간연예)' 프로그램을 방송한다. 이 주간연예 시간에는 한국어 연예오락 프로그램과 일본어 연예오락 프로그램이 방송되었다. 1시 5분부터는 30분 동안 일본어로 각종 강좌 프로그램이, 1시 40분에 株式期米가 5분간 방송된 후 1시 50분에는 10분간 '天氣豫報(천기예보)'가 편성되었다. '천기예보'는 일기예보 프로그램을 의미한다. 이어서 오후 2시 10분, 25분, 50분, 3시 5분, 35분 등 다섯 차례에 걸쳐 5분씩 株式期米 프로그램이 편성되었다. 3시 45분 'ニュース(뉴스)'가 10분간 방송된 후 오후 방송이 종료된다.

저녁 방송은 6시에 시작되어 '子供ノ時間(어린이 시간)'이 30분간 방송되고 이어 6시 30분부터는 '各種講座(각종강좌)'가 편성되었다. 7시부터는 '講演音樂ニュース・公知宣傳(강연음악뉴스・공지선전)' 프로그램이 2시간 30분간 방송된 후, 9시 30분에 '翌日プログラム豫告・時報(익일프로그램예고・시보)'를 끝으로 그날의 방송을 마치도록 편성했다. 일요일 낮 편성은 오후 12시부터 2시 10분까지, 저녁 편성은 오후 6시부터 9시 30분까지 방송되는데 프로그램은 평일 편성을 축약한 것들이다.

이상과 같이 경성방송국 개국 즈음에 만들어진 방송 사료 지라시 한 장을 살펴보았다. 이 땅에서 방송이 처음으로 등장하던 시대, 첫 라디오 프로그램을 일별하면서 천양지차(天壤之差), 격세지감(隔世之感)을 통감한다. 라디오 1개 채널에 하루 세 차례 6시간 30분 정도의 방송인데 수시로 방송을 중단하는 게, 꼭 원시 시대 풍경이다. 일제 강점기 시대인 개국 당시에는 방송 시간 배정이 '한국어 3, 일본어 7' 분량으로 방송되었다. 1928년경에는 3:4 정도로 좁혀졌다.

1927년 경성방송국 개국 당시 한국어 방송인으로는 문서계원(편성원) 최승일, 아나운서 이옥경(1926년 시험 방송 시대 선발)과 마현경이 있었다. 마현경은 경성방송국 개국(2.16) 40여 일 전인 1월 5일 아나운서 공개 채용 시험을 거쳐 입사한 최초의 한국인 공채 아나운서다. 이와 관련된 기사는 당시 ≪조선일보≫에 자세히 실려 있다. 필자가 1997년에 펴낸 단행본 『한국방송인물지리지』(나남출판)에는 첫 번째 글로 '최초의 공채 아나운서 마현경'이 실려 있다. 따라서 한국 방송 100년의 역사는 한국 아나운서의 역사로부터 시작된다고 해도 과언이 아니다. 물론 이들보다 앞선 방송기술인 노창성과 한덕봉이 있었다. 노창성과 이옥경, 최승일과 마현경은 부부간이었다.

## 2.
## 1930 · 1940년대 조선방송협회 인명부 보기

〈사진 2-1〉과 〈사진 2-2〉는 각각 일제 강점기 조선방송협회가 1939년(소화 14년)과 1941년(소화 16년) 연말에 발행한 임직원 명부(名簿)다. 명부는 특정 업무에 관련된 사람의 인적 사항을 기록하는 문서다. 이 두 사료는 필자가 원본을 소장하고 있으며, 1938년(소화 13년), 1940년(소화 15년), 1944년(소화 19년) 명부는 복사본만 가지고 있다. 사진에 나타나 있는 대로 표제가 〈役員及職員名簿(역원급직원명부)〉다. 이 명부는 조선방송협회에 관련된 임원과 근무하는 직원들을 기록한 소형 크기(가로 15센티, 세로 11센티)의 인명 수록 책자다. 분량은 대체로 30여 쪽에서 60여 쪽 정도다. 1939년 명부는 52쪽, 1941년 명부는 65쪽이다. 쪽 수가 늘어난 것은 지역방송국과 방송소(송신소)가 새로 만들어져 방송 인력이 늘어났기 때문이다.

1939년 판 명부를 살펴본다. 너무 오래되어 낡아 부스러지는 이 사료를 조심스럽게 접하여 목차를 보니 가장 먼저 역원(役員)이 나온다. 역원은 어떤 단체에 소속되어 그 단체의 중요한 일을 맡아보는 사람을 일컫는데, 한마디로 임원이라고 이해하면 될 것이다. 역원 목차에는 이사, 감사, 평의원 등 세 부류로 되어 있는데, 다음 장을 열고 들어가 보니 이사 앞에 고문이라 하여 네 명의 명단이 있다. 다음으로 이사 명단에는 첫 번째에 회장 이름과 두 번째에 상무 이름, 그리고 15명 정도의 이사가 있다. 그다음으로 감사 명단에 5명이, 이어서 평의원(評議員)으로 47명가량의 이름이 적혀 있다. 이 평의원들은 거의 일본인들로 전국 각지에서 살고 있는 신분이 높은 재산가들로 보인다. 이름 아래에 거주지 주소가 있다. 일례로 4쪽에 평의원 김성수(金性洙)가 보이는데, 주소가 경성부 계동정(桂洞町) 130(전, 광733)으로 되어 있다. 전화번호가 광화문 체신국 관할이다.

'역원' 다음으로 '직원'이 나오는데 열거된 부서별로 살펴보면, 서무과, 총무부(기획과, 경리과, 요금과), 사업부(사업과, 제1가입과, 제2가입과, 공사과), 기술부(공무과, 조사과, 기술과), 중앙방송국(업무과, 제1방송부, 제2방송부), 부산방송국(업무과, 기술과, 방송계) 등으로 나열되어 있다. 부산방송국 다음으로 평양방송국, 청진방송국, 함흥방송국, 이리방송국 등으로 이어진다. 지역방송국 소관 부서는 부산방송국과 동일하다. 당시만 해도 지역국에서는 방송계가 기술국 산하로 되어 있는데, 방송계가 방송과로 승격된 것은 1950년대에 들어서였다. 이리방송국은 일제 강점기 시대라 일본인들이 많이 거주하던 이리, 지금의 익산에 세워졌다. 이리방송국이 전북 도청 소재지인 전주로 옮겨 전주방송국으로 변신한 것도 1950년대의 일이었다. 다시 목차를 보면 이리방송국 다음으로 신의주출장소, 대구출장소, 광주출장소 등으로 이어져 있다. 출장소는 지역국 개국을 준비하기 위하여 마련된 간이 방송국으로 소장은 일본인이 맡았으며 직원은 대부분 한국인 기술자들이었다. 목차 끝에 있는 촉탁의와 외부촉탁이 이채롭다. 명부에 들어가 보니 2명(치과 1명 포함)은 경성(서울), 외부촉탁은 일본 도쿄로 표기되어 있다. 이 명부가 발행된 1930년대의 시대적 상황으로 미루어 볼 때 이는 대단히 선진적 제도로 보인다.

이 1939년 명부에 나타나 있는 수많은 방송인 가운데 서울 정동에 위

사진 2-1. 조선방송협회 임직원 명부(1939년)

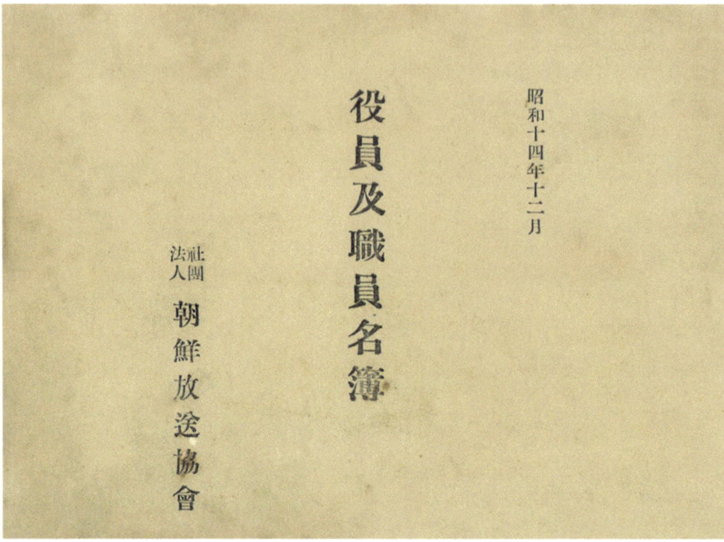
昭和十四年十二月

役員及職員名簿

社團法人 朝鮮放送協會

일제 강점기 소화 14년에 펴낸 임원과 직원 명단집이다.
출처: 저자 소장 자료.

치한 경성중앙방송국 소속의 한국인들을 중점적으로 탐구하고자 한다. 그 당시 이중방송(2개 채널)으로 한국 방송인들은 제2방송부에 소속되어 있었다. 32쪽 제2방송부에는 부장 노창성, 겸직 일본인 두 사람, 다음 쪽에 부장대리에 이혜구가 표기되어 있다. 그다음 김 억, 이서구, 이정섭, 박장환, 양제현 등이 기록되어 있고, 한 칸 넘어서 촉탁 홍영후가 나타나 있다.

여기에서 위에 기록된 한국인 방송인들을 좀 더 심도 있게 살펴본다. 노창성(盧昌成, 1896~1955)은 경성방송국 창설 때에 기술자로 참여하여 일제 강점기에 사업부장, 함흥방송국장, 경성방송국 제2방송부장 등

사진 2-2. 조선방송협회 임직원 명부(1941년)

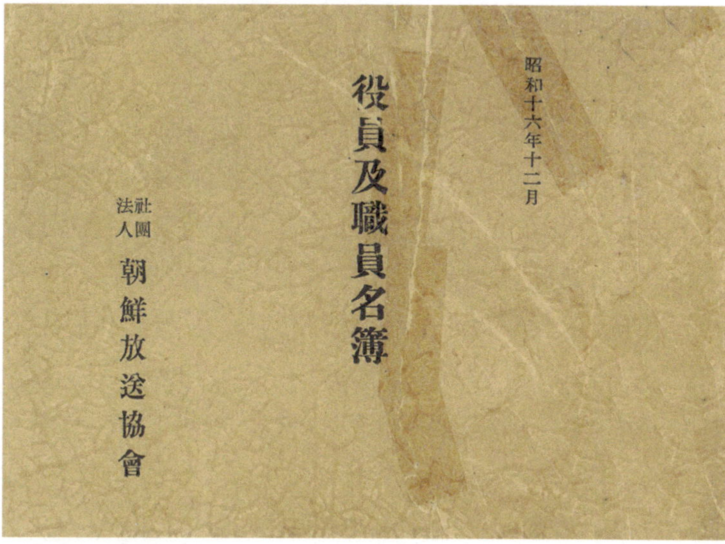


소화 16년에 발행했다.
출처: 저자 소장 자료.

을 지낸 후, 해방 후 1950년에 들어서는 서울중앙방송국 국장, 초대 방송관리국 국장 등을 역임했다. 방송관리국은 정부 부처의 방송을 관리하던 부서였다. '최초의 직업 아나운서'라 불리는 이옥경(李玉慶)이 노창성의 부인이고, 한국 최초의 패션 디자이너로 불리는 노라 노(노명자)가 둘째 딸이다.

이혜구(李惠求, 1909~2011)는 1932년 6월 경성방송국 아나운서로 입사하여 방송계와 인연을 맺었다. 그는 명석한 머리로 경성제1고보(현 경기고)를 거쳐 1931년 경성제국대학(현 서울대) 영문학부를 졸업한 후 잠시 쉬고 있다가 친척의 권유로 경성방송국 아나운서 시험에 응시해 합격했다. 그는 1933년 4월 조선어 채널인 제2방송이 개국하자 아나운서 생활을 접고, 연예 프로그램과 어린이 시간을 담당하는 프로듀서(그 당시에는 PD라는 명칭이 없었고 '편성'이라 했다)가 되었다. 이혜구는 1939년 서기(書記)로 승진하여 제2방송 부장직무대리, 1943년 편성과장 등의 중간 간부로 활약했다. 1943년 6월 단파 방송 사건으로 제2방송부가 폐지되자 방송부 제2보도과장을 맡았다. 제2보도과는 한국인 아나운서와 우리말 뉴스를 관장하는 부서였다. 그는 해방 후 서울중앙방송국 최고 책임자인 국장이 되면서 방송국 사수에 총력을 기울였다. 국장 시절에는 극렬한 좌우익 세력들이 방송국을 장악하려는 시도가 이어졌으나 이를 끝까지 버티며 견디어 냈다. 한때는 인민공화국군이란 단체가 방송국을 접수하겠다고 공략해 왔는데, 방송국 책임자로서 그는 절대로 있을 수 없는 처사이며, 이는 방송국 전 직원의 의사라고 외쳐 가며 막아냈다. 한편 그는 해방 후에 방송국에 근무하며 입버릇처럼 "우리는 자의든 타의든 일제에 봉사한 사람들이다. 방송국의 자리만 제대로 잡히면 후진에게 길을 열어 주고 떠나겠다"고 말해 왔다고 한다. 이혜구는 해방 정국이 어느 정도 안정되자 미 고문관과의 원활하지 못한 점 등의 이유를 들어 1947년 7월 방송국장직을 사임하고 국악학자로 돌아가 서울대학교 교수가 됐다. 그는 정부 수립 후인 1948년 8월 정부의 요청으로 다시 방송국장으로 복귀했다가 얼마 후 다시 서울대학교로 돌아가 국악과를 개설했다. 후진을 양성하는 한편 한국국악학회를 창립하여 초대 회장을 맡는 동시에 서울대학교 예술대학장 등의 보직을 맡기도 했다.

김 억(金 億, 1896~1950 납북)은 김소월의 은사로 유명한 시인이다. 그는 1935년 9월경 경성방송국 제2방송과에 입사하여 편성원이 된 것으로 보인다. 『한국방송사』(KBS, 1977)에는 "1935년 부산방송국이 개국하자 강연 강좌 부문의 편성을 맡고 있던 이하윤이 사임하고 시인 김 억이 그 자리에 들어왔고"라고 기술되어 있어 대략 1935년 후반기로 추정된다. 그는 1936년 11월 14일 방송부 제2방송과 촉탁에서 직원으로 임명됨과 동시에 제2방송과장대리가 되었다. 해방 후 서울중앙방송국 첫 간부 인사에서 업무과장으로 선임되었다가 얼마 후 김진섭이 사직하자 편성과장으로 옮겼으며, 방송국 새 직제인 차장으로 승진하여 국장을 보좌하였다. 우리말 정화에 앞장서 방송 문장을 고치는 일에 주력하였는데, 1950년 6·25전쟁 시 납북되었다.

이서구(李瑞求, 1899～1981)는 1936년 심우섭 과장 부임 즈음에 최승일의 후임으로 방송계에 입문한 것으로 알려져 있으나, 조선방송협회 인사 기록에는 1937년 12월 제2방송과에 직원으로 발령되어 있다. 그는 잠시 일본 유학을 거쳐 ≪동아일보≫ 창간 기자로, 신극연구단체인 '토월회' 창립 멤버로, 레코드 회사 연예부장으로 다방면에 걸쳐 활동한 전천후 인사였다. 그는 연극 프로그램 제작을 담당했는데, "방송극이니 창조극이니, 아악이니 참으로 분망한 날을 보냈다"라고 회고하면서 "단파 방송의 비극이 가라앉을 무렵 방송국을 나왔다" 하였으니 그가 방송사를 떠난 시기가 1944년경으로 보인다. 해방 후에도 각 분야에서 열정적으로 활동했는데, 그 가운데에서도 주로 방송극작가로서 1955년에 방송극 〈햇빛 쏟아지는 벌판〉 등을 발표한 후 주로 사극 〈장희빈〉, 〈강화도령〉 등을 집필하였다.

이정섭(李晶燮)은 1938년 5월 2일 방송부 제2방송과 직원으로 발령받아 경성방송국에 입사했다. 프랑스 소르본대학 출신으로 신문계에서 활동하다 방송국에 들어왔는데, 〈주간정보〉 등 주로 시사강연 프로그램을 담당했다. "일본인 상사 앞에 가 서서 왼손은 뒷짐을 지고 오른손은 담배를 피워 들고 이치를 따지면서 시비를 가리려고 육박할 때는 추력이 있었다"고 하는데, 1941년 아나운서를 관장하는 제2방송부 보도과장이 되었다. 그 후 기획과장 재직 중에 광복을 맞았으며, 해방 후 한국인들로 구성된 한국 방송 추스르기 단계에서 직원들의 추천으로 조선방송협회장을 맡았다. 그러나 1950년 6 · 25전쟁 발발 다음 달인 7월 돈암동 자택에서 공산당원에 이끌려 납북되었다.

박장환(朴章煥)은 1939, 1940, 1941년 직원명부에 이정섭의 다음에 올라 있으나 필자가 소장한 어떤 문헌에서도 그의 활동 기록을 찾을 수 없었다. 양제현(楊濟賢)은 아나운서로 입문한 후, 편성원으로 전향하여 "어린이 시간을 맡았는데 부지런하여 어린이계의 중진으로 출세하였다"고 이혜구는 회고하기도 했다. 촉탁으로 나타나 있는 홍영후(洪永厚, 1898~1941)는 1939년 4월 촉탁직으로 발령받아 방송국과 인연을 맺었다. 그는 민족의 노래가 되다시피 한 〈봉선화〉를 비롯하여 〈옛 동산에 올라〉, 〈봄 처녀〉, 〈사공의 노래〉 등 주옥같은 가곡을 지어 낸 작곡가 홍난파(洪蘭波)다. 그는 경기도 화성군(시) 남양면(읍)에서 출생하여 일본과 미국에서 음악을 공부한 우리나라 최초의 바이올리니스트로 경성방송 관현악단을 창설하여 지휘한 방송음악의 선구자다. 안타깝게도 40대 초반에 별세했는데, KBS에서는 그의 공적을 기리는 난파 동상을 세우기도 했다. 그 동상이 지금은 홍난파 기념관(종로구 홍파동 소재)으로 이전되어 있다.

1939년 〈역원급직원명부〉 33쪽 촉탁 홍영후 다음다음 줄에 방송계 주임 이계원(李啓元)과 송진근(宋珍根), 그다음 이 현(李 炫), 심형섭(沈亨燮), 윤의재(尹義載), 김문경(金文卿), 송영호(宋永浩) 등이 기록되어 있다. 이들은 경성방송국 한국인 아나운서들이다. 이들의 이력은 다음에 싣기로 한다. 이들의 인적 사항이 필요한 분들은 필자가 저술한 『한국 아나운서 통사』(나남출판, 2013)를 참고하시기 바란다.

## 3.
## 1940년대 펴낸 잡지 ≪방송지우≫ 정리

〈사진 3〉 ≪*放送之友*(방송지우)≫는 1943년 1월 사단법인 조선방송협회가 창간한 월간지 성격의 잡지다. 조선방송협회는 1927년 개국한 경성방송국이 1932년 연희송신소 개설에 따른 한국어 채널 신설 등으로 법인명을 변경하면서 작명된 이름이다. 그 후 1935년 부산방송국이 지역 최초로 개국하면서 본사는 경성중앙방송국으로 불렸다. 1936년에는 평양방송국이 개국한 후에 줄지어 청진, 함흥, 이리 등에 지역방송국이 만들어졌다.

≪방송지우≫는 지명(誌名)에서 드러나듯 방송 잡지의 외형을 띠고 있지만 실제로는 당시 일본 제국주의와 조선총독부의 정책을 수행하기 위한 대중 계몽 및 선전 잡지로서의 성격이 강했다. 필자의 이 글은 서재길 교수가 한국방송학회 2011년 봄철 정기학술 대회에서 발표한 "식민지 말기의 매체 환경과 방송 잡지 '방송지우'의 성격" 논문을 참고하면서 간헐적으로 인용하였다. 국민대학교 국문학과 교수인 서 교수는 일본에 유학하여 공부한 학자다. 서재길 교수께 감사드린다.

≪방송지우≫는 1943년 신년호(1권 1호)로 창간되어 그해 연말에 6호(12월 호)가 나왔으니 그해에 총 6권이 발행되었다. 1944년에는 매월 한 차례씩 12권이 발행되어 정기 간행물로 정착되는 듯하였다. 그러나 1945년 들어서는 1월 호와 4월 호, 5월 호 등 세 차례 발간된 후에 종지부를 찍

었다. 따라서 이 ≪방송지우≫는 총 19회 발간된 것으로 파악된다. 이 잡지의 발행 목적은 당시 일본 제국주의와 조선총독부의 정책을 효율적으로 수행하려는 데 있었다. 그렇기에 대중 계몽 및 선전 잡지로서의 성격이 한층 강화되었음도 명확하다. 한글과 일본어가 혼용되어 있는 이 잡지는 읽기 쉽다는 특색도 지니고 있으며, 특히 부인과 청소년들에게 어필하는 흥미 있는 내용을 담았다.

이 잡지에는 소설을 필두로 야담류, 희극, 조선의 고전 명작 등의 문학작품을 비롯하여 각종 미담 및 실화, 좌담회 등 다양한 형태의 글이 실려 있다. 이 중에서 필자가 소장한 1944년 1월 호(2권 1호)를 살펴보면 이런 내용이 담겨 있다.

(1) 걸작소설

향산광랑(이광수), 〈귀거래〉(방송소설)
유진오, 〈김포아주머니〉(가정소설)
이기영, 〈청년〉(방송극)
중강진수, 〈산호해〉(전쟁소설)
방인근, 〈모자〉(연재소설)

(2) 만담가 총출동-신춘폭소대회

참석자: 목산서구(이서구), 신불출, 조창석, 황재경
박상익, 김홍길, 신가내자, 복혜숙

(3) 〈운빈의 부인〉 국군명부전(國軍名婦傳)

방선춘해(방인근) 편

사진 3. 1944~1945년 발간된 방송 잡지 ≪방송지우≫

일제 강점기 말에 발간된 잡지로 소장본 6권이다.
출처: 저자 소장 자료.

이 ≪방송지우≫는 위의 '국군명부전'에서 보이는 것처럼 세계 제패라는 일제의 망상을 부추기는 의도가 뚜렷하게 보이기도 하지만, 일본어를 읽지 못하는 이들에게 구독의 기회를 부여하기도 했다. 아울러 방송을 듣지 못한 이들에게 보게 하는 효과뿐만 아니라 이미 방송을 들은 청취자에게 재방송의 기회를 제공하기도 했다.

필자가 소장하고 있는 6권 잡지에서 순수 방송 관련 글을 찾아보니 희귀한 편이다. 1943년 12월 호(1권 6호)에 '수신기의 고장 수리법'이라는 제목으로 경성중앙방송국 기사 서원덕삼(한덕봉)의 글이 일본어로 실려 있는 것이 고작이다. 이러한 현상은 방송 전문 잡지로서의 기능과 역할 측면에서 아쉬움이 대단히 크다. 그러나 시대적 · 역사적 상황이 암흑기인 데다 일제 강점기이기 때문에 논의 자체가 무의미할 수도 있다.

이채로운 글로는 1944년 5월 호(2권 5호)에 실린 '최승희 · 방인근 대담기'다. 대담 기사 앞머리에 편집자가 "세계의 무희 최승희 여사가 여러 해 만에 예술무용공연을 5월 2일부터 7일까지 경성부민관에서 열었다"로 시작하는 공연 가이드를 실었다. 대담 내용에 나오지만 당시 최승희는 33세였다. 최승희는 큰오빠 최승일(崔承一, 1901～월북)의 지도로 일본에 가서 무용을 배우고 세계적인 무용가로 발돋움했다. 최승일은 일제 강점기에 연극, 방송, 문학 등 문화예술계에서 다양한 활동을 했다. 최승희의 남편인 안 막과는 같은 사회주의 계열의 문예운동가였다. 최승일의 첫 부인은 아나운서 마현경, 두 번째 부인은 영화배우 석금성이다. 최승일은 1927년 경성방송국 개국 당시 문서계원으로 유일한 편성원이었다. 필자의 저서 『한국방송인물지리지』(나남출판, 1997) '최초의 프로듀서 최승일'(26～30쪽)에 자세히 실려 있다.

# 4.
# 1945년 해방과 서울중앙방송국 등장

일본 제국주의의 패망과 더불어 한반도에 해방이 찾아오자, 곧바로 미국 군정 시대가 개막했다. 일제가 운용하던 조선방송협회 경성중앙방송국이 서울중앙방송국으로 바뀌고, 곧바로 이혜구(1909~2010) 선생이 국장으로 선출되었다. 미군정청이 관할했지만 국장 등 큰 자리는 한국인 방송인들이 선출하였다. 이혜구 선생은 1945년 9월에 국장으로 선임되어 미군정 시대, 좌우가 대립하던 혼란기를 슬기롭게 극복하고 방송의 기틀을 굳건하게 바로 세웠으며, 1940년대 중후반기에 두 차례나 서울중앙방송국장을 역임했다. 그는 선비적 기질을 바탕으로 올바르면서 공평하게 방송 업무를 수행하였기에 한국 방송인의 표상이 되었다. 서울중앙방송국장 퇴임 후에는 서울대에 국악과를 창설하여 교수로 지내다가 대학에서 물러난 후 만년에는 국악학자로서 100세를 넘기며 장수하였다.

1940년대 중후반 미군정 시기의 한국 방송 사료는 찾아보기가 쉽지 않다. 필자가 소장하고 있는 그 시대의 사료도 〈사진 4〉 한 장뿐이다. 이 사진은 이 책을 집필하는 과정에서 여러 사료를 찾다가 발견한 것이다. 추측하건대 2000년대 초 한국방송진흥원에서 주관한 '방송인 명예의 전당' 운영위원으로서 헌정자들의 프로필 집필을 의뢰받았던 2001년부터 2009년 사이에 취득한 것으로 보인다. 당시는 헌정자들이 소장하고 있던 사료들을 한국방송진흥원에 기증하던 시기였다.

〈사진 4〉는 서울시 중구 정동에 위치한 서울중앙방송국 건물 앞에서 1946년이나 1947년경 여름에 촬영한 것으로 보인다. 사진 왼편에 6명의 성함이 적혀 있는데, 위 오른쪽 첫 번째 尹用老(윤용로)와 네 번째 全仁國(전인국)은 당시 최고의 아나운서로 이름을 날렸다. 두 분 다 1950년 6·25전쟁이 발발하자 곧바로 그해 7월에 납북되었다. 위 두 번째 兪海濬(유해준)은 방송극작가 및 대중가요 작사가로 유명했던 유 호(兪 湖)의 본명이다. 위 오른쪽 세 번째 프랭크 밀런은 미군정 시 서울중앙방송국에 근무했던 미국인이다. 아래 오른쪽 첫 번째 姜文秀(강문수)는 1945년 11월 해방 1기 아나운서로 방송계에 입문했다. 그다음 全步一(전보일)은 1946년경 국악 프로그램을 담당한 편성원이었다. 이들에 관련된 인적 사항 파악은 『한국방송과 50년』(노정팔, 나남출판, 1995)을 기초 자료로 삼았으며, 자세한 내용은 필자의 저술서 『한국 아나운서 통사』(나남출판, 2013)와 『한국방송인 연구』(한국방송학회 프로젝트, 2014)에서 인용하였다.

〈사진 4〉에 실린 인물순으로 고찰하려고 한다. 먼저 윤용로는 1944년 아나운서로 방송계에 입문하여 해방 전후기 5년여 동안 왕성한 활동을 벌이며 그 이름을 높였다. 그는 성우 출신으로 음성이 곱고 발음이 정확하여 아나운서로 타고난 인물이라는 칭송을 받았다. 아울러 영화연극 중계방송에도 뛰어나 연극 실황을 실제보다 더 재미있게 중계방송한 아나운서일 뿐만 아니라 인기 공개 방송 프로그램 〈스무고개〉의 첫 MC이기도 하다. 이렇게 왕성한 활동을 하던 그도 6·25전쟁 시 전인국과 함께 납북되고 말았다. 1920년생이니 그의 나이 30세 때의 일이다. 후배 아나운서 최세훈은 이들의 납북이 얼마나 안타까웠으면 "두 베테랑은 없다. 북으로 끌려간 두 사람이 생환할 때까지 아나운서사(史)는 여백을 남겨 둬야 할 것이다"라고 하였겠는가.

사진 4. 1945년 해방 직후 방송인들 모습

남북 방송인 2명과 작가 유 호(유해준) 등이 보인다.
출처: 저자 소장 자료.

두 번째는 유해준이다. 유해준은 방송작가로 장수한 유 호의 본명이다. 1921년 황해도 해주 출생으로 1942년 일본제국미술학교에서 도안과를 수료한 후 1944년부터 방송작가로 방송국과 인연을 맺어 1945년 서울중앙방송국에 입사했다. 해방 후 처음으로 방송된 낭독소설 〈기다리는 마음〉을 시작으로 본격적인 방송작가로서 활동했다. 한때 ≪경향신문≫ 문화부장을 거친 후 1964년 동양TV 개국과 함께 TV 드라마극장에 주력하며 〈내 멋에 산다〉, 〈정 두고 가지 마라〉, 〈파란 눈의 며느리〉, 〈짚세기 신고 왔네〉 등을 연속 히트시키며, 작자의 이름을 붙인 '유호극장'이라는 프로그램을 탄생시켰다. 1980년대 들어 한국작가협회이사장, 고문,

교육원장 등을 역임하며 방송작가 양성에 힘썼다. 2019년 작고했다. 유호 선생의 따님 유남미가 대학 학과, 서클 후배라 요즘도 분기별로 한 번씩 만난다. 필자는 이 모임에서 대학 서클 · KBS 후배인 이동순, 이윤선 두 학형과도 자주 만나는 편이다. 참으로 아름답고 깊은 인연이다.

세 번째 미국인 밀런은 연출과에 몇 년간 근무했다. 1946년 3월 29일 방송 제작 현업은 미군정청 직속으로 되어 미국인들이 많았다. 밀런은 올백으로 머리를 곱게 빗어 넘기고 항상 방송국 주위를 맴돌며 방송 진행을 지켜보았다고 한다. 그가 제1스튜디오 옆 악기 창고를 자주 드나드는 것으로 미루어, 가끔 그곳을 자기 침실로 이용하는 모양이라고 노정팔 선생은 당신의 저서에서 밝힌 바 있다.

네 번째로 전인국은 1918년 평남 출생으로 연희전문학교를 졸업하고 아나운서가 되었다. 그는 미남인 데다 노래도 잘 불러 인기가 높았으며 방송 또한 어느 장르를 불문하고 썩 잘 소화해 내어 명아나운서로 각광을 받았다. 축구 중계방송에 명캐스터로 활약하기도 했으며 해방 후에는 공개 방송 〈천문만답〉의 명MC로 청취자들의 인기를 한 몸에 받았다. 전인국은 해방 전후 아나운서로 왕성한 활동을 하며 아나운서 주임으로서 군정기, 정부 수립기, 6 · 25전쟁 직전까지 후배들의 사표로 존경을 받으며 신인 아나운서들을 지도했다. 그러던 중 1950년 7월 북한군 보위부원들에 의해 서대문 형무소에 수감되었다가 인민군 트럭에 태워져 이북으로 압송되었다.

사진 아래쪽 왼편 첫 번째 강문수는 아나운서로 자질이 있었으며, 뉴스 외에 야구 중계에 관심이 많았다. 이에 윤길구 선배를 열심히 따라다녔으며 결국 야구 중계 아나운서가 되었다. 한편 그는 1948년 10월 소록도 나환자촌 현지 취재반 일원으로 참가했다가 전남 순천에서 반란군에게 체포되는 사태를 빚기도 했으나 탈출에 성공했다. 얼마 후에 사임하고 딴 일에 종사하다가 1956년 서울중앙방송국 서무과장으로 복귀하였으나 오래 있지는 않았다. 정부 방송 관련 부처인 공보실에서 보도과장, 선전과장을 역임하기도 했으며, 1960년대에는 영남방송 전무를 지내기도 했다.

마지막으로 전보일은 국악 프로그램 보조 편성원으로 일했다. 그는 국악이 전공이 아니어서 출연자 섭외가 힘들다고 토로하기도 했다. 국악의 진수를 파악하지 못했기 때문에 국악에 별 흥미를 느끼지 못했다. 특히 당시 민요나 창을 하는 분들이 방송을 약속해 놓고도 타의에 의해 피치 못할 사정으로 펑크를 내는 일이 가끔 있었다. 이럴 때면 출연자 섭외를 담당한 운전기사가 경기민요면 경기민요, 남도창이면 남도창의 같은 계열의 다른 사람을 모셔다 방송 사고를 미연에 방지하는 임기응변을 발휘하기도 했다. 그 후 전보일은 양정고교 교사로 가고 그가 하던 일은 장사훈(張師勛, 1916~1991)이 담당하게 되었다. 장사훈은 오랫동안 연구에 몰두해 문학박사 학위를 받고 서울대 교수까지 역임했다.

# 5.
# 1946년에 출간한 『방송소설걸작집』 고찰

이 『방송소설걸작집』은 KBS가 1946년 6월 15일 출판사 '선문사(宣文社)'를 통하여 가로 12.5센티미터, 세로 18센티미터 크기에 142쪽 분량으로 발행한 단행본이다. 〈사진 5〉는 '책 표지'와 책 속에 실린 '목차'다. 목차 오른쪽에 작은 글씨로 '1946년 4월'이 보이고, 그 옆 아래에 '서울중앙방송국편성부장 金 億(김 억)'이라고 쓰여 있다. 그 앞 세 줄의 글은 이 책의 서문 맨 뒷부분이다. 한 장 앞 쪽을 살펴보니 '卷頭一言(권두일언)'이라는 제목으로 김 억의 글이 펼쳐 놓여 있다. 그 전문(全文)을 원문대로 옮겨 적어 보면 아래와 같다. 한자는 필자가 괄호 안에 한글로 표기하였다.

> 같은 作家(작가)의 作品集(작품집)에서 받는 感興(감흥)이란 대개 어슷비슷한 것이 普通(보통)이외다. 그러나 이 作品集(작품집)은 그와는 反對(반대)외다. 마치 陳列場(진열장)에 버려놓은 寶石(보석)들이 가지各色(각색)으로 빛나듯이 各作家(각작가)들의 個性(개성)들이 좋은 對照(대조)를 보여주는 것이 무엇보다도 가장 愉快(유쾌)하외다. 그리고 이 作品(작품)들은 모도 다 구슬로서 찬란한 빛을 놓지안는 것이 없으니, 귀로만 듣는 放送小說(방송소설)을 다시 눈으로 보고 感興(감흥)을 새롭이는 것도 대단이 좋을뿐 아니라, 實情(실정)으로도 구슬이란 한번만 만지고마는 것이 아니고, 만지고만지고 하면서

사진 5. 『방송소설걸작집』 표지(위)와 목차 및 김 억이 쓴 권두언 일부(아래)

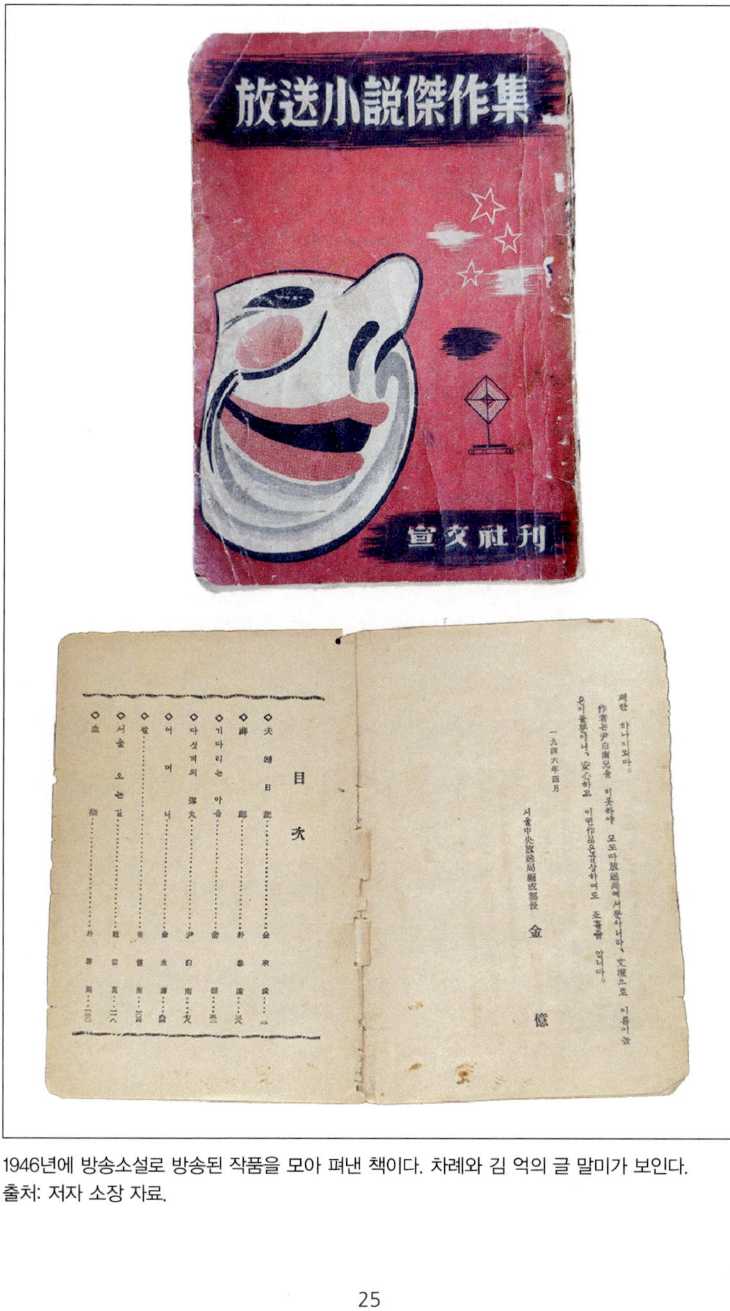


1946년에 방송소설로 방송된 작품을 모아 펴낸 책이다. 차례와 김 억의 글 말미가 보인다.
출처: 저자 소장 자료.

감상하리라야 그 眞味(진미)는 아는 것이외다.

이 여듧 분의 作品(작품)을 귀로서의 放送(방송)에만 멋지아니하고 다시 視覺(시각)에서 再吟味(재음미)하는 곳에서 구슬로서의 作者(작자) 各個性(각개성)을 넉넉이 엿볼수가 잇으니, 이 또한 가장 유쾌한 하나이외다.

작자(作者)는 尹白南兄(윤백남형)을 비롯하야 모도다 放送局(방송국)에서 뿐아니라, 文壇(문단)으로 이름이 높은이들뿐이니, 安心(안심)하고 이런 作品(작품)은 감상하여도 죠흘즐 압니다.

안서(岸曙) 김 억(1896~납북)은 김소월(金素月, 1902~1934)의 스승으로 널리 알려진 시인이자 문학평론가다. 그가 방송계에 입문하여 편성원(PD)으로 활약한 시기는 경성방송국 시대인 1936년부터인데, 강담(講談) 프로그램을 담당한 것으로 한국 방송 역사서(『한국방송사』, KBS, 1977)에 기록되어 있다. 그는 해방 후에 서울중앙방송국 업무과장, 편성과장 등을 거쳐 부국장 격인 차장으로 일하기도 했다. 이 책이 출간된 1946년경에는 미국 군정 시대로 잠시 부장 제도가 도입되어 편성부장직을 맡았던 시기였다. 참고로 보도부장은 명아나운서 출신 이계원(李啓元, 1915~1968)이었다.

이 책에는 1940년대 크게 활약한 당대의 유명 작가들이 쓴 단편소설 가운데, 연예인들의 낭독을 통해 방송된 작품들이 실려 있다. 이 단행본 책자에 실린 8명의 문인의 작품과 방송 일자, 그리고 낭독자를 살펴보면 다음과 같다.

첫 번째로 실린 작품은 김내성(金來成)의 〈夫婦日記(부부일기)〉다. 방송 날짜는 1946년 4월 26일~4월 27일 오후 8시 15분이며 낭독자는 복혜숙(卜惠淑)이다. 김내성(1909~1957)은 평양고등보통학교를 졸업하고 1931년 일본으로 건너가 와세다대학[早稻田大學] 제2고등학원 문과를 거쳐 동 대학 독법과(獨法科)에 입학하여 한때 변호사가 되고자 하였으나 결국 문학 쪽을 택하였다. 이론적이고도 체계적인 사고를 필요로 하는 법률 공부가 후일 탐정소설가로서의 그에게 많은 도움을 준 듯하다. 그는 한국 추리소설의 대가로 ≪조선일보≫ 출판 기자를 지내기도 했다. 낭독자 복혜숙(1904～1982)은 성우, 영화배우, 방송인으로 평생을 살았다. 그는 이화여고를 거쳐, 일본 유학을 다녀와서도 조선배우학교에 입학할 정도로 연극 영화 분야 배우로서 꿈을 펼쳐 갔던 연예인이다.

두 번째는 박태원(朴泰遠)의 〈辟鄕(벽랑)〉으로 방송은 1946년 3월 18일 오후 8시, 낭독자는 김양춘(金陽春)이다. 작가 박태원(1909～1986)은 일제 강점기와 조선 민주주의 인민 공화국의 친일 성향 사회주의 계파 시인, 소설가, 문학평론가, 정치인, 대학교수였다. 1950년 6・25전쟁 발발 후 평양으로 건너가 정착한 것으로 알려져 있다. 낭독자 김양춘은 배우로 일찍 사회주의에 물들어 월북하여 활동한 것으로 알려져 있는데, 그에 관하여 구체적인 내용이 담긴 문헌은 찾지 못했다.

세 번째는 유 호(兪 湖)의 〈기다리는 마음〉으로, 방송은 1946년 2월 14일 오후 8시 20분, 낭독자는 유경애(兪慶愛)다. 작가 유 호(1921～2019)는 극작가이며 대중음악 작사가다. 그는 수많은 드라마 작품과 가요 작사를 하면서 한국방송작가협회 이사장, 고문직을 오랫동안 수행하며 후학들을 이끌어 왔다. 낭독자 유경애(1920～2007)는 뛰어난 화술 능력을 인정받아 오랫동안 활동한 여배우다. 1948년 월북해 1949년 북한 최초의 극영화 〈내 고향〉에 관필 어머니 역으로 출연했다. 이후 쭉 예술계에 있으면서 1977년 인민배우 칭호, 1980년 김일성훈장을 받았다. 여러 영화에서 어머니 역을 맡아 친근한 배우가 되었고, 화술 능력이 좋아 조선중앙방송라디오 심야 방송에서 소설 낭독을 하기도 했는데 대중적으로 인기가 높았다고 한다. 2003년 7차 이산가족 상봉에서 언니와 동생 네 명과 상봉했다.

네 번째는 윤백남(尹白南)의 〈다섯개의 彈丸(탄환)〉으로, 방송은 1946년 3월 8일 오후 8시, 낭독자는 김선영(金鮮英)이다. 작가 윤백남(1888~1954)은 소설가, 극작가 겸 연극영화인이었다. 백남(白南)프로덕션을 창립, 여러 편의 영화를 감독·제작했다. 한국 최초의 대중소설『대도전(大盜傳)』을 발표하였으며 민중극단을 조직, 신극운동을 전개하였다. 그는 경성방송이 이중방송을 시작할 1932년경에 한국어방송 책임자로 제2방송과장을 맡아 한국인 방송인들을 이끌기도 했다. 낭독자 김선영(1914~1995)은 1940년대 현대극장, 낙랑극회, 신협, 국립극장 등에서 연극배우로 활발하게 활동했다. 그는 1949년에 〈마음의 고향〉이라는 작품에서 동승의 친모 역할을 맡기도 했으며, 6·25전쟁을 겪으면서 월북하였다.

다섯 번째는 김영수(金永壽)의 〈어머니〉인데, 방송은 1946년 3월 21일 오후 8시 30분, 낭독자는 한은진(韓銀珍)이다. 작가 김영수(1911~1977)는 문학 활동이 활발했던 극작가이자 소설가다. 1950년대는 유엔군총사령부방송국(VUNC)에서 근무하기도 했으며 1960년대는 귀국하여 방송드라마 작가로 많은 작품을 발표하였다. 낭독자 한은진(1918~2003)은 1930년대에 연극계에 데뷔했으며 영화배우로는 대한민국의 어머니상을 대표하는 배우로서 자리매김했다. 1980년대 초반에 접어들어서는 텔레비전 드라마에도 출연하였으며 1997년 SBS 서울방송 텔레비전 드라마 〈여자〉를 끝으로 은퇴했다.

여섯 번째는 안회남(安懷南)의 〈쌀〉로, 1946년 3월 11일 오후 8시에 방송되었으며, 낭독자는 박인범(朴仁範)이다. 작가 안회남(1909~미상)은 소설가로 〈소년과 기생〉 등의 작품들을 남겨 1930년대 신변소설의 대표적 작가로 꼽힌다. 일제 징용 경험 이후 작품 경향이 현실지향으로 변화하였다. 1948년 월북한 뒤, 6·25전쟁 때 종군작가로 서울에 왔다. 1953년 임 화(林 和)가 숙청될 때 가까운 사이라 하여 곤욕을 치렀으며, 1960년대 중반에 결국 숙청당한 것으로 알려졌다. 낭독자 박인범은 동화작가로 박두루미라는 필명을 주로 사용했으며 6·25 때 월북한 것으로 알려져 있다.

일곱 번째는 조용만(趙容萬)의 〈서울 오는길〉로, 1946년 4월 19일 오후 8시 30에 방송되었으며, 낭독자는 황 철(黃 徹)이다. 작가 조용만(1909～1995)은 영문학자, 기자, 문학가 겸 수필가다. 1953년부터 1975년 정년퇴직 때까지 고려대 영문학과 교수로 재직했다. 퇴임 후 동 대학 명예교수로 있다가 1995년 노환으로 별세했다. 낭독자 황 철(1912～1961)은 연극배우, 영화배우, 연극연출가로 활동하다가 월북하여 최고인민회의 대의원(1957～1961), 국제인형극연맹 위원(1958), 교육문화성 부상(1958～1960) 등을 지냈다.

여덟 번째는 박계주(朴啓周)의 〈혈제(血祭)〉로, 1946년 2월 28일 오후 7시 45분에 방송되었으며, 낭독자는 황 철이다. 박계주(1913～1966)는 소설가, 시조 시인이다. 대표작으로 장편 소설 『순애보』가 있는데 이 작품은 1987년 KBS 1TV에서 드라마화했다. 또한 그의 1957년 원작 소설 〈5인의 해병〉은 1961년에 영화화되었다. 낭독자 황 철은 앞에서 자세히 다루었다.

# 6.
# 송영호의 『상식질문응답』 단행본(1947)

필자가 소장하고 있는 이 『常識質問應答(상식질문응답)』 단행본은 제1집(1947년 11월 발행)과 제2집(1947년 12월 발행) 등 2권이다. 〈사진 6-1〉과 〈사진 6-2〉에서도 보이지만 2권 모두 서울중앙방송국 송영호 편으로 되어 있다. 송영호(宋永浩, 1915~1996) 선생(이하 '송영호'로 표기)은 1939년 경성방송국 아나운서로 방송에 입문하여 프로듀서로 전향한 후 KBS 편성과장 등 여러 부서의 중간 관리자로 일하다 정부 부처 공보부 관리과장 등을 거쳐 방송관리국장을 역임한 후, 1961년에 이르러 20여 년간 일한 방송계를 떠났다.

송영호는 미 군정기인 1946년에 서울중앙방송국 기획과(Continuity Section) 과장이 되었는데, 이 미국식 직제인 기획과에는 편성계와 조사계가 있었다. 그 후에 기구가 개편되어, 기획과가 편성과로 바뀌면서 편성과장이 되었다. 그는 이 군정 시기에 미국식 편성을 도입하여 새로운 방송 시스템을 구축했다. 특히 '쿼터제(制)'라고 하는 15분 단위의 정시 방송제를 처음으로 시행했다. 이 제도는 15분 단위를 기본으로 프로그램의 길이를 고정하여 정시 방송하는 것을 말한다. 그전에도 예정된 방송 순서가 있긴 했지만 뉴스와 강좌 등을 제외한 대부분의 연예 프로그램은 담당자 임의로 시간을 줄이고 늘였다. 그러나 이 제도가 시행된 후부터는 15분이든 30분이든 사전에 예고된 단위 시간을 엄격히 지켜 나갔다. 송영호는 이러한 편성의 현대화 작업 이외에도 미국의 사례를 참고하여 새로운 프로그램을 개발했다. 그는 뉴스에도 '뉴스 리뷰', '뉴스 속의 뉴스', '뉴스 해설' 등의 극 형식 포맷을 도입하기도 했으며, 드라마도 음악·음향 효과를 다양하게 구사하여 현대화했다. 이 밖에도 그는 새로운 패턴의 프로그램으로 〈스무고개〉, 〈천문만답〉, 〈거리의 화제〉, 〈질의응답〉, 〈학교방송〉 등을 신설하기도 했다.

송영호는 과장 직책의 간부로서 프로그램 제작에도 열과 성을 다했다. 특히 〈질의응답〉 프로그램을 3년 동안 제작했다. 이 프로그램은 청취자들의 질문을 받아 해답자의 실명을 밝혀 방송하는 형식이었다. 그는 이 방송 내용을 한데 모아 두 권의 책자로 펴냈으며, 이 단행본은 참고 서적이 부족하던 그 시대의 대학생들에게 좋은 안내서가 되기도 했다. 『상식질문응답』 제1집 첫 장을 열어 보니 '序(서)'라고 하여 송영호가 쓴 머리말이 보인다. 그 기록에는 이 프로그램 방송 시간(매주 목요일 오후 7시 45분부터 8시까지 15분간)을 소개하면서 책 발간 동기 및 과정을 설명하고 있다. 그는 청취자 여러분의 많은 질문과 투서를 받아 전문가들로부터 해답을 얻어 방송을 내보낸다고 하면서 시대적인 상황의 어려움도 토로하고 있다. 서문 가운데 "질문 중에는 퍽 재미있고 또 일반이 알고 싶은 점을 지적하신 것이 상당히 많았다. 그러나 개중에는 지금 시국으로는 도저히 해답할 수 없는 말하자면 군정에 저촉되는 것이 있어 그런 것은 부득이 取擇(취택)치를 못했다. 그러나 방송으로 질문응답을 한 후 내어버리지 말고 책을 맨들어 주었으면 하는 일반의 투서가 퍽 많이 드러왔다"(원문대로 표기)라고 밝히면서 책을 발간하게 된 동기도 설명하고 있다.

목차로 들어가 보면, 제1집에는 '1. 카이로 선언'부터 '77. 사대주의'까지 77개 문항이 들어 있다. 그러나 목차 군데군데에 어떤 문항 다음에 동그라미 표시를 하고 질문이 이어지는 것이 보인다. 예를 들면 '55. 특허권'

사진 6-1. 『상식질문응답』 1집

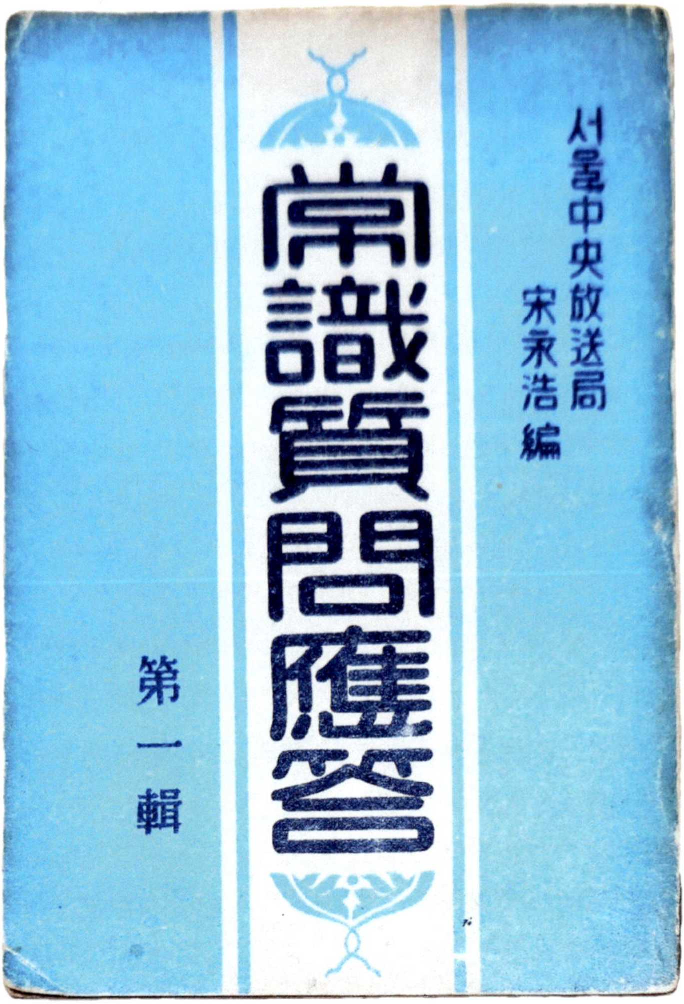

사진 6-2. 『상식질문응답』 2집

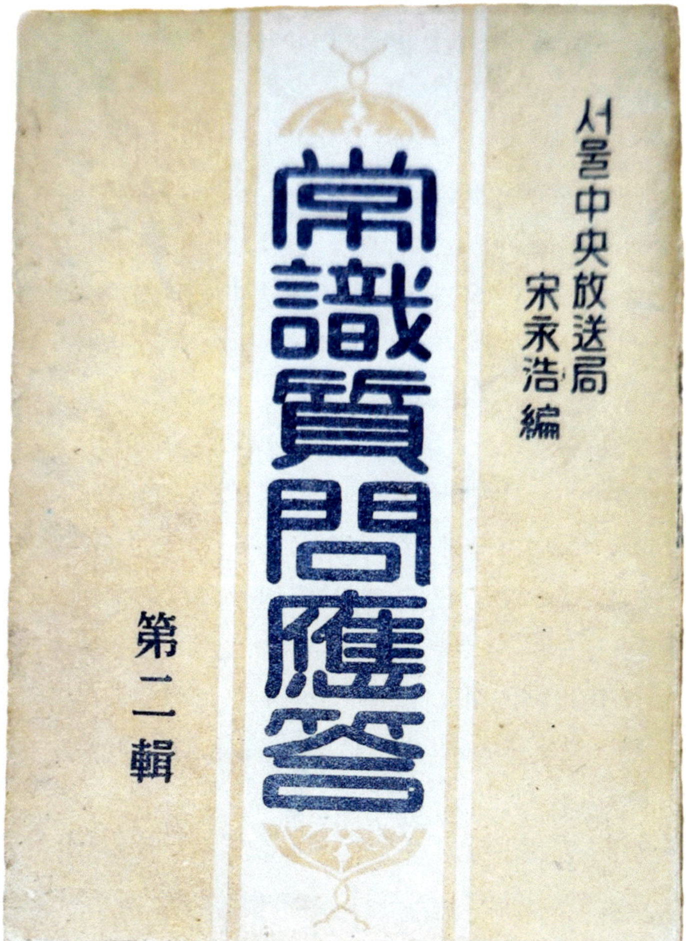


송영호가 제작해 방송한 내용을 1947년 책으로 펴냈다.
출처: 저자 소장 자료.

항에는 그다음에 동그라미 아래 '발명 보호원' 등 10여 개 문항이 더 있다. 제2집에서는 '1. 뉴-딜정책'부터 '70. 밤 방송이 끝날 때 하는 영어를 구체적으로 자세히 설명' 등 70문항이 나열되어 있다. 그런데 1집과 달리 2집에는 동그라미 문항은 없다.

청취자의 질문 종류에는 시사 상식이 가장 많고 역사 문항도 상당하다. 방송에 관련된 문항도 꽤 많이 보이는데, 방송 관련 질문 가운데 심도 있고 전문적인 문항 하나만 소개한다. 제1집 22번째 질문 문항은 '서울중앙방송국 연주 스튜디오 마이크 앞에서 방송하는 것이 연희송신소 안테나로부터 전파로 발사되기까지의 과정'으로 되어 있다. 상당히 긴 질문 항목이다.

상식 질문 응답자는 각계의 전문가들이다. 그 당시 신문사 편집국장이었던 송지영, 이선근, 정치부장 김상흠, 백남교 등과 한글학자 김윤경, 이병기, 의사, 변호사 등 각 분야 전문가들로 구성되어 있다. 응답자 가운데 방송인도 여러 명이 보인다. 그 당시 서울중앙방송국장 이혜구, 방송국에서 음악 프로그램을 맡았던 박용구, 특히 앞의 방송 송출 과정의 질의 응답자는 조선방송협회 기술부 기술과장 이남용이었다. 그는 1960년대 서울시민회관 관장 시절 MBC 문화방송 개국 기념행사 때 화재로 별세했다.

한국 방송의 거인이었던 송영호는 정부 수립 전후기에 방송의 중추 기능인 '편성'이란 영역을 현장에서 껴안고 고민했던 방송인이었으며, 특히 그가 편성(방송) 분야에서 활동했던 해방 후 10여 년간은 우리 방송 변천사에서 획기적인 전환기라 할 수 있을 것이다. 그가 남긴 방송 관련 문헌들을 보면, 1948년 편성과장 시절 '방송편성의 기본방향'이란 글을 비롯해 1949년 문예과장 시절에는 미국의 방송을 참고로 장문의 논설 '방송문화 소고'를 일간지에 시리즈로 연재하기도 했다. 이 밖에도 1951년 부산

피난지에서 방송에 관련된 글을 일간지에 실었다. 특히 '방송 13년 이면사'(≪방송≫ 월간지, 1958.11 · 12월 호)는 한국 방송사 연구에 귀중한 자료가 되고 있다.

송영호의 방송 후배로 그를 보좌했던 전 KBS 이사장을 지낸 노정팔은 자신의 저서 『한국방송과 50년』(나남출판, 1995)에서 '일민(一民)과 그 과원들'이라는 별도의 장을 소제목으로 설정하여 그를 기리고 있는데, "부인 홍은순(洪銀順) 여사는 동화작가 겸 구연가로서 그 실력이 우수하여 자주 방송에 출연했으며, 특히 오랫동안 인기를 끌었던 어린이 시간 〈똘똘이의 모험〉의 해설을 맡아 성가를 올렸다"고 회고한 바 있다. 아들 송현식(宋賢植)도 KBS 라디오 제작부서에서 국장(주간)을 지냈다. 송현식은 필자와 KBS 입사 동기로 부친의 방송 사료를 제공해 줘, 한국 방송 역사에 관한 글을 쓰는 데 크게 도움을 받고 있다. 감사드린다. 송영호의 아호 일민(一民)은 일민(逸民)이 맞는 표기라고 송현식 형은 필자에게 전언한 바 있다.

# 7.
# 한국 방송 첫 해외 중계 캐스터 민재호
## – 1948년 런던올림픽에서 손기정 기수와 함께

〈사진 7〉은 대한민국 정부가 수립되기 바로 직전인 1948년 7월 말이나 8월 초에, 제14회 세계올림픽대회 개최지인 영국 런던에서 촬영된 것으로 보인다. 사진에서 보이는 주인공들은 당시 이 땅에 하나뿐인 방송국 KBS가 파견한 중계 캐스터 민재호(閔鼒鎬, 1916~1987)와 선수단 기수 손기정(孫基禎, 1912~2001)이다. 민재호는 KBS 아나운서 실장으로서 프로듀서나 엔지니어도 없이 홀로 파견되었다. 손기정은 1936년 베를린올림픽대회의 마라톤 금메달리스트로 널리 잘 알려진 대한 남아의 상징이었다.

사진 속 두 역사의 주인공은 깔끔한 정장 차림에 올림픽 상징 마크를 장식했는데, 자못 젊음이 넘쳐나는 의연한 자세를 취하고 있다. 그도 그럴 것이 이 얼마나 영광스럽고 그 얼마나 대견스러운 일이었겠는가. 조국이 광복된 후 진정한 자주 독립 국가를 선포하는 정부 수립일을 눈앞에 두고 벌어진 경사였으니, 대한 남아들의 가슴은 얼마나 뛰고 감개가 넘쳐났겠는가. 민 캐스터의 나이 32세, 손 기수의 나이 36세 시절이다.

필자가 소장하고 있는 이 사진은 2003년 5월 민재호 선생의 부인 나귀영(羅貴瑛) 여사가 친필로 사진 밑에 '설명 글'을 붙여 미국 샌프란시스코에서 편지와 함께 보내온 것이다. 그 당시 한국방송영상산업진흥원에서

사진 7 민재호 아나운서와 손기정 감독

런던올림픽 캐스터 민재호와 선수감독 손기정의 모습이다.
출처: 저자 소장 자료.

는 '방송인 명예의 전당' 행사를 주관했고, 필자는 이 행사의 운영위원으로 참여하면서 헌정 방송인의 프로필을 집필했다. 지금은 이 행사가 중단된 지 퍽 오래고 주관 기관까지 없어져 옛이야기가 되었지만, 젊은 시절부터 한국 방송 역사를 공부하면서 사료 수집을 일상 생활화하던 필자는 이 사료를 챙겨 수장(收藏)해 온 것이다. 여기, 이쯤에서 나귀영 여사가 〈사진 7〉과 함께 보내온 유려한 문체의 서신 일부를 원문대로 인용하려고 한다. 원문을 존중하는 의미에서 한자는 그대로 인용하되 괄호 안에 한글로 병기(併記)하였다.

> 저의 男便(남편) 민재호 氏(씨)는 참으로 생명처럼 방송을 사랑하던 뼈속 마디마디까지의 방송인이었습니다. 放送外(방송외)에 大學教授(대학교수), 大使館政治官(대사관정치관) 등의 직업을 거쳤으나 항상 마음의 故鄕(고향)은 放送(방송)이고, 自己(자기)는 放送人(방송인)이란 自矜(자긍)을 갖고 있었습니다.
>
> 故國(고국)을 떠난 지 半世紀(반세기)고 그를 記憶(기억)하는 그 時代(시대) 사람도 차차 없을 터인데, 그가 世上(세상)을 떠나고 16년이 되는 지금(2003년 현재: 필자 주) 이렇게 榮光(영광)스럽고 고마운 消息(소식)('방송인 명예의 전당' 헌정자로 선정되었음을 미국의 가족들에게 전하고 관련 사료를 요청하는 서신: 필자 주)을 傳(전)해 주시니 未亡人(미망인) 되는 저의 感激(감격)은 이로 다 表現(표현)할 수도 없습니다. 그는 비록 이승에서 그 喜消息(희소식)을 못 들었으나 지금 하늘에서 天使(천사)들이 지휘하는 琵琶(비파)와 竪琴(수금)과 小鼓(소고)와 提琴(제금)의 음향 속에서 춤을 추며 기뻐하고 있을 것을 굳게 믿습니다. 저 羅貴瑛(나귀영)은 85세 나이에 老弱(노약)하여 고국 방문도 如意(여의)치 못하오나 헌정식에 代理出席(대

리출석)은 제 여동생과 조카(둘 다 여의사)가 雙手(쌍수)를 들고 자원하고 나섰습니다.

한국 최초의 해외 중계방송 캐스터인 민재호는 1940년 연희전문 문과를 졸업하던 해 조선방송협회 전국권 아나운서 공채 시험에 합격하여 방송계에 입문했다. 그는 9명의 동기생(남자 7, 여자 2) 가운데 가장 오래 아나운서로 활동하며 한국 방송사의 격동기에 큰 업적을 남겼다. 그의 동기생으로 경성제1고보(현 경기고)에 경성 법전(현 서울대 법대)을 나온 박용신(朴龍信)이나 국어학자 이숭녕의 동생인 이익령(李翊寧), 그리고 학계로 떠나 동양철학자가 된 구본명(具本明) 등이 있었으나 단파 방송 연락 운동 사건 등 해방 전후기의 큰 변환기에 모두 방송계를 떠났다.

민재호는 일제 말기와 해방 초기에 걸쳐 아나운서로서 명성을 날렸는데, 선배이자 상사인 이계원(李啓元)과 쌍벽을 이루며 온갖 프로그램을 진행했다. 그는 1945년 8 · 15 해방 당시 일본 천황의 항복 방송을 우리말로 해설하여 보도했으며 "산천초목도 춤을 춘다"라는 그의 해방 일성(一聲) 방송은 수많은 사람의 공감을 샀을 뿐만 아니라 오랫동안 회자(膾炙)되기도 했다. 그는 한국 야구 캐스터의 기초를 닦았고 1947년에는 창경원에서 펼쳐진 전국그네뛰기대회를 2시간 50분 동안 중계방송하기도 했다. 그는 이 군정 시기에 전동익(全東益)의 후임으로 제2대 연출과장으로 승진했으나 관리직이 마음에 들지 않는 데다 아나운서 직무를 사랑한 나머지 다시 아나운서로 복귀하기도 했다.

민재호는 나라의 살림이 어렵고 외화 사정이 좋지 않아 런던올림픽에 단독으로 파견되었으며, 이 중계방송은 BBC의 단파를 이용해 녹음 방송으로 전달되었다. 그는 6월 21일 서울을 출발하여 7월 30일 우리 선수가 출전하는 경기를 첫 중계방송했다. 이 대회에서 우리나라는 김성집(金晟

集) 선수가 역도 미들급에서 동메달을, 한수안(韓水安) 선수가 권투 플라이급에서 역시 또 하나의 동메달을 획득해 일제 치하에서 갓 벗어난 국민들에게 자긍심과 조국애를 심어 주었다. 한국은 58개 참가국 중에서 24위를 기록하는 그다지 나쁘지 않은 성적을 올렸다.

민재호는 런던에 도착해 BBC로부터 단파 채널을 빌리고, 기계 조작도 하여 방송을 하는 등의 1인 3역의 배역을 감당하는 고난을 이겨 냈다. 이처럼 그는 밀려드는 온갖 악조건하에서도 올림픽 중계를 훌륭하게 잘 치러 냈으며, 그리하여 한국 최초의 올림픽 중계방송 캐스터라는 영예를 안아 한국 방송사에 큰 족적을 남겼다.

민재호는 정부 수립 후 서울중앙방송국 방송과장으로 임명되어 재임 중에 6 · 25 사변이 돌발하자 미군 맥아더사령부(일본 도쿄)로 급파되어 전시 방송에 참여했다. 한국과 일본을 오가다 그다음 해 '미국의 소리(VOA)'로 발령되어 워싱턴에서 10여 년간 한국어 방송을 담당했으며, 1987년에 세상을 떠났다.

# 8.
# 〈혈맥〉 즐판(가리방) 대본집(1948)

〈사진 8〉의 〈血脈(혈맥)〉은 가리방으로 된 김영수 작가의 작품이다. 1948년 6월 문교부(교육부 전신) 주최 '제1회 전국연극경연대회' 대상 수상작이다. 서연호 교수의 『한국연극사』에는 '1945년 광복 이후 한국 문단의 사실주의 대표작'이자 '김영수 문학의 상징 희곡'이라고 되어 있다. 위쪽 즐판 사진은 필자가 소장한 대본집 표지다. 아래쪽 사진은 표지를 넘기면 나오는 속표지다. 속표지 왼쪽 위에는 김영수(金永壽) 작, 박 진(朴 珍) 연출, 김정환(金貞桓) 장치 등이, 중간에 큰 글씨 〈血脈〉 아래에는 3막 4장이, 왼쪽 끝에는 극단 신청년 상연희곡이라고 한자로 표기되어 있다. 책 맨 뒷장에는 '1948.6.10'이 가리방되어 있다.

속표지 다음 장을 넘기면 '〈혈맥〉을 쓰면서'라는 제목으로 작가의 서문이 나온다. 그 전문을 원문대로 옮기면 아래와 같다.

> 우리나라 옛말에 '핏줄이 켱긴다'라는 말이 있다. 이것은 그지없는 天倫(천륜)을 일칼음이요, 나아가서는 이 나라 民族(민족)의 '얼'의 崇嚴性(숭엄성)을 이름이라 생각한다.
> 높고, 깨끗하고, 비할 바 없이 크고, 넓은 어버이와 자식 사이의 '사랑', 兄(형)과 아우 사이의 '사랑'—
> 나는 이 拙作(졸작)을 통해 자칫하면 世態(세태)의 濁流(탁류) 속에 휩쓸려 들어가기 쉬운 이 높고 貴(귀)한 '사랑'을 發掘(발굴)하려 努力(노력)하였다[作者(작자)].

이상이 작자가 쓴 서문 전체다.

희곡 〈혈맥〉의 내용은 『한국현대문학대사전』에도 잘 나타나 있다. 일제 말에 만들어진 방공호에서 살아가는 하층 인간들의 생활을 그린 작품으로 등장인물의 직업은 땜쟁이, 목판 담배장수, 댄서, 지게꾼, 하급 노동자 등이다. 이 작품은 외부의 부당한 힘에 의해 삶의 근거지를 송두리째 박탈당한 서민들의 이야기를 다루고 있다. 작중 인물인 원팔이는 담배 행상을 하고, 부인은 폐병으로 죽어 가고 있으며 일본 유학까지 다녀온 동생 원칠이는 사상 문제로 형사의 감시를 받고 있는 고등룸펜이다. 그러나 작가는 생존권을 찾아 몸부림치는 인간상을 묘사하는 동시에 동족의 화합과 부조를 강조함으로써 교훈적인 결말을 시도한다. 가난의 고통을 벗어나기 위해서는 이기주의를 버리고 민족이 화합하고 자주독립하는 길밖에 없음을 제시하고 있는데, 특히 끝 장면에서 원팔 처의 죽음과 동시에 집터 다지는 지경 소리가 은은히 들려오게 한 것은 이에 대한 상징적인 처리로 보인다. 유민영 교수는 "해방 직후에 나온 작품으로서 이 작품만큼 한 시대의 종막과 새 시대의 도래를 상징적으로 그린 작품은 없을 것"이라고 그 의미를 높이 평가한 바 있다.

〈혈맥〉은 1963년 영화로 만들어지기도 했다. 거장 김수용 감독이 맡아 그 당시 최고의 배우들이 출연했다. 김덕삼 역은 당대의 최고 배우 김승호가, 복순 어머니 역은 황정순, 거북 역은 신성일, 복순 역은 엄앵란, 옥희 역은 김지미, 복순 아버지 역은 최남현, 형 역은 신영균, 동생 역은 최무룡, 벙어리 역은 조미령 등이 맡아 영화상을 휩쓸기도 했다.

작가 김영수(1911~1977)는 극작가 · 소설가 · 방송작가다. 서울 출생으로 일본 와세다대학 제2고등학원을 수료한 뒤 와세다대학 영문과에 입학했다. 가난에 쪼들리면서도 광범한 독서와 쓰키지소극장[築地小劇場] 관람으로 문학과 연극에 눈뜨게 되었다. 1934년 대학 재학 중에 단막

사진 8. 김영수 작가의 작품 대본집 <혈맥>

작품집의 겉표지와 속표지다.
출처: 저자 소장 자료.

극 〈광풍(狂風)〉과 〈동맥(動脈)〉으로 ≪조선일보≫와 ≪동아일보≫의 신춘문예에 각각 당선되었다. 대학을 수료한 뒤 동경학생예술좌(東京學生藝術座) 창립 동인으로 활약했고, 귀국 후엔 문학 수업에 전념하여 1938년에는 단편소설 〈용녀(龍女)〉(뒤에 '소복(素服)'으로 개제)로 ≪조선일보≫ 신춘문예에 당선되었다.

그는 ≪조선일보≫ 기자로 재직하면서 소설과 희곡을 발표했으며, 신문이 폐간되자 동양극장(東洋劇場) 전속 극작가가 되어 신파 극본을 쓰면서 소설도 발표했다. 일제 강점기 말엽에는 생활을 위해 고려영화주식회사 선전부장, 유한양행 사원 등으로 근무했다. 광복을 맞아 어린이신문사 주간을 맡았고, 또 라디오 드라마도 쓰기 시작했으며, 상업 극단들과 연결을 맺고 대중적 작품을 많이 썼다. 1960년부터 방송 드라마를 본격적으로 집필하였다.

김영수의 라디오 드라마 극본은 한 시대의 신문, 잡지와 문학 작품처럼 1960~1970년대의 시대상이 반영되어 있는 텍스트이자 역사적인 자료다. 이 자료들은 라디오 드라마의 옛 모습은 물론, 당시의 일상과 경제생활, 여가 활동, 여론 등 사회 문화사까지 고스란히 담고 있다. 라디오 방송극 전공자와 문화예술 전공자에게는 연구를 위한 훌륭한 텍스트가 될 것이다. 『김영수 라디오 드라마 작품집』 1권은 연속극 라디오 드라마 극본을 토대로 한다.

김영수는 말년에 한국방송회관이 발행하는 방송 잡지 ≪방송문화≫(1969년 5월 호)에 '방송인상'으로 소개되었다. 한 장의 화보로 실린 사진은 두 딸과 정원에서 촬영한 것이다. 사진 화보 위 첫머리에 "한국적 서민의 애환 묘사, 32년의 작가 생활 결정품 구상 작가 김영수 씨"라고 된 제목이 크게 게시되어 있다. 화보 아래 기사에는 첫 문장이 "방송극 작가 김영수 씨 하면 경향 각지의 청취자를 매혹한 〈박서방〉을 연상할 만큼 명성이 높다"로 되어 있다. "씨는 〈박서방〉 이전에 방송 초창기 시절 32년 전부터 방송극을 집필 장단편 합쳐 2백여 편에 달하고 있다"라고 소개되어 있다.

# 9.
# 1952년 공보처 방송국이 만든 〈직원록〉

〈사진 9〉 위쪽은 1952년 방송국 직원명부 복사본 표지다. 공보처 방송국이 만든 〈職員錄(직원록)〉이라는 사료인데, 표지 왼편 위에 한자로 쓰인 '檀紀四二八五年十二月三十一日現在'(단기4285년12월31일 현재)가 자못 예스럽기도 하고, 새삼 고전적인 느낌을 주기도 한다. 6·25전쟁의 상흔이 채 가시지도 않은 1952년, 국영방송 KBS 라디오 방송국 하나뿐인 시대에 만들어진 것이라 사료적 가치가 대단히 커 보인다. 아래는 이 직원록 36쪽 가운데 10쪽이다. 여기 10쪽 첫 번째에 '사슴의 노래'로 유명한 시인 노천명(盧天命, 1912∼1957)의 이름이 보이는데, 그가 KBS 서울중앙방송국 방송과 직원으로 재직하던 시절이다.

직원록은 A4 용지 크기로, 전체 36쪽 가운데 우선 1쪽에 들어가 보니, 중앙국 서무과가 첫 부서로 나오고, 局別(국별), 課別(과별), 職名(직명), 姓名(성명), 本籍(본적), 備考(비고) 등으로 구분하여 기록되어 있다. 중앙국 국장 노창성 서울, 서무과 과장 이호영 경남, 최승일 함남 등으로 이어져 나열되어 있다. 그러나 노창성 국장 앞에 처장 이철원 서울, 차장 이헌구 함북 등 공보처장 및 차창 등을 관례상 앞세우고 있다. 그 당시 국영방송국을 관장하던 정부 부처가 공보처였기 때문이다. 이철원(1900∼1979)은 미국에서 신문학과 철학을 공부한 정치인으로 2대와 4대(1950∼1953) 공보처장을 지냈다. 노창성(1895∼1955)은 일제 강점기 경성방

사진 9. 방송국 직원명부 <직원록> 표지와 내용 일부

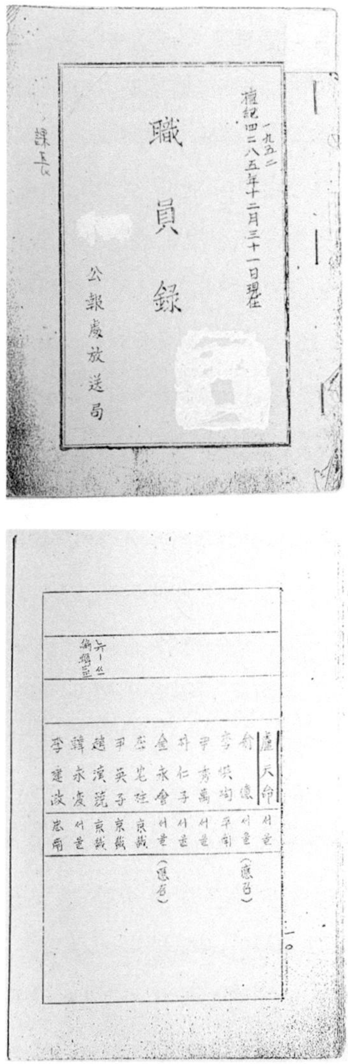


복사본이라 성글지만 해당 연도와 노천명의 이름이 잘 보인다.
출처: 저자 소장 자료.

송국 개국 준비 때부터 방송인으로 활약하면서 초대 방송관리국장을 역임하기도 했다.

〈직원록〉은 서무과 다음으로 외국방송수신실, 회계과, 업무과로 이어져 있는데 서무과 인력은 25명, 업무과는 5명 등으로 나타나 있다. 그 다음으로 방송국의 중추적인 부서인 방송과로 이어지는데, 아나운서와 프로듀서(편성원)들이 소속되어 있다. 이 방송과에는 1950년대 방송국 간부로서 방송 실무 전반을 이끌었던 송영호가 방송과장으로 명기되어 있으며 그 아래에 1960, 1970, 1980년대 방송계에서 중추적인 역할을 했던 인물들이 망라되어 있다. 송영호 과장 다음으로 편성계를 이끌던 김서봉, 아나운서실장이었던 윤길구가 나타나고 배준호(PD), 서명석(아나운서), 노정팔(PD), 한희동, 조남헌, 장기범(아나운서), 김창구(PD), 조규택, 양대석(아나운서), 이상만(PD), 이용태, 강정수, 김용환, 김순철, 문시형(PD), 이상송, 강익수(아나운서), 안병원(어린이 합창 지도), 김유준, 김정환, 이호원(작가), 강찬선(아나운서), 황우겸(아나운서), 김기찬, 임택근(아나운서), 이금선, 정순향(아나운서), 김동익, 김봉재, 이덕근, 이재형, 최덕용 등으로 이어져 기록되어 있다. 최덕용의 이름은 〈직원록〉 9쪽의 마지막을 장식한다.

이어 〈사진 9〉의 아래쪽 10쪽으로 이어지는데 노천명이 첫 번째로 보인다. 노 시인이 방송국에서 근무했다는 사실은 잘 알려지지 않았다. 그는 1940년대 후반기에 KBS 주간 여성 종합 뉴스인 〈이 주일에 일어난 일〉 프로그램을 맡아 오랫동안 진행했다. 노천명은 시를 다루듯 세심하고 열심히 주간 뉴스를 모아 방송하여 주부들에게 많은 호평을 받았다. 부산 피난지 방송국에서 '가정메모'를 전담하여 집필했고, 환도 후에도 방송국과 더불어 서울에 올라와 〈가정 시간〉 프로그램을 도왔으나 현실과 타협하지 못하는 성격 때문에 외롭게 지내다 1957년 45세 나이로 일찍 별세했다.

노천명에 이어 여섯 번째 운영자에서 방송과 직원 명단이 끝나고 '뉴쓰 편집실' 부서가 등장한다. 조한긍, 한영섭, 이건정, 그다음 11쪽에 조용하, 양무용 등이 보이는데, 그 당시 기자 직종에 근무하던 이들이다. 이 가운데 조한긍과 한영섭에 대하여는 필자가 저술한 『한국 방송기자 통사』(21세기북스, 2014) 4장(191~195쪽, 202~207쪽)에서 '방송보도의 초석을 놓은 선구적 기자 탐구'라는 제목으로 상세히 다루었다.

기자 직종 다음으로 기술과 직원들의 명단이 나타나는데 서른 명이나 된다. 기술과장 한기선 바로 앞에 기감 사무취급 이규일이 첫 번째로 기록되어 있다. 이는 공보처 국장급에 해당하는 기술 직종의 최고 수장이라 관례상 앞으로 내세운 것 같다. 이규일(李圭鎰, 1916~1973)은 일제 시대 경성방송국에 근무한 기술직종 원로로 방송관리국장을 역임하기도 했다. 그의 아들이 KBS에서 아나운서 및 PD로 근무했던 이성수다. 한기선 과장 다음에 황세연, 유병은, 김석모, 정경순, 이길주, 김영진 등이 보이는데, 이 중진들은 1970~1980년대까지 방송 현장에서 후배들을 지도하며 이끌어 갔다. 그다음에는 송신과 직원 명단으로 과장 이인관 이외 20여 명이 있다. 송신과장 다음에 박능상, 오수영, 이길선, 김성열, 권혁래 등이 보인다. 송신과는 방송 전파를 송출하는 업무를 담당하기 때문에 지방 주재 직원이 8명이나 된다. 이 가운데 남원 주재 송신과 직원이 두 명이 보이는데, 이는 지리산 공비 토벌로 남원방송국이 읍 소재지임에도 불구하고 방송국을 개국하는 특수한 상황에서 비롯되었다. 남원방송국은 1952년 3월 남원 읍내 동촌리에 단층짜리 국사를 마련하고 6월에 출력 500W 송신기를 도입하여 10월에 개국했다. 남원방송국 이야기가 나오니 필자가 1974~1975년경 남원국에 근무하던 시절이 떠오른다. 전인규 방송과장님(남원방송국장 역임), 김일수 기술과장님 두 분 다 참으로 훌륭한 선배이셨는데, 전 선배는 2023년 남원에서 별세하셨고, 김 선배는 대구방송국 기술부장 시절 순직하셨다. 김일수 선배와는 남원 시절 같은 하숙집에서 살았던 기억이 선명하다.

이 〈직원록〉 16쪽에는 이색적인 부서인 '서울방송대'가 보인다. 서울중앙방송국이 6 · 25전쟁으로 남쪽으로 밀려났다가 1952년 서울로 복귀하는 과정에 임시로 조직된 부서다. 서울방송대 대장은 변천수(卞天壽)로 나중에 광주 · 부산방송국장을 지낸 인물이다. 변천수는 1950년대 국무총리를 지낸 변영태 가문 출신으로 부산국장 시절 별세(46세)했는데 손자(변재웅)가 KBS 미디어에 근무하고 있다. 변재웅의 부친 변금진(1936~ )도 KBS와 인연이 많다. 그는 충주에서 사업을 하면서 1980, 1990년대에 KBS 충주국 시청자위원회 위원으로 오랫동안 봉사하기도 했다. 이 서울방송대에는 이종훈, 성기석, 윤헌영, 박경환 같은 유명 엔지니어와 최승주, 이용훈 아나운서, 방흥안 프로듀서 등 여러 직종의 직원 33명이 들어 있다. 19쪽에는 '제1이동방송대' 부서가 보이는데 신경석 대장과 8명이, 20쪽에는 제2이동방송대의 조한승 대장 이하 5명이, 21쪽에 인천방송대의 조 용 대장 외 2명이 기록되어 있다. 그다음에 UN군총사령부 파견으로 홍양보, 위진록, 류덕훈 등이 보이는데 해방 후 KBS에 공채된 아나운서들이었다. 이들은 일본 도쿄에 있던 유엔군총사령부 방송국(VUNC)에 근무하다 미국으로 이주하여 평생을 미국에서 살았다.

21쪽 끝부분부터는 지역방송국 직원록인데 이 사료에 기재된 순서대로 기록으로 남기면 다음과 같다.

부산방송국은 국장, 방송과장, 기술과장 포함하여 10명에 불과하다. 다음 대구방송국 12명, 대전방송국 11명, 이리방송국 11병에 전주연주소 2명, 광주방송국 10명, 목포방송국 9명, 청주방송국 6명, 마산방송국 8명, 제주방송국 8명, 춘천방송국 4명, 강릉방송국 9명, 남원방송국 6명 등이 기록되어 있다. 이 〈직원록〉이 발행된 1952년 당시에는 KBS 지역방송국이 12개였음을 알 수 있다.

지역방송국 관련 기록이 마무리된 33쪽부터 36쪽까지는 이색적인 기관이나 단체가 소개되어 있다. 먼저 '국방부 제2국 보도과 방송반'이라 하여 반장 육군대위 이진희 외 4명이 기록되어 있는데, 이는 국군방송 태동의 신호탄이라 할 수 있을 것이다. 그다음으로 '방송극회'가 보이는데 대표 복혜숙이 가장 먼저, 그 아래 서월영, 강석주, 윤일봉, 최무룡, 김승호, 유계선, 이혜경, 남해연, 민구, 조미령 등 유명 성우·배우들이 줄을 이어 기록되어 있다. 36쪽 마지막 장에 '대한방송경음악단' 멤버들이 보인다. 김광수 대표에 이어 손석우, 노명석 등 9명이 기록되어 있다.

# 10.
# 이승만 대통령, KBS 어린이합창단 초청

필자가 소장하고 있는 〈사진 10〉은 1950년대 중하반경, 당시 이승만 대통령이 KBS 어린이합창단을 경무대(대통령 집무실, 청와대의 전신)에 초대하여 촬영한 사진 사료로 보인다. 위쪽 사진은 이승만 대통령 부부가 KBS 어린이합창단원들과 함께한 모습이다. 맨 뒤편에 우뚝하게 보이는 이가 한용희(1931～2014) PD다. 이 사진은 1959년에 계간지로 발행된 ≪방송≫이라는 잡지(가을호-제4권 제5호, 통권 33호, 발행소: 공보실)에서도 볼 수 있다. 한용희 프로듀서는 이 방송 잡지에 '어린이 방송이 걸어온 길'(40～44쪽)이라는 글과 위쪽 사진을 포함한 4컷의 사진을 실었다.

아래 사진은 KBS 어린이합창단 단원들이 이승만 대통령 부부에게 공연하는 광경인데, 그 사진 왼편 끝에도 한용희 PD가 보인다. 한용희는 치안국에 근무하던 1954년 5월 1일 KBS 어린이 시간을 담당하게 되었다. 6개월 동안 두 군데에서 일하다 치안국에 사표를 내고 KBS에서만 일하게 되었다. 어린이 프로그램을 전담하던 PD였던 한용희는 어린이 시간을 15분에서 30분으로 늘리고 〈무엇일까요〉, 〈누가누가 잘하나〉 등 어린이 공개 방송을 신설하면서 주제가를 손수 작곡하는 열성을 보였다. 그는 동요로서 유명했던 〈파란 마음 하얀 마음〉, 〈고향 땅〉, 〈푸른 잔디〉, 〈꼬마 눈사람〉, 〈우리 유치원〉 등 동요 200여 곡을 작곡하기도 했다.

사진 10. 이승만 대통령 부부와 KBS 어린이합창단

이 두 사진 속에 합창단 책임자 한용희 PD가 선명하게 담겨 있다.
출처: 저자 소장 자료.

어느 시대, 어느 나라나 마찬가지지만, 한국의 정치 지도자들도 유달리 방송에 관심이 많았다. 이승만 대통령도 방송에 관심이 많은 분이었다. 특히 그는 미국에서 박사 학위를 받은 데다 선진 국가들의 정치권 동향과 지도자들의 활동상을 잘 알고 있기 때문에 더욱 그러했다. 이승만은 1940년대 초기 '미국의 소리'에 출연하여 일본 제국주의 패망을 내다보고 코멘트하기도 했는데, 이 VOA(미국의 소리) 단파 방송을 몰래 청취한 조선방송협회 한국인 방송인들이 일제 경찰에게 발각되어 구속되는 사태가 벌어지기도 했다. 그 사건이 한국 방송사에 길이 남은 '단파 방송 연락 운동'이었다.

이승만 대통령은 1956년 국내 최초의 TV 방송국인 KORCAD(HLKZ-TV)에 처음으로 기자 인터뷰를 하기도 했다. 『한국방송사』(KBS, 1977) 화보에 실린 사료에는 '이승만 대통령의 첫 TV 회견: HLKZ-TV 마이크를 잡고 있는 문제안(1956)'으로 캡션화되어 있다. 문제안은 1943년 일제하 경성방송국 아나운서로 방송에 입문하여 해방 후 KBS의 첫 방송기자로 임명되었다. 그는 미군정 시절 미군 방송 자문관 등과의 의견 충돌로 KBS에서 나와 프리랜서 기자로 각계에서 활동했다. 이승만 대통령은 문 기자의 취재에 응하면서 한국 TV 방송에 최초로 출연한 대통령이 되었다.

이러한 사례는 필자가 소장하고 있는 한국 방송 사료를 통하여 다각적으로 확인할 수 있다. 1955년 사례로는 이승만 대통령이 서울 용산국민(초등)학교에 수용된 수해 이재민을 격려하는 사진이다. 이 대통령에게 마이크를 갖다 댄 이는 KBS 문시형 기자다. 문 기자는 1948년 KBS PD로 방송계에 입문하여 〈마이크 인터뷰〉, 〈녹음탐방〉 등 구성 프로그램을 담당하다 6 · 25전쟁 후 장안의 화제를 불러왔던 공개 방송 〈스무고개〉 담당 PD로서 외부 공개 홀을 섭외하여 동화백화점(현재 신세계 백화점)에서 프로그램을 제작하기도 했다. 문시형은 1950년대 짧은 기자 생활을 하면서 국영방송, 공무원 신분의 안타까움을 여러 번 토로한 바 있다. 그가 쓴 글을 보면 자조적인 기자 회견장의 스케치가 등장한다. 자못 흥미로워 인용하면 "질문 있습니다. 어느 신문사에서 나온 기자입니까? KBS 기자입니다. KBS에서 나왔으면 앉아요. 국무원 사무처장의 명령조의 말이다. 기자 아닌 공무원 주사(당시: 4급갑, 현재: 6급)인 부하에게 하는 말이다"라고 되어 있다. 문시형은 앞서 언급한 한국 방송 최초 기자인 문제안의 친동생이다.

이 밖에도 이 대통령은 1957년 1월 오재경 공보실장의 안내로 서울중앙방송국 정동연주소 청사를 순시하기도 했다. 이때 오재경 실장은 6·25전쟁으로 정동연주소가 불에 타 허름한 건물에서 방송하는 모습을 설명하며 남산에 방송청사 신축이 불가피하다는 점을 진언한 것으로 미루어 짐작된다. 따라서 방송가에서는 한때 KBS 남산방송촌 건립은 오재경 실장의 작품이라고 회자되기도 했다. 이승만 대통령은 KBS 남산 방송시대의 개막일인 1957년 12월 10일 오재경 실장과 오픈 테이프 커팅식을 갖기도 했다. 이듬해 1958년에도 자주 방문한 것으로 방송 문헌에 기록되어 있다. 언젠가는 남산연주소 방문에서 그 당시 〈스무고개〉, 〈노래자랑〉 공개 방송 사회로 명성을 날리던 장기범, 임택근 아나운서를 만나 '대단한 변사들'이라고 격찬하기도 했다는 사진 기록도 한국 방송 역사 서지 사료에 나와 있다.

앞에서, 한용희 PD가 어린이 프로그램 담당자로 활동한 1950년대에 쓴 글들을 살펴봤는데 〈누가누가 잘하나〉, 〈무엇일까요〉 공개 방송이 1954년에 시작된 것으로 나와 있다. 특히 한용희의 이 글에는 어린이 연속극이 주2회로 활성화되면서 방송된 작품명과 작가가 기록되어 있다. 희귀한 사료인지라 여기에 옮겨 필요한 이들에게 제공하고자 한다.

1. 바람부는 언덕(최요안 작)

2. 숲속의 어린이들(이원수 작)

3. 소년행진곡(장수철 작)

4. 수돌이의 모험(조남사 작)

5. 할아버지 만세(이종항 작)

6. 언덕위에 피는 꽃(한운사 작)

7. 푸른 잔디(유 호 작)

8. 엄마별 아빠별(강소천 작)

9. 눈보라속에 피는 꽃(조흔파 작)

10. 춤추는 무지개(황광은 작)

11. 흰구름 푸른구름(방기환 작)

필자가 소장하고 있는 한용희의 『한국의 동요』는 동요의 70년 역사를 조망한 책이다. 인쇄일이 1994년 6월 15일, 발행처는 세광음악출판사다. 차례를 살펴보면, 머리말, 1. 서설(序說), 2. 민속 동요의 전래, 3. 창가시대(唱歌時代), 4. 어린이 사랑과 창작(創作) 동요의 탄생, 5. 황금시대(黃金時代), 6. 암흑시대(暗黑時代), 7. 8 · 15 해방 이후의 동요, 8. 전성시대(全盛時代), 9. 혼란시대(混亂時代), 10. 가치관의 정립 시대, 11. 다양화 시대, 12. 2000년대의 동요, 참고문헌, 글쓴이의 약력 등으로 되어 있다. 한용희는 1931년생, 홍익대학교 신문학과 졸업(방송학 전공)으로 나와 있다.

# 11.
# 1954년 한국 최초 민간방송 CBS 개국

〈사진 11-1〉은 CBS 기독교방송을 창설한 감의도(甘義道, 본명: 에드워드 오토 디캠프, 1911~2001) 목사의 프로필이다. 이는 2005년 한국방송영상산업진흥원(한국방송진흥원의 후신)이 주관한 '제5회 방송인 명예의 전당'에 감의도가 헌정되자, 진흥원의 요청으로 필자가 그의 프로필을 집필하여 그 당시 진흥원 홈페이지에 올렸던 내용이다. 〈사진 11-2〉는 CBS가 2004년 12월 15일 창사 50주년을 맞아 펴낸 『CBS 50년사』(1954~2004) 단행본 책자 표지다. 이 책은 방대한 분량의 역사서로, 500여 쪽의 본 책에, 부록 성격의 또 다른 단행본 『사진으로 보는 CBS 50년』도 200쪽이 훌쩍 넘는다.

CBS의 설립자이자 초대 국장(사장)인 감의도 목사(이하 '감의도'로 표기)는 외국인으로서 처음 '방송인 명예의 전당'에 헌정되었다. 2005년 9월 3일 방송의 날 KBS홀에서 거행된 제5회 방송인 명예의 전당 헌정식은 '방송인 명예의 전당'에 대한 소개와 VCR을 통한 헌정자 공적 소개, 헌정패 증정 등의 순서로 진행됐다. 헌정패 증정은 지난해 헌정자인 서규석 전 방송문화진흥회 이사장이 맡았으며, 수상패는 감의도를 대신해 CBS사우회 조병해 회장이 대신 받았다. 감의도의 후손은 미국에 체류 중이다.

감의도는 한국에서 태어난 미국인 선교사로, 1948년경부터 기독교방송의 개설 준비 작업에 착수하여 1954년 12월 15일 한국 최초의 민간방송

사진 11-1. 기독교방송 창설자 감의도 목사의 프로필

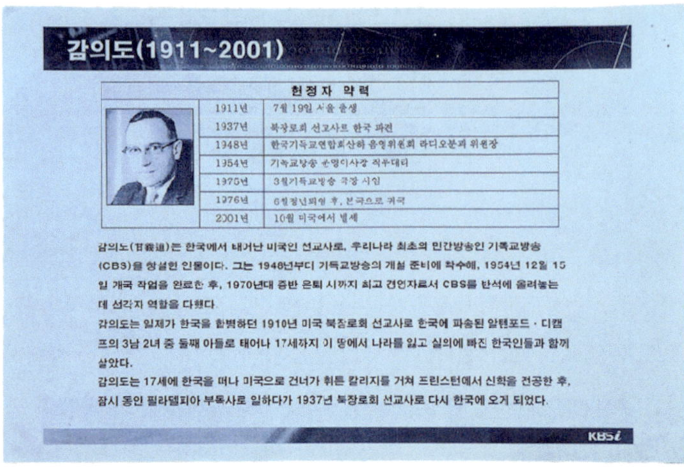

감의도(1911~2001)

| 헌정자 약력 | |
|---|---|
| 1911년 | 7월 19일 서울 출생 |
| 1937년 | 북장로회 선교사로 한국 파견 |
| 1948년 | 한국기독교연합회산하 음영위원회 라디오분과 위원장 |
| 1954년 | 기독교방송 운영이사장 직무대리 |
| 1975년 | 3월기독교방송 국장 사임 |
| 1976년 | 6월정년퇴임 후, 본국으로 귀국 |
| 2001년 | 10월 미국에서 별세 |

감의도(甘義道)는 한국에서 태어난 미국인 선교사로, 우리나라 최초의 민간방송인 기독교방송(CBS)을 창설한 인물이다. 그는 1948년부터 기독교방송의 개설 준비에 착수해, 1954년 12월 15일 개국 작업을 완료한 후, 1970년대 중반 은퇴 시까지 최고 경영자로서 CBS를 반석에 올려놓는데 선각자 역할을 다했다.

감의도는 일제가 한국을 합병하던 1910년 미국 북장로회 선교사로 한국에 파송된 알텐포드 · 디캠프의 3남 2녀 중 둘째 아들로 태어나 17세까지 이 땅에서 나라를 잃고 실의에 빠진 한국인들과 함께 살았다.

감의도는 17세에 한국을 떠나 미국으로 건너가 휘튼 칼리지를 거쳐 프린스턴에서 신학을 전공한 후, 잠시 동안 필라델피아 부목사로 일하다가 1937년 북장로회 선교사로 다시 한국에 오게 되었다.

KBSi

'방송인 명예의 전당'에 헌정된 감 목사의 이력 첫 장이다.
출처: 저자 소장 자료.

을 창설한 인물이다. 그는 1970년대 중반 은퇴할 때까지 CBS 최고 경영자로서 기독교방송을 반석에 올려놓은 선각자 역할을 충실히 수행했다.

감의도는 일제가 한국을 합병하던 1910년 미국 북장로회 선교사로 한국에 파송된 알텐포드 디캠프의 3남 2녀 중 둘째 아들로 태어나 17세까지 한국에서 나라를 잃고 실의에 빠진 한국인들과 함께 살았다. 그는 그 후 한국을 떠나 미국으로 건너가 휘튼칼리지를 거쳐 프린스턴에서 신학을 전공한 후, 잠시 필라델피아에서 부목사로 일하다가 1937년 북장로회 선교사로 다시 한국에 오게 되었다.

감의도는 한국에 들어와 주로 전주, 청주 등지에서 선교 활동을 하다가 신사 참배를 반대하는 설교를 했다는 이유로 1941년 2월 일본인 경찰

사진 11-2. 『CBS 50년사』 표지

CBS 반세기 역사가 담긴 사사(社史)다.
출처: 저자 소장 자료.

에 체포되어 5개월간 옥살이를 했다. 석방된 후, 일제로부터 한국에서 추방령을 받아 다시 미국으로 건너가 신학 공부와 목회 활동을 하였다. 그러던 중에 일생을 한국 선교에 바친 에드워드 애덤스(한국명 안두화) 목사의 영향을 받아, 방송 선교를 준비하기 위하여 컬럼비아대학에서 방송

이론과 실무를 수학하였다.

감의도는 1945년 광복 이후, 다시 한국으로 돌아와 기독교연합회 산하 음영위원회 내에 설치된 라디오 분과위원장을 맡게 되었다. 그는 1949년 6월 한국기독교 목회자들과 더불어 정부로부터 기독교방송 설립 허가를 받아내는 한편, 미국 선교 본부에 5kW 송신기와 부속 기재 일체를 발주하여 인천항에 도착시켰다. 그러나 그는 1950년 6월 6·25전쟁이 발발하자 인천항에 하역 직전인 방송 기자재를 일본으로 긴급히 대피시켰다. 불행하게도 방송국 개설 작업은 일시 중단될 수밖에 없었다.

감의도는 1954년에 접어들면서 6·25전쟁이 어느 정도 끝나 가자 다시 방송국 개설을 서둘렀고, 그해 4월 2일 체신부 장관으로부터 호출 부호 HLKY, 주파수 700KHz, 출력 5kW의 CBS 설립 허가를 얻어 냈다. 그는 서울 종로구 종로2가 91번지에 있는 기독교빌딩(5층) 옥상에 연주소와 사무실을 증축하고 방송 기기를 시설하는 데 주력했을 뿐만 아니라 서울시 서대문구 연희동에 약 7만1074$m^2$(2만1500평) 대지에 송신소를 건립하여 1954년 12월 15일 한국 최초의 민영 방송 기독교방송(CBS)을 개국했다.

감의도는 초창기 방송 콘텐츠를 창설 목적인 복음 전파보다는 음악 방송과 교양 방송에 중점을 두었다. 그리하여 CBS는 세계적인 고전음악과 현대음악에 목말라하던 청취자들에게 거대한 오아시스와 같은 존재가 되었다. 그는 국장(사장) 재임 기간 1959년 대구와 부산, 1961년 이리(익산), 1963년 광주 등지에 지역방송국을 신설했다.

감의도의 방송 인생은 1968년 「방송법」 개정으로 중대한 전환점을 맞았다. 외국인이 한국 언론 기관장을 할 수 없다는 법 규정에 따라 그는 사장 자리에서 물러났다. 그는 고문 직책을 맡아 사실상 2선에서 일하다, 1976년 6월 기독교방송 사장 고문을 끝으로 퇴임했다. 퇴임 후 본국인 미국으로 건너가 2001년 90세를 일기로 소천했다.

〈사진 11-2〉는 기독교방송 개국 반세기 날인 2004년 12월 15일에 발행한 『CBS 50년사』(1954~2004) 단행본 표지다. 이와 곁들여 부록 성격의 『사진으로 보는 CBS 50년』도 함께 펴냈다. 이 『CBS 50년사』 단행본을 펴 보면, 맨 처음에 CBS 재단 이사장(예종탁) 축사와 사장 이정식(李廷湜, 1954~2024)의 발간사가 나온다. 사장 이정식은 1979년 CBS 공채 기자 출신이다. 목차에 들어가 보면 제1부 기독교방송의 출범(대한민국 방송 역사, 최초의 민영방송 출범), 제2부 언론 암흑기와 기독교방송(창사 전반기 기독교방송의 방송 환경, 성장과 전진을 위한 발걸음), 제3부 기쁜 소식을 전하는 자(대중과 함께 민족과 함께, 역경을 이기고 성장하는 방송), 제4부 언론 통폐합의 수난과 승화(민족의 아픔 시련의 공감대, 민주화의 도전, 집념의 '기능 정상화 운동', 웅비하는 기독교방송의 꿈, 희망찬 새 설계 힘찬 전진), 제5부 새 시대, 새 방송(목동 시대의 개막, 영광과 도약의 시대, 매체 확장과 갈등의 시대, 영광과 도약의 시대), 제6부 CBS의 뉴 패러다임(CBS의 오늘과 내일), CBS 지역방송 약사, 에필로그, 통계 자료 등으로 짜여 있다.

이 『CBS 50년사』에서 특이한 사항은 '기고문 목차'인데, 제1부부터 제6부까지 30명의 필진이 참여하여 1쪽가량의 글을 이 책 군데군데에 실었다. 대부분 필진이 CBS 출신으로 회고담을 피력하고 있다. 몇 가지 사례를 소개하면 다음과 같다.

제1부에는 1인만 실었는데, '국내 최초의 크리스마스 철야방송'이라는 제목하에 박화목의 글이 36쪽 안쪽에 실려 있다. 박화목(朴和穆, 1924~2005)은 가곡 〈보리밭〉과 동요 〈과수원 길〉 등을 작사한 시인이자 아동문학가로 1954년 CBS 개국 당시 교양과장이었다. 기고문 필진 가운데는 프로그램 진행자 연예인들도 보인다. 유명 여배우 고은아가 〈새롭게

하소서〉 진행자로, 방송인 가수 양희은이 〈우리들〉 프로그램 MC로 참여하고 있다. 또한 정범구(전 국회의원)가 〈시사자키 오늘과 내일〉 프로그램을 맡아 시사 자키로 데뷔하기도 했다. 그 당시 재직 PD로서 양동복(현재 나사렛대 교수)은 'CBS의 멋과 전통을 되살린 음악 FM'을 기고하기도 했다. 『CBS 50년사』에는 '기고문 목차'에 이어 '표 목차'가 5부, 마지막으로 '상자 기사 목차'가 실려 있다. 이 상자 기사는 '박스'에 담은 기사라고 할 수 있는데. 첫 상자 기사는 '감의도 목사의 방송 설교'가, 끝 기사는 당시 사장 이정식의 '2004년 수습사원 환영 예배 격려사'다.

『사진으로 보는 CBS 50년』은 제목 그대로 사진으로 보는 CBS 기독교 방송 50년 역사를 담고 있다. 사진의 역사이기에 분량이 너무 많아 이 책의 첫 장 사진과 마지막 장에 실린 사진 해설을 옮겨 적는 것으로 갈음하려고 한다.

첫 장 사진 설명은 "송신시설을 안내하는 설립자인 초대 국장(사장) 디캠프 목사. 맨 왼쪽이 디캠프(De Camp: 한국명 감의도) 목사. 송신시설 공사는 1954년 6월 안테나 설치 이후 3개월이 지난 9월 15일에 완공돼 체신부의 검사를 받았다._1954. 6."로 되어 있다. 마지막 장 사진은 세 컷으로 되어 있는데 설명문은 "위 · 2004년 제25기 신입사원과 이정식 사장. CBS의 미래를 짊어질 공채 신입사원들. 아래 왼쪽 사진은 2003년 공채 24기, 아래 오른쪽 사진은 2004년 공채 25기 신입사원들._2004.10"이다.

# 12.
# 1956년 한국 최초 TV 방송 KORCAD 탄생

KORCAD는 'KOREA RCA DISTRIBUTER'의 약자로, 한국 RCA 배급 회사의 명칭을 줄여 만든 고유명사이며, 한국 최초의 TV 방송국을 뜻한다. 1956년 당시 미국 RCA 한국 대리점을 경영하던 황태영(黃泰永)이 공보부의 의뢰로 KBS 라디오 자재 도입차 미국에 갔다가 RCA로부터 받을 커미션 대신 그 회사와 합작으로 TV 기재를 도입하여 방송국을 만들었다. 그 위치는 서울시 종로구 관철동 종로 네거리 보신각 근처 동일빌딩이었다. 1956년 5월 12일 개국 당시 사장은 미국인 조셉 밀러, 국장은 황태영, 개국 요원은 연출과장 최창봉(TV 개국 제작 요원으로 입사) 등 8명, 기술과에 5명, 총무과에 5명의 직원이 있었다. 호출 부호가 HLKZ이라 HLKZ-TV라고도 불렸다(『한국방송사』, 1977, KBS, 523~524쪽 참조).

〈사진 12-1〉 위쪽은 1956년 5월 12일 개국 행사 식순이다. 아래쪽은 그해 7월 19일 방송 큐시트다. 이들은 개국 당시의 귀중한 사료들이다. 이 사료는 한국 최초의 TV 공채 아나운서인 김봉구(金鳳九, 1932~2020) 선생이 미국에서 필자에게 보내 준 것이다. 김 선생은 HLKZ-TV 방송사 개국 요원으로 방송계에 입문하여 활동하다 1967년 미국으로 건너가 한인방송국 등에서 오랫동안 방송 일을 했다. 김봉구의 방송 생애에 대한 기록은 필자의 저서 『한국 아나운서 통사』(나남출판, 2013)에 '최초의 TV 공채 아나운서 김봉구'라는 제목으로 장문(345~351쪽)의 글이 실려

사진 12-1. KORCAD 개국 행사 진행 순서 및 방송 큐시트

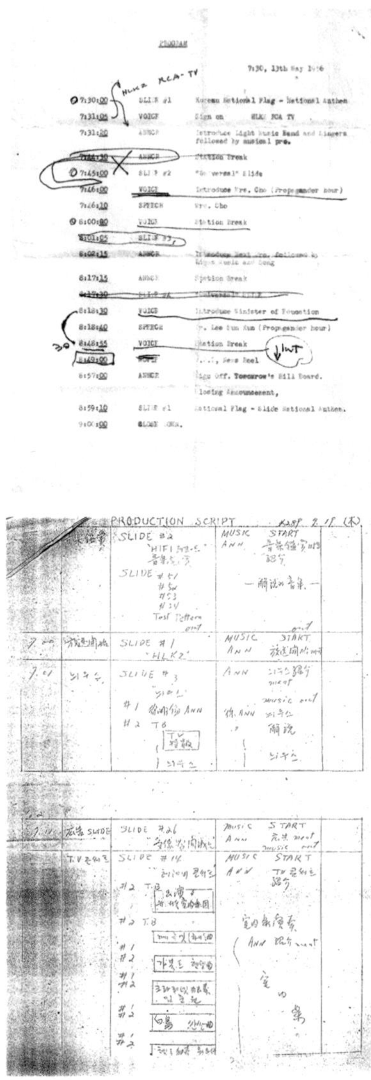


한국 최초의 TV 방송국 개국 초기의 사료들이다.
출처: 저자 소장 자료.

사진 12-2. KORCAD 개국 당일(1956.5.12) 행사 내용

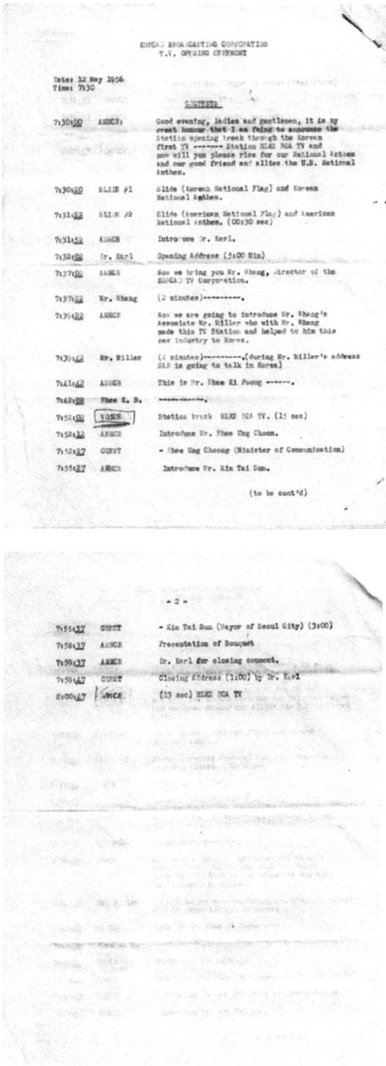

KORCAD BROADCASTING CORPORATION
T.V. OPENING CEREMONY

Date: 12 May 1956
Time: 7:30

CONTENTS

| | | |
|---|---|---|
| 7:30:00 | ANNCR: | Good evening, ladies and gentlemen, it is my great honour that I am foing to announce the Station opening break through the Korean first TV ------- Station HLKZ RCA TV and now will you please rise for our National Anthem and our good friend and allies the U.S. National Anthem. |
| 7:30:20 | SLIDE #1 | Slide (Korean National Flag) and Korean National Anthem. |
| 7:31:22 | SLIDE #2 | Slide (American National Flag) and American National Anthem. (00:30 sec) |
| 7:31:52 | ANNCR | Introduce Dr. Karl. |
| 7:32:02 | Dr. Karl | Opening Address (5:00 Min) |
| 7:37:02 | ANNCR | Now we bring you Mr. Whang, Director of the KORCAD TV Corporation. |
| 7:37:22 | Mr. Whang | (2 minutes)---------. |
| 7:39:22 | ANNCR | Now we are going to introduce Mr. Whang's Associate Mr. Miller who with Mr. Whang made this TV Station and helped to him this new industry to Korea. |
| 7:39:42 | Mr. Miller | (2 minutes)---------.(during Mr. Miller's address HAR is going to talk in Korea) |
| 7:41:42 | ANNCR | This is Mr. Rhee Ki Poong ------. |
| 7:42:02 | Rhee K. B. | -----------. |
| 7:52:02 | VOICE | Station break HLKZ RCA TV. (15 sec) |
| 7:52:12 | ANNCR | Introduce Mr. Rhee Ung Choon. |
| 7:52:27 | GUEST | - Rhee Ung Choong (Minister of Communication) |
| 7:55:27 | ANNCR | Introduce Mr. Kim Tai Sun. |

(to be cont'd)

- 2 -

| | | |
|---|---|---|
| 7:55:37 | GUEST | - Kim Tai Sun (Mayor of Seoul City) (3:00) |
| 7:58:37 | ANNCR | Presentation of Bouquet |
| 7:59:37 | ANNCR | Dr. Karl for closing comment. |
| 7:59:47 | GUEST | Closing Address (1:00) by Dr. Karl |
| 8:00:47 | VOICE | (13 sec) HLKZ RCA TV |

TV 개국 첫 행사가 기록된 큐시트다.
출처: 저자 소장 자료.

있다. 이 책이 출간되면서 김봉구의 숨겨진 방송 역사가 표출되어 공인됨으로써 그는 필자에게 고마운 뜻으로 별세 전까지 미국에서 갖가지 방송 사료를 보내 주었다.

위 사진은 개국 행사 진행 순서인데, 텔레비전 화면을 통해 먼저 대한민국 태극기와 애국가가 나온 후 '사인 온' 차원에서 HLKZ RCA TV가 소개된다. 이어 아나운서가 전문 뮤지션이 지휘하는 악단과 합창단을 소개하는데 곳곳에 스테이션 브레이크가 보인다. 8시 18분 30초에는 이선근(李瑄根, 1905~1983) 문교부 장관이 소개되고 10초 후에 장관의 연설이 시작되어 8시 50분경 끝난다. 이어서 UPI 뉴스가 나가고 아나운서가 내일 행사를 소개한 후 대한민국 태극기가 나오며 애국가가 울려 퍼지면서 9시에 방송이 끝나는 것으로 되어 있다.

아래 사진은 프로그램 스크립트로 방송 일자는 4289(1956)년 7월 19일(목)이다. 슬라이드는 HLKZ, 아나운서의 방송 개시 멘트 후에 뉴스('늬우스'로 표기)가 시작되는데 담당 아나운서는 서명석(徐明錫)으로 나와 있다. 서명석은 1947년 KBS 아나운서로 입사하여 1940년대 후반과 50년대 중반까지 방송 활동을 크게 펴 나갔다. 그는 맑고 산뜻한 음성으로 새 시대의 감각을 느끼게 했으며, 능소능대한 애드리브를 구사하여 청취자들에게 크게 만족감을 불어넣기도 했다고 한다. 서명석은 1956년 5월 개국한 한국 최초의 텔레비전인 HLKZ-TV에 스카우트되어 개국식을 진행하는 등 온갖 TV 프로그램을 통해 명성을 드높이기도 하였다. 7시 11분에 광고가 나가는데 아나운서가 광고 멘트를 하는 시절이었다. 광고 후에 〈TV 콘써트〉 프로그램이 등장하는데 스크립트에 뉴 서울실내악단이 출연하는 것으로 나타나 있다. 아나운서가 〈TV 콘써트〉를 소개하고 하이든의 음악 등이 연주되었다. 이 뒷장 스크립트에는 7시 40분에 이 프로그램이 끝나는 것으로 되어 있다.

〈사진 12-2〉는 1956년 5월 12일 저녁 7시 30분 KORCAD 개국 행사 내용이다. 식순 목차를 보면, 먼저 아나운서가 시작 멘트를 넣었다.

> "Good evening, ladies and gentlemen, it is my great honour that I am foing(doing) announce the Station opening break through the Korean first TV------ Station HLKZ RCA TV and now will you please rise for our National Anthem and our good friend and allies the U.S. National Anthem. 시청자 여러분, 안녕하십니까. 대한민국 최초의 텔레비전 방송 HLKZ RCA TV 개국 행사의 진행을 맞게 되어 영광입니다. 이제 일어나셔서 대한민국 국가 및 우방 국가인 미국 국가 제창이 있겠습니다."

이 멘트가 끝나고 슬라이드 #1 대한민국 국기 및 국가, 슬라이드 #2 미국 국기 및 국가가 나간 후 공보실장 갈홍기 박사 소개와 더불어 개국 연설이 이어진다. 그다음으로 아나운서가 KORCAD TV 방송국장 황(황태영) 국장을 모신다는 소개와 2분간 스피치가 있다. 이어서 황 국장이 방송국을 개국할 수 있게 도움을 준 미국인 밀러 소개와 2분 연설로 이어진다. 사회를 맡은 아나운서는 그다음에 이기붕(당시 부통령 후보)을, 이어서 이응준 체신부 장관과 김태선 서울시장을 소개한다. 그들은 15분, 5분, 3분씩 연설을 한 후 꽃다발 증정이 이루어지고 갈홍기 공보실장의 마무리 발언으로 개국 행사 방송은 끝난다.

이렇게 출발한 한국 최초의 TV 방송국은 그러나 시대적 어려움으로 오래 버틸 수 없었다. 그 당시 전국의 텔레비전 수상기는 겨우 300대 미만이었고, 상업 방송이라 광고 수익에 의존했지만 사회 환경이나 기업 측면에서도 광고비 수익으로 방송국을 유지하는 것은 사실상 불가능에 가까웠다. 당시 한 자료를 보면, 쌀(백미) 한 가마 가격이 8만8000환이었는데, 17인치 수상기 1대는 37만5000환이었으니 쌀 21가마에 해당하는 가격이었다. 이러한 악조건 상황이다 보니 광고주 제공 프로그램은 20%에 불과했다. 이로 인해 수입에 비하여 인건비, 경상비, 시설 유지비 등 지출은 매월 300만에서 400만 환의 적자를 낼 수밖에 없었다. 이러한 적자 경영에다 예측과는 달리 수상기 판매도 잘되지 않아 KORCAD는 텔레비전 방송국 경영을 포기하게 되었다. 경영이 악화되던 가운데, 1957년 5월 6일, 일간 종합신문사를 창간하여 승승장구하던 장기영 ≪한국일보≫ 사장이 인수하여 운영하게 되었다.

장기영(張基榮, 1916~1977)은 TV 방송 시설과 함께 적자 요인까지 인수하여 방송사 상호를 대한방송주식회사(DBC)로 변경하고 초대 사장에 취임하였다. DBC-TV는 새로운 활로를 열어 가기 위하여 온갖 노력을 경주하였는데, 방송 시간을 연장하면서 학교 방송 프로그램을 신설하기도 했으며 생방송 60%, 영화 방송 40%를 편성하여 30%를 광고주가 담당하도록 하였다. 경영에 혜안이 있던 장기영은 새로운 활로 모색에 다양한 정책을 펴 나갔다. 한편, 그 당시 DBC에서 근무하던 최창봉 국장은 정부가 추천한 미국 연수를 KBS 노정팔 사무관과 함께 6개월간 다녀오기도 했다. DBC는 어려운 여건하에서도 미국 상업 TV적인 편성 패턴을 도입하여 탤런트와 코미디언을 출연시키는 프로그램도 제작하기 시작했다. 이때 복혜숙, 천선녀, 장민호, 백성희 등이 탤런트로 출연하였고, 학생극 회원인 여운계, 김성옥, 오현경, 김순철 등이 활동하기 시작했다.

개국 3주년에 접어들어 점차 안정을 찾던 DBC는 1959년 2월 2일 새벽에 원인 불명의 화재가 발생해 방송 시설이 전소되었다. 사옥으로 쓰고 있던 동일빌딩 2층에서 난 불이 2, 3층에 번져 TV 스튜디오와 조정실 등 시설 전부를 삽시간에 태웠다. 불의의 화재로 방송이 중단되었으나 제작 요원들이 동분서주한 결과 AFKN-TV(주한 미군방송) 채널을 통하여 USIS(주한 미국대사관 공보원) 지원을 받아 그해 3월 1일부터 한국어 임시 방송을 시작하였다. 이 방송은 KBS-TV가 방송 개시를 앞둔 1961년 10월 16일까지 계속되었는데, 1961년 5 · 16 쿠데타 정부가 연내에 한국 TV 방송국을 개국하겠다고 공약하면서, 최창봉이 KBS TV 개국 준비반장으로 징발되면서 끝나게 되었다. 최창봉은 DBC 화재로 방송이 중단되자 공보부 산하 방송문화연구실장 자리로 갔으며 1961년에는 MBC 개국 방송 책임자로 스카우트되었다. MBC 개국에 몰두해 있던 최창봉은 오재경 공보부 장관에게 반강제로 이끌려 국영방송 KBS TV 개국 준비반장이 되었다. 정부로서도 TV 개국 책임자로 최창봉만 한 인물을 찾을 수 없었다. 이렇게 되자 HLKZ-TV 개국 때부터 최창봉과 함께 TV 프로그램을 제작하던 요원들이 KBS TV 준비반으로 합세하게 된다. 그러자 AFKN 한국어 방송도 중단할 수밖에 없었다. 당시 최창봉과 함께 KBS로 이적한 이들은 최덕수(崔德壽), 이기하(李基夏), 황재목(黃在睦), 유인목(兪仁穆), 이평재(李平宰) 등이었다.

# 13.
# 한국 방송 전문 잡지 ≪방송≫ 등 창간

〈사진 13〉은 1950년대, 1960년대, 1970년대에 걸쳐, 각각 발행된 방송 전문 잡지의 창간호 표지다. 이 세 컷 가운데 첫 사진인 ≪放送(방송)≫ 창간호에는 표지에 발행 연도가 표기되어 있지 않다. 그리하여 필자가 소장하고 있는 이 잡지의 맨 뒤쪽을 펴 보니 '단기 4289년(1956년) 9월 25일 발행'으로 되어 있다. 값은 150원, 편집 · 발행 겸 인쇄인은 공보실방송관리국이다. 따라서 이 잡지의 주관처는 그 당시 방송 정책을 관장하던 정부 부처 공보실이다. 다음으로 그 뒤 사진 ≪放送文化(방송문화)≫('化' 자가 가려져 있음)는 표지에 보이는 대로 1968년 3월에 창간했다. 값은 150원, 발행소는 사단법인 한국방송회관, 발행인 김종규/편집인 차철훈으로 되어 있다. 맨 끝에 보이는 ≪月刊放送(월간방송)≫은 1971년 5월에 창간했고, 값은 200원으로 표기되어 있다. 발행인은 이 현, 발행은 사단법인 한국방송회관출판부다. ≪방송≫은 정부 부처가, ≪방송문화≫와 ≪월간방송≫은 방송 관련 사단법인 단체에서 출간했다. 그럼 이 방송 잡지들에 대하여 좀 더 자세히 살펴보도록 하겠다.

한국 최초 방송 전문 잡지인 ≪방송≫(1956년 창간)의 첫 쪽을 열어 보면 공보실장 오재경의 창간사 및 목차가 보인다. 창간사에서는 특별히 방송인의 사명과 열정을 강조하고 있다. 그 일부를 인용하면 "방송문화와 방송기술의 향상이 좋은 방송의 뒷받힘이 되겠지마는 가장 중요한 것

사진 13 방송 전문 잡지 ≪방송≫

1956년 발행된 창간호를 비롯하여 1960 · 1970년대에 나온 방송 잡지 표지다.
출처: 저자 소장 자료.

은 방송의 일을 맡아보는 한사람한사람이 좀 더 나은 방송을 하여 이것을 국민의 것을 만든다는 의욕을 가지고 성과 열로써 그 책임을 다하는 일이다"(원문대로 표기)라고 강조하면서 이 방송 잡지를 창간하는 목적을 밝히고 있다. 오재경 실장(장관급)은 그 당시 30대 중반이었는데 방송에 대한 혜안과 열정이 대단했다. 그는 1950년대 후반에 이승만 대통령에게 정동에 있던 KBS를 남산으로 옮기는 방안을 건의했고, 1961년 5·16 군사혁명 정부에서는 그를 공보부장관으로 발탁해 KBS-TV 창설을 주도하였다. 오재경이야말로 한국 방송 역사에 길이 기억되고 기려져야 할 인물이다.

≪방송≫ 창간호를 좀 더 살펴보면, 맨 처음에 '방송이란 어떠한 것일까'라는 큰 타이틀 아래 학자들이 집필한 방송의 특성, 방송과 사회, 방송과 교육, 방송과 음악 등의 글이 실려 있다. 그다음에 한국방송망의 현황이, 이어서 외국 방송계 순례(영국 편), 같은 맥락에서 좌담회 '미국방송을 보고 듣고'가 미국 연수를 다녀온 송영호, 유병은, 윤길구, 한기선(잡지 게재 순) 등의 체험담으로 실려 있다. 다음에는 연재물('방송극은 어떻게 쓸 것인가'-최요안, '국악감상시간'-성경린)이, 각계 인사 15명이 참여한 설문지('어느 시간에 방송을 많이 듣는지' 등) 답변서가, 첫 방송의 감상문(이운용-서울중앙방송국장, 최은희-≪조선일보≫ 시험 방송 사회자) 등이 게재되어 있다. 그다음으로 시(김용호, 김윤성), 수필(일초, 장수철, 이덕근), 소설(조흔파, 현석연) 등과 KA방송실 스케치가 2면 그림으로 실렸고, 〈대한행진곡〉 등 악보가 담겨 있다. 이 방송 잡지는 1959년 4월까지 꾸준히 월간으로 발행되다가 그 후 계간으로 바뀌었다. 1960년 말부터는 일시 발행이 중단되는 등 우여곡절을 겪었다.

1968년 3월에 창간된 ≪방송문화≫는 1956년 9월에 창간된 ≪방송≫과 동일한 4×6배판 크기지만 지면이 122쪽으로 70쪽의 ≪방송≫보다는 훨씬 늘었다. 발행처도 정부 기관에서 방송인들의 모임체인 사단법인 한국방송회관으로 되어 있다. 자율성이나 창의성 측면에서는 좋아 보이지만 편집 직원들의 급여나 발간비 등 경제성으로는 어려움이 따랐을 것으로 보인다. 창간사를 보면 방송 연구를 위한 전문지로, 방송인을 위한 대변지로, 방송인 상호 간의 소통을 위한 광장으로서 유일한 간행물임을 강조하고 있다. 창간사 다음 쪽에는 홍종철 공보부 장관의 '창간에 부침-알찬 결실을 기원한다'라는 축하 메시지가 실려 있다. 이 창간호 처음에 '시론'이 나오는데 전문가 2인의 글이 수록되어 있다. 이어 '특집-방송의 사회적 책임' 편은 당시 석학 교수들(이만갑, 신영철, 백현기, 이어령 등)의 글로 장식되어 있다. 그다음 '방송극 연구' 편에는 정상급 방송인 최창봉, 서규석, 정순일 등의 글이 실려 있고, '국제방송기구'에 대한 연재물은 장한성이, '성우산책' 시리즈는 성우 이혜경의 글로 첫 회가 장식되어 있다. 잡지 마지막에는 김신조(金新朝, 1942～2025)의 '김일성에게 보내는 공개장'이 실려 있다. 이 밖에 '대통령 연두 기자 회견' 등 다양한 화보, 곽규석 등 6명의 유명 방송인의 수필 등이 창간호를 빛내고 있다. 이 ≪방송문화≫는 창간사에서 "어느 것이고 처음부터 종간(終刊)을 예고했던 것은 없겠지만, 이제 발간되는 이 〈放送文化〉야말로 오직 발전만 있을 뿐 다시는 아쉬움을 남기는 종간은 없을 것을 다짐"했지만, 겨우 1년 6개월을 넘기고 1969년 10월부터 종간되었다.

1971년 5월에 창간된 ≪월간방송≫은 앞에서 고찰한 1968년 ≪방송문화≫, 1956년 ≪방송≫과 동일한 4×6배판 크기이고 지면이 116쪽으로 ≪방송문화≫와 엇비슷하다. 발행처도 사단법인 한국방송회관으로 ≪방송문화≫와 같으나 발행인이 김종규에서 이 현으로 바뀌었다. 이 현은 1938년 경성방송국 아나운서로 방송계에 입문하여 한국 최초의 농구 중계방송 캐스터로 활약했으나 1943년 단파 방송 연락 운동으로 방송계를 떠났다. 그는 1971년 ≪월간방송≫ 창간 때, (사)한국방송회관 이사장으로 발행인이었는데, 1966년에 설립된 한국방송인동호인회(사단법인 방우회) 회장도 맡고 있었다. 창간사 앞 지면에 5쪽에 걸쳐 방송사, 방송 단체 대표들의 축사를 실은 것이 이채롭다. 도착순으로 연재된 축사에는 KBS, MBC, TBC, DBS, CBS 등 서울 방송사 대표는 물론 지금은 기억하기조차 어려운 중원방송 사장 등 지역방송 대표들의 축사도 실려 있다. 한국방송윤리위원회 김규환 위원장, 동아방송 김상기 국장의 이름도 보인다. 이 잡지에 들어가 보면 첫 기획물이 '창간특집좌담-방송 · 현실과 70년대의 비젼'인데 좌담자 7명 가운데 생존인은 홍두표(당시 동양방송 편성부국장) 현 TV조선 회장뿐이다. 그다음에는 학교 방송을 비롯한 교육 방송에 관한 전문가들의 기고문이 나온다. 이어 '광고논단'을 주제로 세 사람의 글과 매스컴에 대해 전문가 두 명의 글이 보이고, '방송은 언론인가'라는 주제로 강현두(서강대) 교수 등의 기고가 들어 있다. 특히 '프로그램연구' 편에 실린 작가(이용찬), 연출자(고성원), 연기자(최불암) 등 세 사람의 글이 눈길을 끈다. 어느 잡지에서나 볼 수 있는 '제언'이나 '수상'이 여기에도 실려 있다. 이 ≪월간방송≫도 1년 만인 1972년 6월에 지령 12호로 중단되어 단명하고 말았다.

# 14.
# 한국 방송에서 교육방송의 역사 탐구

한국 방송 역사에서 교육방송의 연원을 밝히기는 그리 쉽지 않다. 우선, 한국에서 방송 역사가 가장 오랜 KBS에서부터 교육방송 상황을 살펴보는 게 합당할 것이다. 그 발단은 1950년대 초 6·25전쟁의 와중에 KBS가 부산 피란 시절 라디오 학교 프로그램 방송을 시작한 데서 비롯된다. 그리고 1960년대 말기에 KBS-TV 학교방송, 1980년대 초에 KBS-3TV 교육방송 개시 등 그 변천 과정도 상당히 복잡하다. 교육방송 전문 방송사인 지금의 EBS는 1990년 교육방송 개국을 시작으로 1997년 위성교육방송 시대를 거쳐 2000년 6월 한국교육방송공사를 설립하여 오늘에 이르고 있다. 방송공사가 두 개씩 있는 나라의 상황도 이해하기 어렵지만, 그만큼 한국의 교육방송 역사도 변화무쌍하여 연구하기도 난망하다.

〈사진 14-1〉은 필자가 소장하고 있는 「KBS 텔레비전 학교방송 프로그램 가이드」 책자 표지다. 이 책자는 KBS 중앙방송국이 발행한 1972년 5월 방송용이다. 〈사진 14-2〉는 EBS가 콜사인을 영어로 출범한 후 처음으로 펴낸 연지(年誌)다. 1990년 12월 27일부터 1991년 12월 31일까지의 기록물이다.

「학교방송 프로그램 가이드」는 KBS가 국영방송 시절 중앙방송국이라는 방송국명을 쓰던 시절에 발간한 교육방송 자료다. 이 가이드북은 50쪽 분량의 소형 책자다. 책자 뒷면 표지에는 중앙방송국이라는 큰 타

사진 14-1. KBS TV에서 발행한 「학교방송 프로그램 가이드」

1970년대 KBS 중앙방송국이 학교방송을 하던 시절 발행한 책자다.
출처: 저자 소장 자료.

이틀 위에 '72학년도 제1학기 TV학교방송 기본 편성표'가 담겨 있다. 월요일부터 토요일까지 10시 30분부터 15분 동안 국민학교(초등학교) 저학년 교과목들로 편성되어 있다. 방송 시작 전에 매일 국민교육헌장 · 학교 방송의 노래가 펼쳐진다. 10시 46분부터 11시 05분까지는 중학교 과목들인데 앞에 1분은 '바른말 고운말'이, 뒤에 1분은 '안전교실'이 편성되

사진 14-2. EBS가 최초로 발간한 연지『1992 EBS 연지』

교육방송이 영어 콜사인 EBS로 출범하던 시기에 처음 발행한 단행본이다.
출처: 저자 소장 자료.

어 있다. 11시 06분부터 11시 25분까지는 초등학교 고학년인 4~6학년 대상의 과목들이다. 11시 26분부터 12시까지는 중학교 · 초등학교 재방송 시간이다. 이 재방송 시작에 앞서 1분간은 '토막상식', 끝에는 '학교방송의 노래'로 마무리한다.

이 학교방송의 태동은 6 · 25전쟁 중인 1951년 6월 KBS 서울중앙방송국이 부산방송국으로 피란 갔던 시절 〈라디오 학교〉 프로그램의 방송에서 비롯되었다. 이 〈라디오 학교〉 프로그램은 1951년 5월 미국 공보원이 라디오 수신기 500대를 문교부(교육부의 전신)로 보낸 것이 계기가 되었다. 문교부는 이를 전국의 라디오가 없는 초등학교에 나누어 주고, 학교 교육과 관련된 정보를 라디오를 통하여 전달하였다. 이 〈라디오 학교〉는 매일 아침 9시부터 15분씩 프로그램을 편성하였는데, 방송 내용은 교사의 시간과 학생의 시간으로 나뉘었고, 우선 교사의 시간부터 방송하였다. 〈라디오 학교〉는 문교부와 KBS가 공동으로 운영했는데, 프로그램명과 출연자의 선정은 문교부가 하였고, KBS는 제작과 방송을 맡았다.

「학교방송 프로그램 가이드」 책자 속으로 들어가 보면, '차례' 다음 장에 특집좌담으로 '3주년을 맞는 TV 학교방송'이 실려 있다. 이 좌담에는 김승한 ≪중앙일보≫ 논설위원과 유태영 이화여대 교수, 그리고 이지호 서울청운초등학교 교장 등이 참여하고 사회는 서울교육대학 부속초등학교 안규상 교장이 담당하고 있다. 이어 번역 글 '교육 TV 이용의 실제', 그 다음에 김윤근 프로듀서의 '그동안에 있었던 문제점들'이라는 체험 글이 실려 있다. 그리고 '초등학교 2학년 자연(PD. 김정심)' 등 교과목 내용이 이어진다. 필자가 소장하고 있는 또 다른 「학교방송 프로그램 가이드」(1972년 4월 호)에는 순수하게 '우리들은 1학년'부터 2학년 자연, 3학년 국어 등이 줄지어 들어 있다. 이 가이드 뒤표지 앞 장에 윤혁민 작사, 이흥렬 작곡의 〈학교방송의 노래〉가 수록되어 있다. 1절은 다음과 같다.

모두다 모여라 오손도손 정답게
얼굴들은 몰라도 - 우리 모두 한학년
텔레비죤 교실마다 어깨동무 내동무
언제나 즐겁게 배우자 익히자

우리들은 자랑스-런 학교방송 어린이

작사자 윤혁민은 〈꽃피는 팔도강산〉 등 TV 드라마를 집필한 유명 작가이고, 작곡가 이흥렬(1909~1980)은 〈어머니 마음〉, 〈섬집 아기〉 등을 작곡한 숙명여대 음악 교수였다.

〈사진 14-2〉『1992 EBS 연지』는 지금의 교육방송공사로 출범하기 10년 전 EBS가 탄생하면서 만든 연지 1호다. 이 연지 발간사를 보면, 1950년대 전시하에서 시작한 한국의 교육방송이 1990년 12월 교육 전담 방송국으로 개국하기까지 40여 년의 숱한 세월을 겪은 감회를 피력하고 있다. 발간사 다음 장 두 쪽에 걸쳐 '한국 교육방송의 연혁'으로 1951년부터 1991년까지 역사가 기록되어 있는데, 그 한복판에 우면산 전경과 증축된 방송 동 건물 등이 산뜻하게 보인다. 그 위로 하늘 높이 뻗은 안테나가 퍽 인상적이다.

이 연감의 '차례'를 보면 방송사다운 기구나 부서가 줄지어 나열되어 있고 추진 업무들이 기록되어 있다. 심의실에서부터 방송기획실, 감사실, 편성본부, 편성본부 안에 편성국, 연구국 등이 있고 제작본부 안에 TV 제작1국, TV 제작2국, 라디오 제작국, 제작지원국, 통신교육국 등이 있다. 기술본부 내에는 기술관리국, TV기술국, 라디오기술국 등이 있으며, 끝으로 총무국이 있는데, 부서마다 개관, 주요 업무, 주요 일지 등으로 기록 양식이 통일되어 있다. 이런 사료를 보다 보면 '부록'에 흥미롭고 귀중한 자료가 나타나는데, 여기에도 직원 명단이 들어 있어 활용도가 높을 수 있다. 이는 사람이 역사를 만들고 그 역사를 사람이 기록하기 때문이다. 이 부록에는 한국교육개발원 육성법, 교육방송 운영 규정, 방송법, 방송법 시행령, 교육방송 직원 명단, 교육방송 기구표 등이 들어 있다.

이 책 '차례' 다음으로 화보가 18쪽에 걸쳐 수록되어 있는데, 그 가운데 인상적인 화보가 있다. 1990년 12월 27일 교육방송 개국 행사 사진이다. 당시 정원식 교육부 장관이 참석하여 교육방송 개국 행사를 치렀는데, '경 교육방송 개국 축' 현수막 아래에 '1990.12.27'이라는 날짜가 선명하게 보인다. 그다음 장 중간에 위치한 TV 주조정실 준공 사진에는 KBS 손영호 부사장이 테이프 커팅하는 모습이 담겨 있고, 그 옆에 김학천 교육방송원장 직무대리가 함께하고 있다. 김학천은 1980년대 교육방송 발전에 지대한 역할을 한 방송학자다. 그는 1988년 한국교육개발원에서 근무할 당시 한국방송학회 창설 주역으로 우면산 근처에 있던 개발원 장소를 제공하기도 했으며 1994년에는 6대 한국방송학회장을 역임하기도 했다. 여러 장의 컬러 사진으로 장식된 화보 다음에는 '한국 교육방송의 발자취'가 5쪽에 걸쳐 실려 있다. 역사적인 기록이라 소목차를 열거하면, '1. 학교 방송의 태동, 2. 전담 교육방송 설립 가능성 탐색, 3. 전담 교육방송의 추진' 등으로 되어 있다.

끝으로 지상파 방송사 방송인 가운데 교육방송에 열정을 보인 이로는 KBS 국장 및 문공부 관료였던 김호영(金瑚英, 1931~2010)이 있다. 그는 1960년대 말 KBS 교육계장(사무관)으로서 TV 학교방송 실무 책임자였다. 문공부 관료로 근무하다 1970년대 말 KBS로 이적하여 교육TV(KBS 3TV)와 교육FM(라디오) 창설 책임을 맡았다. KBS 초대 교육국장을 역임하고 전주·춘천방송국장을 지낸 그는 『한국 교육방송 외사(外史)』(한국방송출판, 2002)라는 단행본을 출간하기도 했다.

# 15.
# 방송 선현들(유 호 · 김희창 · 장기범) 친필 서신

방송 선현들이 1950, 1960, 1980년대 쓴 서신 사료를 필자가 소장하게 된 계기는 2001년부터 10년 가까이 한국방송진흥원 등 방송 관련 기관이 주관한 '방송인 명예의 전당'에서 비롯되었다. 그 당시 헌정자들의 프로필 집필을 담당하게 된 필자가 관련 사료를 찾다가 진흥원 관계자들로부터 이 사료를 받은 것으로 추정된다. 그러나 한국 아나운서의 전설인 장기범(1927~1988) 선생이 쓴 서신은 수신인이었던 최창봉 선생에게서 직접 받았다. 최 선생께서는 『장기범 평전』(2007, 지식산업사) 단행본을 집필하던 필자에게 연구 자료로 활용하라며 직접 건네주셨다.

〈사진 15-1〉은 방송드라마 작가 겸 대중가요 작사가로 명성을 날린 유 호(1921~2019) 선생이 1950년대 후반에 KBS 이리방송국(현 전주방송총국) 국장으로 부임한 송영호(1915~1996) 선생에게 보낸 편지다. 이리방송국은 1938년 10월 개국한 후 1959년 4월 전주방송국으로 명칭을 변경하고 이리(익산)에서 전주로 이전하였다. 〈사진 15-2〉는 방송드라마 작가인 김희창(1908~1998) 선생이 한국 방송 현장의 산증인인 노정팔(1919~2002) 선생에게 보낸 서신이다. 아래 글에서부터는 '선생'이라는 존칭을 생략하기로 한다.

유 호가 보낸 편지를 수신한 이는 KBS 이리방송국장으로 발령받아 근무하던 송영호다. 대략 그 시기는 1956년경이다. 이 두 사람의 관계는 한

사진 15-1. 유 호 선생이 송영호 선생께 보낸 편지 원본

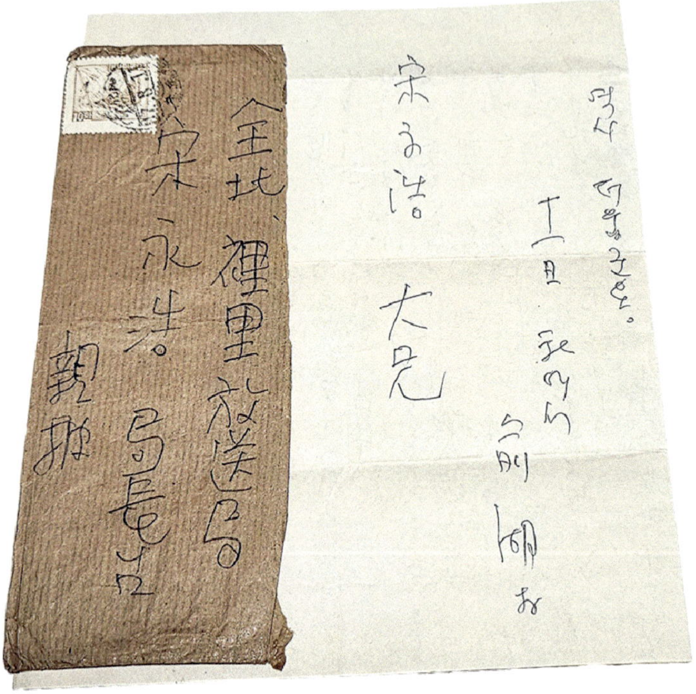


≪경향신문≫ 문화부장 유 호가 KBS 이리방송국장 송영호에게 보낸 서신이다.
출처: 저자 소장 자료.

국 방송 인물사 측면에서 보면, 그 시작을 1945년 해방되던 해로 유추할 수 있다. 송영호는 1939년경 조선방송협회에 아나운서로 입사한 후 PD로 전향하여 근무하다 해방 후에 서울중앙방송국 기획과장, 편성과장 등을 역임하기도 했다. 유 호는 일본에서 공부하다 귀국하여 연극 관련 일을 하던 중 1945년 서울중앙방송국 직원으로 들어와 송영호와 인연을 맺었다.

사진 15-2. 김희창 선생이 노정팔 선생께 쓴 서신

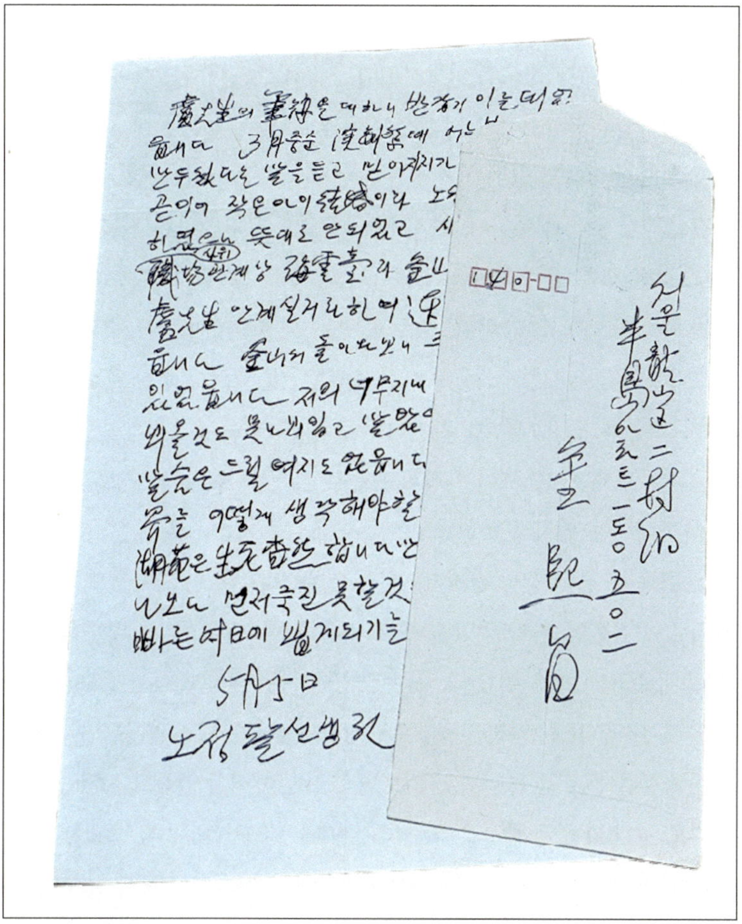

방송극작가 김희창이 부산문화방송 전무 노정팔에게 송부한 편지다.
출처: 저자 소장 자료.

두 사람이 얼마 동안 함께 근무했는지 정확한 기록은 찾아보기 어렵다. 송영호는 서울중앙방송국에서 10여 년간 과장 직책에만 머물고 있어 '만년과장'이라는 별칭(별명)을 달고 살았다. 1956년 잠시 보직 자리를 옮겨 간 곳이 이리방송국장 자리였다. 그는 1년도 안 되어 정부의 방송관리부처인 공보실 방송관리과장으로 이동하였다. 서신은 ≪경향신문≫ 문화부장 유 호가 이리방송국장으로 있던 송영호에게 보낸 것이다.

필자가 소장하고 있는 이 서신은 70여 년이 지났지만, 생생(?)할 정도로 구김살 하나 없이 팽팽하다. 편지 봉투에 '全北 裡里放送局(전북 이리방송국)'으로만 적혀 있는데, 배달되었다니 참으로 예스럽다. 봉투 왼쪽 위에 있는 우표를 보니 '10환'이다. 봉투 뒷면은 이 사진에서 보이지 않지만, 살펴보니 '서울특별시중구소공동74번지 경향신문사'로 인쇄가 된 회사용 봉투다. 그 옆에 '兪 湖(유 호)' 친필이 돋보인다. 그 당시 ≪경향신문≫의 사주는 천주교재단이었으며 사장직도 신부(윤형중)가 맡아 경영했다.

사진에서는 편지 끝머리만 보이는데 A4 용지보다 조금 긴 누런 종이에 앞뒤로 두 장 분량의 편지다. 첫 문장이 "오후 두 시 기자들도 다아 나가버린 편집실에 혼자 앉았습니다. 조용해서 그런지 더웁기만 합니다"(원문대로 표기)로 쓰여 있다. 편지 중간에 이런 내용도 있어 정보 차원에서 옮겨 본다. "또한 일전(日前) 누구에게서 송형이 방송관계를 떠나시리라는 소문을 듣고 섭섭한 한편 뵈오면 그러지 마시기 권하고 싶었습니다. 때때로 여기 방송국에도 들려봅니다. 60매에 2천 5백원의 고료(稿料)를 타기 위해서랍니다"(원문대로 표기) 여기에서 두 가지 정보를 알게 된다. 하나는 송영호의 이리방송국장 발령이 방송계 사직의 빌미가 될 수 있었다는 사실이다. 지방으로 좌천되었다는 곤혹스러움이 내재되었을 가능성도 발견할 수 있다. 다른 하나는 유 호가 신문계에 근무하면서도 방송국의 방송 대본 관련 글을 집필하고 있었다는 정보다. 편지 마지막에서는 송영호에게 원고 7~8매를 청탁하는 글도 보인다.

송영호는 몇 개월 후에 상경하게 되는데, 서울중앙방송국이 아닌 공보실 방송관리과장 보직이었다. 이는 방송 현업 부서로 복귀하기에는 마땅한 자리가 없었기 때문이다. 1950대 후반기만 해도 방송국의 국장급 자리는 서울중앙방송국장 하나뿐이었다. 송영호는 공보실에서 출판과장 등으로 이적하였다가 4 · 19혁명 후인 1960년 6월 제2공화국 정부에서 방송관리국장으로 승격되어 방송국 정책을 관장하다가 5 · 16 후인 1961년 7월 그 직에서 물러나 방송계를 떠나게 되었다.

〈사진 15-2〉는 김희창이 노정팔에게 보낸 편지다. 발신인이 김희창임을 밝히기 위하여 봉투 뒷면을 사진으로 부각했는데, 앞면 수신인 노정팔은 가려져 있다. 뒤집어 보니, 주소가 부산시 남구 남천동으로 되어 있고, 우표 값은 40원, 그 밑에 찍힌 우체국 도장 안의 햇수는 1981년으로 보인다. 노정팔은 1976년 KBS 감사 자리에서 퇴임하고 부산문화방송 전무로 부임하여 4년 5개월이라는 장기간 재직하면서 부산MBC 발전에 크게 기여했다. 노정팔의 주소가 부산으로 되어 있는 것으로 보아 퇴임 시기 언저리였던 것 같다. 노정팔의 부산MBC 시절을 얘기하다 보니, 그가 부산으로 가게 된 계기를 그의 일기장에서 본 기억이 난다. 노정팔에 대하여 필자가 쓴 글에서도 언급한 바 있는데, 그가 세상을 떠나자 부인(사모님)께서 한 박스나 되는 분량의 일기장을 필자에게 주셨다. 어느 날 일기장을 보니 그 당시 문공부 장관이 노정팔에게 부산MBC 전무 부임을 강권하였다. 자존심이 남달랐던 노정팔이 거부하자 대통령의 의중을 비추었다. 대통령 친구가 사장인데, 전문 방송 경영인이 필요했던 것으로 보인다. 그런 연유로 노정팔은 부산에서 몇 년간 생활했다. 아래는 김희창이 보낸 편지 전문이다. 원문대로 옮겨 싣는다.

> 노 선생의 필답을 대하니 반갑기 이를 데 없습니다. 3월 중순 연극제 때 어느 분에게 고만두셨다는 말을 듣고 믿어지지가 않었습니다. 곧

이어 작은 아이 결혼이라 노선생 주례를 생각하였으나 뜻대로 안되었고 새살림을 차린 곳이 사위 직장관계상 해운대라 부산에 갔으면서도 노선생 안계실거라하여 연락도 못하고 말았습니다. 부산서 돌아와보니 주신 편지가 기대리고 있었습니다. 저의 지나친 염녀로 만나 뵈올 것도 못만나뵈옵고 말았습니다. 다시 위로의 말씀은 드릴 여지도 없읍니다만 선생이 안계신 방송계를 어떻게 생각해야 할 것인가 모르겠읍니다. 빠른 시일에 뵙게되기를 바랍니다. 5월 5일. 김희장.

김희창은 보통학교를 4년 중퇴하고, 뒤에 편입하였던 고등보통학교도 1년 만에 중퇴하였다. 그 후 노동판에서 일을 하며 지내다가 1932년에 무대 장치를 맡고 있던 원우전(元雨田)을 도우면서 연극계와 인연을 맺었다. 1932년에 극예술연구회에 가입하여 실천부에 소속되어 활동했으며, 이때 방송극에 관심을 가져 1933년 라디오 플레이 미팅을 만들고 '노차부(老車夫)'를 방송했다. 본격적인 작가 생활은 1936년 ≪동아일보≫ 신춘문예에 5막극 〈방군(房軍)〉이 당선되면서였다. 그 후 극단 생활보다는 라디오 방송극 쪽으로 더 큰 힘을 쏟아 많은 작품을 남겼다. 라디오 연속극으로 〈로맨스 빠빠〉, 〈행복의 탄생 (또순이)〉, 〈열두 냥짜리 인생〉, 〈시계없는 대합실〉, 〈당쟁비화〉 등이 크게 히트하여 방송 문예의 중흥기를 이루었다. 텔레비전 드라마로는 〈기러기 가족〉, 〈1남 2녀〉, 〈유랑극단〉, 〈열풍지대〉, 〈탑〉 같은 작품이 있다. 김희창의 희곡집으로는 1986년에 발행된 『방송극단편집(작품집2)』이 있다. 필자가 소장하고 있는 이 희곡집 1 · 2 · 3권 가운데 3권 『김희창 작품집 3, TV극/탑(塔)』이 인상적이다.

다음으로 장기범이 최창봉에게 보낸 서신은 1960년 2월경 미국에서 발송한 것으로 워싱턴 D.C의 소인이 선명하며 수신인 주소는 영문과 한자로 되어 있다. 수신인 최창봉의 주소는 서대문구 정동 서울중앙방송국 건물에 있던 방송문화연구실로 되어 있다. 최창봉이 이 연구실의 책임자(실장)로 근무하던 시절이었다. 편지를 펴 보니 첫 문장이 "친애하는 최창봉 형, 그리고 연구실 여러분께"로 되어 있다. 그리고 이어지는 내용이 "최 형 그리고 여러분 과세 안녕하십니까. 경자(庚子) 새해에도 여러분의 건강이 날로 더 하시고 또 좋은 일이 많으시기를 멀리서 기원합니다. 이곳에 온 지도 반년, 해가 바뀐 오늘날까지 문안의 글월 하나 올리지 않았으니 무엇이라 사과의 말씀을 드려야 좋을지 모르겠습니다. ……덕분에 세 식구 몸 건강히 잘 지내고 있고 매일의 근무가 여전하오니 다행입니다" 등의 내용으로 문안 편지가 이어지고 있다.

장기범은 1948년 10월 KBS 아나운서 공채 시험에 합격하여 1950년대 서울중앙방송국 공개 방송(〈스무고개〉 등) 프로그램 MC로 명성을 날렸다. 1957년 아나운서실장으로 임명되어 활약하다가 1959년 8월 미 국무성 초청으로 '미국의 소리(VOA)'에 파견되어 2년 남짓 근무했다. 서신에서 미국에서 '셋이 잘 지낸다'는 메시지는 장남 원용 군이 출생한 지 3개월 정도 지난 시기라 부인과 세 식구가 함께 지내고 있다는 뜻이다. 필자가 소장하고 있는 서신은 적당한 계기에 활용하려고 한다. 한국 방송에서 전설 같은 방송인이었던 장기범에 대하여 고찰하자면 끝이 없다고 해도 지나치지 않을 것이다. 좀 더 알고 싶은 독자들께서는 졸저 『장기범 평전: 사람이 곧 방송이다』(지식산업사, 2007)를 살펴보시길 권해 드린다.

여기서는 장기범이 만 나이 61세로 별세했을 때의 영결식 상황만 살펴보려고 한다. 그가 작고하자 한국아나운서연합회(회장 조춘제)에서 주관한 영결식이 1988년 3월 20일 KBS 본관 앞에서 거행되었다. 노제 형식으로 거행된 영결식에서는 한 시대 한국 사회를 풍미했던 명아나운서들이 상당수 모였다. 이계진 아나운서의 사회로 시작된 이 예식은 당시

KBS 아나운서실 이장우(1937~2024) 실장의 양력 보고, 고인의 '재치문답' 등 녹음 육성 듣기, KBS 아나운서협회 조춘제(1942~2024) 회장의 영결사 등이 이어졌다. 이어서 조사 순서로 원로 방송인을 대표하여 임택근 선생의 애드리브가 청산유수였지만 중반부터는 눈물로 뒤범벅되어 통곡으로 변했다. 이어서 또 한 사람의 조사는 현직 아나운서를 대표하여 KBS 아나운서실장을 두 차례나 역임한 이규항 위원께서 존경과 흠모의 메시지를 담아 울림이 컸다. 한국 아나운서의 큰 어른 장기범은 김포시 월곶면 성동2리 유택에 안장되었다. 강화대교 근처 북한이 바라보이는 이 묘소에서는 49제 때부터 시작하여 매년 추모 행사가 25주기까지 계속되었다. 이 행사는 이계진의 크나큰 봉사와 그와 함께 오늘날까지 교류가 이어지고 있는 이세진, 김상준 아나운서들의 합작품이라고 할 수 있을 것이다.

# 16.
# 1961년 MBC 문화방송 개국식 팸플릿

〈사진 16-1〉과 〈사진 16-2〉는 1961년 12월 2일 MBC 문화방송이 개국 당일 시민회관(현 세종문화회관)에서 펼친 기념식 팸플릿이다. 〈사진 16-1〉은 팸플릿 표지이고, 〈사진 16-2〉는 그 안쪽의 내용이다. 이는 참으로 귀한 한국 방송 역사 사료다. 어느 방송사이건 이런 사료를 챙겨 소장한 데가 거의 없다. 1961년 당시만 해도 한자를 많이 쓰던 때라서 한글 표기는 찾아보기 쉽지 않다. 개국식(開局式) 순서, 장소(시민회관)도 한자로 표기되어 있다. 표지에 일시(日時)는 있으나 햇수가 없어 사료를 읽기가 좀 불편하다.

문화방송 MBC가 수도 서울에서 개국하기까지의 과정은 다소 복잡하고 여정이 좀 긴 편이었다. 이미 부산에서 문화방송을 창설한 정환옥(부산문화방송 상무)은 방송에 남다른 사명감을 갖고 서울에서 MBC를 개국할 원대한 목표를 세웠다. 그러나 1959년 체신부가 서울에 민간방송 설립 허가를 네 건이나 내줌으로써 쉽지 않았다. 그 당시 허가를 얻은 사람은 천주교 계열의 언론인 김규환(양도, '라디오서울-RSB'), 화가 고희동(양도, MBC라디오 설립), 동아일보사(동아방송-DBS), 김상용(부산문화방송 설립) 등 넷이었다. 정환옥은 부산문화방송의 개국 경험을 바탕으로 서울에 같은 계열의 방송사를 세우려고 불철주야 서울 방송사 설립에 매진했다. 정환옥 상무는 위의 여러분 가운데 개인 자격으로 허가서를 획

사진 16-1. MBC 문화방송 개국 행사 팸플릿 1

개국 식순과 그에 따른 관련 자료로 팸플릿 표지다.
출처: 저자 소장 자료.

득한 고희동과 섭외한 끝에 허가권을 인수했다. 그리하여 1961년 1월 서울MBC를 설립하는 발판을 구축했다.

서울문화방송 MBC 창설의 주역은 단연코 정환옥(1920~2013)이다. 그는 한마디로 '방송에 미친 사람'이었다(『문화방송 30년사』, 1992.12.2.

사진 16-2. MBC 문화방송 개국 행사 팸플릿 2

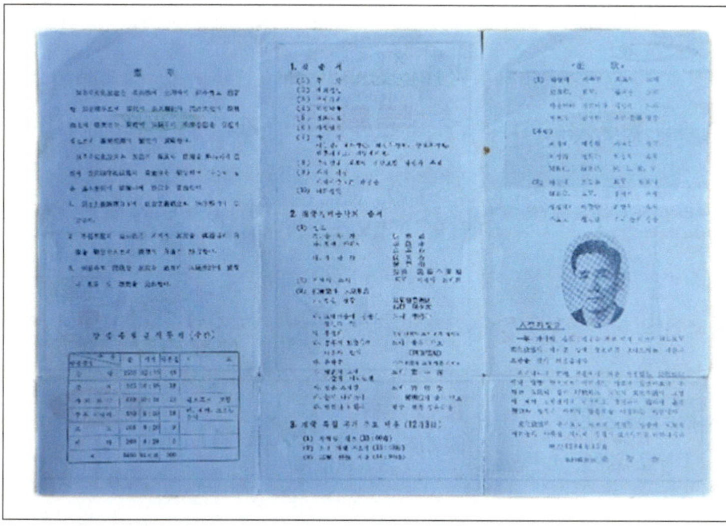

개국 식순과 그에 따른 관련 자료로 팸플릿 표지 안쪽 내용이다.
출처: 저자 소장 자료.

258쪽). 부산문화방송 경영에다 서울MBC 개국 준비로 서울역 근처 여관을 숙소로 삼아 분주한 나날을 보내야 했다. 인사동 15번지 한 건물 한두 층을 임대하여 연주소 건설에 박차를 가하며 온갖 방송 시설을 설치하느라 눈코 뜰 새 없이 분주한 나날을 보냈다. 한편 최창봉 방송부장 등 초특급 방송 인력을 확보하고 경기도 시흥 지역(지금의 광명시)에 송신소를 건립했다. 이렇게 개국 준비를 마치고 첫 방송을 내보는 날을 1961년 12월 2일로 잡았다.

〈사진 16-2〉는 개국식 순서 등이 담긴 팸플릿 내용이다. 흐릿하여 잘 보이지 않을 것 같아 부연 설명이 필요해 보인다. 중앙의 '1. 식 순서'는 주악, 개회선언, 국민의례, 헌장낭독, 경과보고, 사장 인사, 축사 등으로 되

어 있다. 축사는 대통령, 내각수반, 체신부장관, 공보부장관, 언론계 대표, 산업계 대표 등으로 되어 있다. '2. 개국기념 음악회 순서'는 민요, 어린이 노래, 경음악과 대중가요 등으로 되어 있는데, 대중가요에는 이춘희, 불루벨즈, 남일해, 한명숙 등이 등장한다. '3. 개국 특집 공개 푸로 내용(12월3일)'에는 장학금 퀴즈(13:00시), 노래 바꿔 부르기(13:40시), 3군 특기 자랑(14:20시) 등이 나와 있다(원문대로 표기).

〈사진 16-2〉 왼편에는 '헌장(憲章)'과 '방송종별분석통계(주간)'가 등재되어 있다. 헌장은 방송의 기본 방침을 천명한 것으로 세 가지를 제시하고 있다. 첫째는 사회 정의 확립과 질서 유지에 진력한다는 내용이고, 둘째는 공정성을 지키고 표현의 자유를 유지한다는 방향이며, 셋째가 국민 생활에 실익과 교양 및 오락을 제공한다는 것으로 되어 있다. 종별 분석 통계는 방송 장르별로 방송 시간과 백분율을 분류한 내용이다.

마지막으로 〈사진 16-2〉 오른쪽에 실린 내용은 MBC 사가(社歌)와 사장의 인사의 말슴(원문대로 표기)이다. 김지태 취재역사장(원문대로 표기)은 "1년 가까이 온갖 진통을 겪고 이제 비로소 HLKV 문화방송이 여러분 앞에 첫 소리를 보내드리는 기쁨과 보람을 갖게 되었습니다"로 시작하여 "문화방송이 올바르고 빠르고 건전한 방송이 되도록 여러분의 따뜻한 격려와 성원이 있으시기를 바라나이다"로 마치고 있다. 사장 인사 다음 줄에 '단기4294년12월' 표기를 보니, 이 개국 행사가 1961년에 개최되었음을 실감하게 된다. 60여 년 전 한국 방송 역사의 한 페이지를 보면서 자못, 사료의 가치를 절감하고 보존의 중요성을 인지하게 된다. 이는 문화 선진 국가의 기초이며 토대다.

## 17.
## 1960년대 〈KBS 연감〉·〈한국방송연감〉 발행

〈사진 17-1〉은 KBS가 국영방송 시절 펴낸 '연감'이다. 필자가 소장하고 있는 『KBS 연감 창간호 1962』는 1961년 12월 25일 발행되었다. 『KBS 연감 '63』은 1962년 12월 20일 발행, 정가 320원, 편집은 방송문화연구소이고, 발행처는 사단법인 한국방송문화협회로 되어 있다. 창간호는 정가가 2800원으로 되어 있는데 1962년 군사정부가 화폐 개혁을 단행하면서 한 해 사이에 가격이 열 배 가까이 달라졌다. 『KBS 연감 '63』 표지 상단에 흐릿하게 '송영호 귀하'가 보이는데, 이 연감이 출판되자 누군가가 한국 방송계 대원로인 송 선생에게 증정한 것으로 보인다. 이 귀한 방송 사료가 어느 날 필자에게 전해져 소장하고 있는데, 세월이 많이 지나서인지 그 과정은 전혀 기억이 나지 않는다.

『KBS 연감 창간호 1962』 표지를 열어 보면 곧바로 '한국방송도표(韓國放送圖表)'가 대한민국 지도 속에 펼쳐져 있다. 두 쪽에 걸쳐 펼쳐진 '한국방송도표'에는 그 당시 한국의 방송사(국)들이 도표로 기록되어 있다. 서울중앙방송이 1927년 2월 16일 개국했다는 표시와 그에 따른 HLKA 710KC 100kW, HLSA 660KC 10kW 등 제1라디오, 제2라디오가 나타나 있고 그다음 밑으로 단파 방송 채널이 4개나 표기되어 있다. 그 위쪽에 서울국제방송이 1961년 7월 4일 개국해 HLCA 970KC 100kW로 방송되고 10개 가까운 단파 채널이 표기되어 있다. 그리고 지도 상단에는 강원 지

사진 17-1. <KBS 연감> 창간호 및 2호 연감

KBS가 발행한 2권의 사료로 1962년과 1963년 연감이다.
출처: 저자 소장 자료.

역의 춘천방송국(1944.11.15 개국, 1kW), 강릉방송국(1942.12.6, 10kW), 속초방송국(1956.8.1, 300W) 등이 나타나 있다. 그다음 충청도

사진 17-2. <한국방송연감> 창간호 및 다음 해 연감

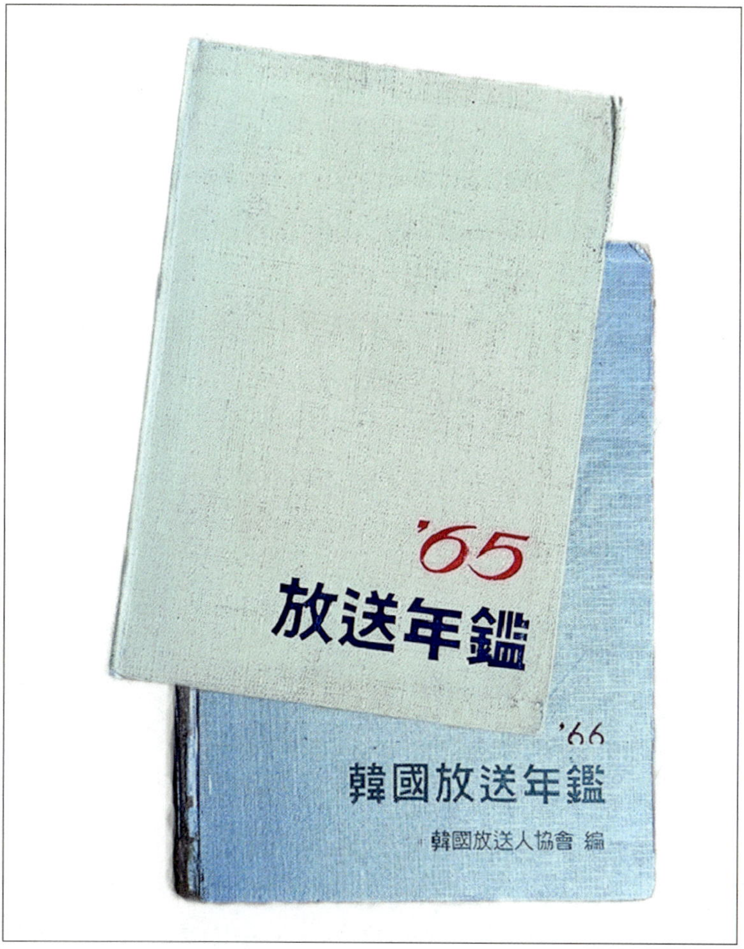


한국방송인협회에서 발행한 책자로 1965년과 1966 연감이다.
출처: 저자 소장 자료.

지역으로 내려오면 먼저 청주방송국(1945.6.16, 1kW)이, 그다음에는 대전방송국(1942.7.15, 10kW)이 나타난다. 전라도 지역으로 가면 전주방

송국(1938.10.1, 10kW), 남원방송국(1952.10.25, 1kW), 광주방송국(1942.3.21, 10kW), 목포방송국(1942.11.1, 1kW), 여수방송국(1957.10.1, 250W) 등이 보인다. 그다음으로 경상도 지역에 대구방송국(1939.10.30, 10kW), 포항방송국(1957.10.1, 250W)이 보이고 그 밑으로 부산방송국(1935.9.21, 50kW), 마산방송국(1942.2, 1kW), 제주 지역에 제주방송국(1950.9.10, 1kW)이 있다. 이 밖에 서귀포와 화천에 1kW 중계소가 개국 예정으로 표기되어 있다.

이 도표에는 민간방송도 포함되어 있다. 먼저 기독교방송(1954.12.15, 10kW), 그다음 문화방송(1961.12.2, 10kW)이 보이는데, 그 아래에 난데없이 KBS-TV(Ch 9, 2kW)가 1961년 12월 24일 개국 예정으로 나와 있다. 그다음 라디오동아가 10kW, 개국 미정이라 되어 있고 마지막에 서울문화 10kW 개국 미정으로 되어 있다. 그 당시 기독교방송은 대구, 부산, 광주, 이리 등에 지역국이 있었으며 MBC는 부산에 1959년 4월 15일 1kW 출력으로 방송되고 있었다. 또 하나 눈에 띄는 도표에는 대한민국 휴전선 쪽에 화천중계소가 1kW 출력, 1961년 12월 개국 예정으로 나와 있고, 맨 아래쪽에 서귀포중계소가 똑같이 표기되어 있다.

이 연감은 창간호이기에 한국의 방송 역사 사료를 총망라한 느낌이 없지 않다. 우선 사진 사료가 대단히 많다. 첫 장에 서울중앙방송국 남산연주소 사진이 보이고 그다음 쪽부터는 방송 초창기 시대, 8 · 15 이후 사료들이 즐비하다. 시설은 물론 프로그램 장르별, 수상 기념사진 등 무궁무진하다. KBS 지역국 사진에다, 민간방송으로는 기독교방송 지역국도 포함되어 있으며 부산MBC, HLKX복음주의방송, 끝으로 서울MBC 등이 연차적으로 한 컷씩 나열되어 있다.

그다음에는 '차례'가 나오는데 KBS의 연혁이 8 · 15 이전과 이후로 나뉘어 기록되어 있다. '1916년도 KBS의 발자취'는 1961년도의 오기인데,

부제를 '1961년도의 토픽스'로 달아 자세히 서술하였다. 그다음 차례는 'KBS의 현황'으로 '서울중앙방송국', '서울국제방송국', '지방방송국' 등의 순서로 되어 있다. 대체로 개관, 기구, 시설 등을 다룬 다음 프로그램들이 장르별로 이어져 기록되어 있다. 그 당시 지방방송국은 15곳이었다. 그 뒤로는 기술 분야와 KBS 외곽 단체가 기술되어 있다. 민간방송 및 기타 방송 편에는 서울기독교방송국과 4개 지역방송에 이어 인천복음주의방송국, HLKZ TV, MBC(서울, 부산), 국군방송, 주한미군방송, 유엔군총사령부방송 등의 순서로 되어 있다. 그다음에는 '외국방송사정', '조사연구', '편람' 등으로 이어지는데, 여기에도 여러 측면의 사료들이 수록되어 있다. 특히 '편람'에는 1961년도 KBS 예산총액이 기록되어 있는데, 본사와 지역국을 합쳐 총금액이 24억 원이 좀 넘는 것으로 되어 있다. 2000년대 시점에서 견주어 볼 때 참으로 격세지감을 실감하게 한다. 끝부분에 실린 '방송인명부'는 한국 방송 인물사를 연구하는 필자에게는 큰 자산이다. 『KBS 연감 '63』도 앞에서 살펴본 『KBS 연감 창간호 1962』와 별반 다를 게 없다. '1962년 KBS의 발자취'와 KBS-TV 개국 1년의 기록이 새롭게 보인다. KBS-TV가 개국된 첫해이기 때문이다.

다음은 〈사진 17-2〉에 보이는 방송연감에 대한 고찰이다. 『'65 방송연감』은 창간호이기 때문에 더욱 소중한 사료다. '가로 13센티, 세로 18.5센티' 국판 사이즈보다 작은 판형인데 쪽 수는 820으로 두꺼운 편이다. 발행은 사단법인 한국방송사업협회(정효근), 편집은 방송조사연구실(문시형), 값은 900원으로 표기되어 있다. 수록 기간이 1964년 1월 1일부터 12월 31일까지다. 사진은 연감 앞부분에 각 방송사 역사순으로 한 장 정도씩 수록되어 있다. 가장 먼저 KBS 라디오 남산연주소인 '서울중앙방송국 전경'이라는 제목의 사진이 실렸고, 다음에 CBS 기독교방송 행사 사진, 그다음 MBC 문화방송 순서인데, MBC 아케이드 스튜디오를 방문한 박정희 대통령을 임택근 방송부장이 인터뷰하는 모습이 크게 부각되어 있다. 그다음 장에는 동아방송국 전경이 광화문 동아일보 청사 사진을, 이어 RSB 라디오서울 개국 경축 제전이, 다음으로 서울텔레비젼방송국(KBS-TV)의 야경이, 그다음에 DTV(동양방송) 개국 기념 축전 등이 연속적으로 실려 있다. 그다음 장부터는 각종 방송 행사 사진이 조그만 크기로 3쪽 정도 펼쳐져 있다.

이 연감의 특징은 서두에 방송연감편찬위원회 주간인 문시형(1924~1995)의 창간사가 실려 있는 점이다. 문시형은 이 글에서 "기업 면에서 볼 때 방송기업은 유통과정을 제거했다는 점에서 고도의 기술을 요하는 발전된 기업이라 하겠으나 기록성의 결여는 치명적인 결점이라 하겠다"라고 갈파했다. 그 당시 방송을 기업의 관점에서 설파한 시각은 대단한 선견지명이라 할 수 있다.

이 『'65 방송연감』은 창간사 다음 장에 '총람' 편이 있는데, 여기에는 '한국방송의 전망과 과제'라는 논설문이 기구, 편성, 기술, 방송요원 양성 등으로 기술되어 있으며, 한국방송약사(1962년 12월 31일까지), 1964년의 움직임(1월 1일~12월 31일) 등이 이어진다. 이 연감의 주류를 이루고 있는 '현황' 편에는 서울중앙방송국을 시작으로 국민영 방송사들이 줄지어 기술되어 있다. 특히 주목할 대목은 각 방송사 현황 소개 끝에 '직원명부'가 자세히 기록되어 있다는 점이다. 이 명부는 방송사 연구에 큰 도움이 되고 있다. 각 방송사 기록 다음에는 특수방송, 방송관리, 조사연구, 광고방송, 방송관계단체, 외국방송사정 등이 상세하게 정리되어 있다.

『'65 방송연감』 옆 사진에 보이는 『'66 한국방송연감』은 사단법인 한국방송인협회 발행(진계림)으로, 편집인은 문시형으로 되어 있다. 문시형은 이때에도 연감 편찬을 주도한 것으로 보인다. 1966년 5월 1일 발행한 이 연감의 가격은 1200원으로 되어 있다. 내용은 『'65 방송연감』 형식과 대동소이한데, 발간사가 육인수 한국방송인협회 회장으로 되어 있어 이색적이다. 육인수는 박정희 대통령의 영부인 육영수 여사의 오빠로 당시 국회의원으로서 문공위원회 위원장을 맡고 있던 시기로 보인다. 이 『'66 한국방송연감』도 문시형의 열정과 정성으로 출간된 것으로, 그는 방송 연구에 대한 학구적인 노력과 방송 단체를 설립하고 이끄는 기수로서 한국 방송 역사에 크게 기록될 것이다. 필자가 소장하고 있는 1971, 1972, 1973년 『한국방송연감』을 펼쳐 보니 문시형이 편집주간과 위원, 그리고 집필자로 참여하고 주도한 실증이 역력히 보인다.

# 18.
# 1960 · 1970년대 전성기의 동아방송 라디오 채널

동아일보사가 대주주인 동아방송(DBS)은 1963년 라디오 채널로 개국했다. 방송 연주소는 광화문 동아일보 사옥이었고, 송신소는 개봉동에 세웠다. '한국 방송의 전설'로 불린 최창봉(1925～2016) 선생이 개국 방송 실무 책임자였다. 최창봉은 1950년대 초 6 · 25전쟁에 참전하여 국군방송 실장을 거쳐 육군 대위로 전역하였다. 그 후 1956년 한국 최초의 TV 방송국 KORCAD(HLKZ-TV)에 프로듀서로 입사하여 일하다 미국 연수를 다녀오기도 했는데, 방송사가 불타 없어지자 1961년에는 MBC 창사 방송 책임자로 스카우트되었다. 그해 하반기에 KBS-TV 창설 준비반장으로 징발된 후 12월 31일 TV 방송국을 개국시킨 다음 공무원들이 간부로 진입하자 1962년 초 KBS를 떠났다. 그 후 동아일보사 중역들이 동아방송 개국 실무 책임자로 영입하여 그에게 방송 콘텐츠를 맡겼다. 최창봉은 여러 방송국을 개국한 다양한 경험을 바탕으로 동아방송을 한국 최고의 라디오 방송사로 성장시켜 반석 위에 올려놓았다.

〈사진 18-1〉은 동아방송의 인기 프로그램 정치 다큐드라마 〈정계야화〉를 소개하는 방송 잡지 화보다. 이 사진은 필자가 소장하고 있는 ≪월간방송≫ 1972년 7월 호(2권 6호)에 실려 있다. 〈사진 18-2〉의 『東亞放送史(동아방송사)』는 동아방송사 편찬위원회가 집필하여 1990년 4월 동아일보사에서 발행한 비매품 단행본이다. 그 위에 있는 사진 표지는 광화

문 동아방송 사옥이 보이는 홍보용 책자다. 필자가 소장한 이 작은 책자는 32쪽인데 1964년 발행된 것으로 개국 1년 차 시기였다.

〈정계야화〉 화보가 실린 ≪월간방송≫ 잡지를 들춰 보면 세 컷 사진이 나오는데 '프로그램 노우트'라는 타이틀 밑에 DBS「政界夜話」라 쓰여 있고 그 아래 조그만 글씨로 '본문 77항 참조'라 되어 있다. 77항으로 들어가 보니 '프로듀서 노우트'라 하여 안평선(1937~ ) 담당 PD의 글이 두 쪽에 걸쳐 실려 있다. 안평선은 동아방송 개국 요원으로 프로그램 제작자로 명성을 날렸다. 그는 1980년 언론 통폐합에 따라 KBS로 이적하여 제작 파트의 간부로 활동하다 춘천방송총국장 등을 지냈으며 퇴직 후에는 (사)한국방송인회장을 역임하기도 했다. 안평선의 사진 밑에 굵은 인쇄체로 안 PD의 글이 실려 있다. "다큐멘터리의 특성을 살리고자 사건의 주인공, 목격자들의 증언을 실성(實聲)으로 삽입했다. 6백여 회를 방송하는 동안 1백 50여 명의 증언을 채취했다. 그것은 편견 없는 구성을 원칙으로 제작하여 방송하기 위해서다. 그러나 사건의 주역들과 목격자들의 증언 내용은 많은 문제들을 내포하고 있다"라고 요약되어 있다. 안평선 PD의 글 다음 장에는 마지막에 주요 인물 배역이 쓰여 있는데 자못 흥미롭다. "이승만-구민, 조병옥-유기현, 이기붕-안종국, 신익희-김종성, 곽상훈-양진웅, 이재학-이완호, 장 면-박 웅, 조봉암-홍계일, 김준연-최명수, 장경근-장건일, 박순천-김을동, 후란체스카-홍여진, 박마리아-전윤희, 김영삼-이강식, 이철승-김영식, 이강석-유민석, 해설-오정한" 등이 기록되어 있다. 그 인물, 그 목소리가 생각나는데, 그들의 연기력은 참으로 대단했다.

그다음 장에는 '작가 노우트'로 김기팔의 글이 실려 있다. 천재적인 작가 김기팔(1937~1991)은 '방송인 명예의 전당'에 등재되었으며, 그 카탈로그에 '용기있게 시대를 증언한 작가'로 쓰여 있다. 김기팔의 글, 요약본

사진 18-1. 동아방송 프로그램 소개 화보

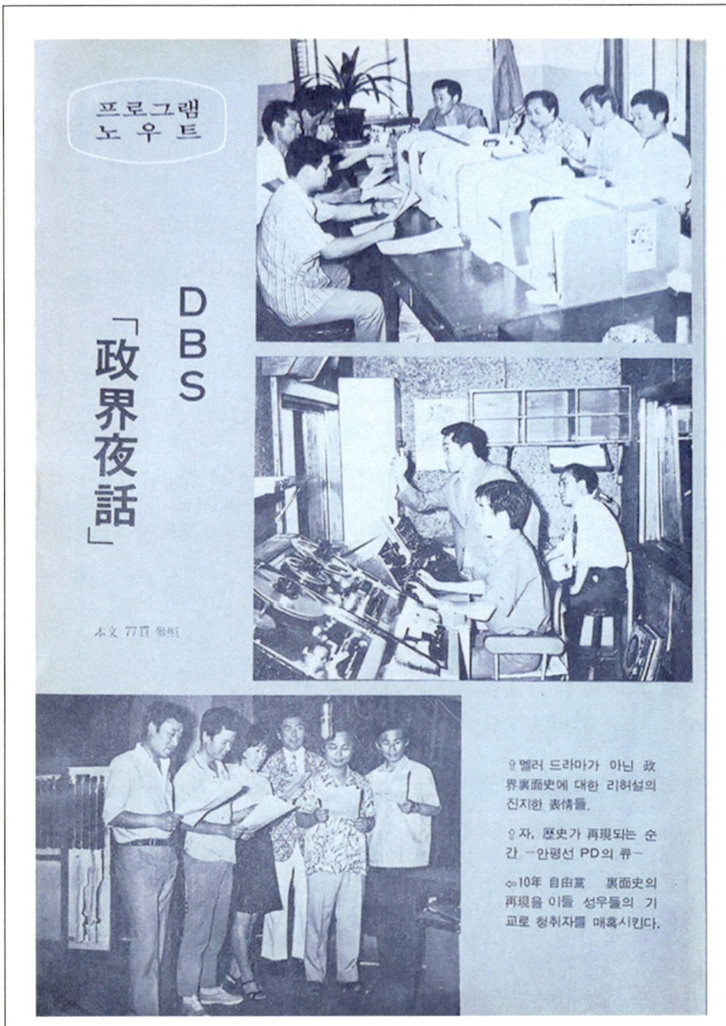
프로그램 노우트

DBS 「政界夜話」

本文 77頁 參照

⇧멜러 드라마가 아닌 政界裏面史에 대한 리허설의 진지한 表情들.

⇧자, 歷史가 再現되는 순간 —안평선 PD의 큐—

⇦10年 自由黨 裏面史의 再現을 이들 성우들의 기교로 청취자를 매혹시킨다.

잡지 ≪월간방송≫에서 다큐드라마 <정계야화>를 소개했다.
출처: 저자 소장 자료.

사진 18-2. 동아방송 홍보 책자와 동아방송 역사서 『동아방송사』

동아방송 사사(社史) 및 관련 홍보 서지다.
출처: 저자 소장 자료.

을 살펴보면 "이 드라마는 이승만이 주인공이 아니다. 몇몇 정치인들도 아니다. 한국 민족은 민주주의를 염원하고 사랑하는 민족임을 나는 확신한다. 원고 청탁을 받고 사명감에 불타는 자신을 발견했다. 그것은 이미 퇴색한 이름일른지는 모르나 나는 이른바 〈4 · 19세대〉인 것이다. 우리는 민족주의를 위해서 독재자를 증오했고 또 피를 흘렸다. 이 드라마의 주인공은 바로 한국의 민족주의인 것이다"라고 되어 있다.

'연기자 노우트'에는 이 드라마의 해설을 맡은 성우 오정한의 글이 한 쪽에 걸쳐 실려 있다. 오정한은 다음과 같이 썼다.

> 20년 가까이 연기자 생활을 해 왔다. 출연한 작품 수만도 헤아릴 수 없을 정도이고 또한 배역도 각양각색이었다. 한 편의 드라마가 녹음되어 방송되기까지에는 연기자뿐만이 아닌 작가, 연출자의 삼위일체 속에서 하나의 창조적 제작작업이 수행되는 것이다. 그러나 연기자의 끊임없는 자세는 개성 있는 연기를 창조해 보고자 하는 것이다.

『동아방송사』는 4×6배판, 626쪽의 방대한 역사서다. 이 책, 첫 쪽에 동아일보사의 사시(社是) 아래에 동아방송의 주지(主旨)가 나와 있다. 그 내용은 다음과 같다.

> 동아방송은 동아일보의 창간이념에 따라 그 사명을 깊이 인식한다. 따라서 언론의 자유와 편성의 자주성을 견지하여 방송의 권위와 공신성을 높이며 문화발전과 산업경제 번영에 기여하기 위하여 다음과 같은 주지로 방송하다. 1. 우리는 건전, 공평, 명랑을 지향하며 방송의 품위를 간직한다. 1. 우리는 알기 쉽고 올바른 말의 보급과 사회순화에 힘쓴다. 1. 우리는 자유와 정의 편에 서며 어떠한 독재에도 반대한다.

목차로 들어가 보면 권두화보, 간행사, 화보 I 에 이어 '동아방송 18년' 이라는 큰 타이틀 아래 제1장 동아방송의 탄생이 나온다. 제2장 새롭게 앞서가는 젊은 방송(초창기 1963.4~65.4)에는 새 의욕 새 감각 새 아이디어(팀워크와 PD 시스템 등), 뉴스는 동아(듣는 신문 「라디오 석간」 등), 「앵무새 사건」(동아방송의 첫 수난 등), 다져진 동아방송의 기반(노력의 결정, 청취율 최고 등) 등이 기록되어 있다. 제3장 격조 높은 민족의 방송(성장기 1965.5~1970) 편에서는 약진하는 동아방송(50kW 출력 증강 등), 개성과 품위의 구축(〈유쾌한 응접실〉 제1회 방송문화대상 수상 등), 방송보도의 심화와 확장(〈뉴스 쇼〉의 탄생 등), 방송기술의 성장(중계기술의 개가, 마라톤 풀코스 실황중계 등)을 다루고 있다. 제4장 영광과 시련의 광장(시련기 1971~75) 편은 성년방송(成年放送)의 위상과 내실(새 표방 「라디오는 동아」 등), 정치적 격동과 그 명암의 파장(유신체제와 방송 등), 자유언론실천운동과 광고탄압(자유언론실천선언 등) 등으로 되어 있다. 제5장 의연한 정진과 동아방송의 최후(1976~1980.11.30)에는 부흥을 위한 새 터전의 구축(새 주파수 792KHz 등), 대형 프로그램과 스페셜 이벤트(세계를 누빈 「DBS리포트」 등), 동아방송의 폐국(고별방송 「애청자 여러분 안녕히 계십시오」 등) 등이 기록되어 있다.

이어서 '동아방송과 함께'라는 제목으로 32명의 필진이 참여한 글이 실려 있다. '유쾌한 응접실'의 고정 패널 김두희 서울대 교수를 비롯하여 방송 드라마작가 한운사, 유 호, 이용찬, 김중희, 백승찬, 최호영, 김기팔, 오재호 등의 회고담이 게재되어 있다. 여기에 성우 고은정, 김수희, 박정자, 양진웅, 이완호, 장미자 등이 라디오 드라마 출연담 등을 회고하기도 했다. 동아방송 재직자들로 전영우 아나운서 책임자를 비롯하여 기자, PD 직종의 간부들도 참여했다. 이윤하, 고재언, 윤병일, 박정하 등과 유명 DJ 최동욱, 인기 아나운서 한순옥 등도 필진으로 참여하여 동아방송 시절의 추억을 회상하는 한편, 후학들에게 교훈적인 메시지도 전하고 있다.

'부록' 편에는 한국 방송 역사 탐구에 도움이 될 사료들이 망라되어 있다. 동아방송의 기본편성표(1963.4.25~1980.10.1)가 80쪽 정도 수록되어 있고, 이어서 동아방송 사원 명부가 자세히 나와 있어 방송 인물사 연구에 귀중한 자료를 제공한다. 또한 연지(年誌)가 1961년 1월 16일 '동아방송 설립인가 받음'부터 1980년 11월 30일 '고별 특집방송으로 종방(終放)'까지 자세히 기록되어 있다.

# 19.
# RSB(라디오 서울) · TBC(동양방송) 민방 출범

〈사진 19-1〉은 1964년 5월 9일 개국한 라디오 서울(RSB)이 펴낸 핸드북이다. 핸드북답게 가로 10센티미터, 세로 18센티미터 크기의 조그만 책자다. 분량이 어느 정도인가 확인하려고 이 핸드북 마지막 장을 열어 보니 48쪽으로 되어 있고, 그 위에 '1964년 5월 9일, 라디오 · 서울방송주식회사 발행, 기획부 편집, 서울특별시 중구 태평로1가 19번지' 등이 차례로 인쇄되어 있다.

〈사진 19-2〉는 1985년 9월 22일 발행된 『중앙일보 20년사 · 부동양방송 17년사』 표지다. 중앙일보사가 20년사를 발간하면서 삼성그룹의 같은 언론 계열사였던 동양방송의 역사를 기록한 것이다. 1964년 라디오 서울 개국 때부터 1980년 언론 통폐합으로 동양방송(AM · FM · TV)이 폐국되어 KBS로 넘어오기 전까지 17년의 방송 역사를 담고 있다. 빼앗긴 방송사라 부록(附錄)처럼 기록되었지만 그 분량은 수백 쪽이나 된다. 이 '동양방송 17년사'는 한국 방송사 연구에 중요한 사료적 가치를 지닌다.

「라디오 · 서울 핸드북」은 RSB가 1964년 5월 9일 12시를 기해 HLKC 1380KC로 첫 전파를 발사하면서 홍보용으로 만든 소형 책자다. 이 핸드북 맨 뒷장 작은 글씨체로 기록된 내용이 재미있으면서 예스럽기도 하다. "개국준비 관계로 있는 대로 엮은 것이 얄팍한 내용이 되고 말았읍니다. 본 방송과 발맞추어 곧 증보판을 서두르겠읍니다. 많은

사진 19-1. TBC 전신인 RSB 개국 핸드북 「라디오·서울 핸드북」

라디오서울(RSB)이 창사되던 해 발간한 홍보물이다.
출처: 저자 소장 자료.

사진 19-2. TBC 동양방송 역사서 『중앙일보 20년사·부동양방송 17년사』

중앙일보 20년사에 곁들여 부록처럼 동양방송 17년사가 기록되어 있다.
출처: 저자 소장 자료.

성원을 바랍니다"(원문대로 표기) 필자는 이 소장 핸드북 이외의 증보판을 본 적이 없는데, 아마 RSB가 이듬해 JBS(TBC 전신)로 바뀌면서 펴내지 않았을 것으로 보인다. 그 후에 JBS는 TBC로 전이되었다.

이 핸드북 앞표지 뒷면에는 〈RSB 사가〉가, 뒤표지 앞면에는 〈라디오 서울의 노래〉가 악보와 함께 실려 있다. 첫 장으로 들어가 보니 '방송헌장'이, 그다음 장에는 '연혁'이, 그 바로 아래에는 '목차'가 나온다. 그다음 장에는 '발간에 부쳐서'라는 제목으로 회장 구인회(具仁會)의 글이 있다. 그다음 장에 기구 도표와 임원 및 간부 명단이 실려 있다. 전무이사에 정환옥, 이사업무부장 겸직 김영출, 보도과장 전응덕 등이 눈에 띈다. 이들은 1959년 한국 최초의 민간 상업 방송인 부산문화방송 창립 멤버들이다. 함께 부산에서 올라와 1961년 서울MBC 개국을 선도했다가, 라디오 서울 창립에 스카우트되어 활약하였다. 최계환도 MBC서울 창립 시 KBS에서 이적하여 아나운서실장으로 있다가 RSB 개국에 실장으로 스카우트되었다. 방송부 차창으로 옮겨온 이원희(1934~2022)도 최계환과 맥락이 같은데, 그는 나중에 동양방송과 삼성그룹에서 임원으로 활동하다가 사립학교 대원학원(대원고, 대원외고 등)을 설립하여 이사장으로 크게 각광을 받았다.

그다음 장에는 라디오 서울 개국 현수막이 걸린 회사 건물 사진이 보이는데, 지금의 태평로 프레스센터 옆, 큰 빌딩이다. 다음 장에 '방송써비스 에리아'(원문대로 표기), '가청구역도표' 등이 나온다. 그다음 10쪽에는 '방송편성 방침'이 8개 항목으로 나열되어 있는데, 8번째 "밤 늦도록 일하는 근로자층을 위하여 한국 최초의 획기적인 방법으로 심야방송을 실시함"으로 되어 있어 상업 방송의 진면목을 보는 듯하다. 11쪽부터 19쪽까지는 '주요 프로그램 내용'이 들어 있다. 50개 가까운 프로그램이 소개되어 있는데, 장수 프로그램이었던 〈장수무대〉가 눈에 띈다. 공개 방송 프로그램인 〈장수무대〉는 "50세 이상의 남녀 노인에 한하여 출연할 수 있고 인생의 여러 기복 과정을 회상하면서 현대 가요곡과 민요, 그리고 흘러간 노래로 엮는다"라고 기록되어 있다. 2025년 시점에서 볼 때, 60여 년 전인 1964년에는 '50세'부터를 노인으로 취급했으니 격세지감(隔世之感)을 갖게 한다. 19쪽 마지막 프로그램 소개에 〈연속입체낭독 '순교자'〉가 나온다. 김은국 작, 김기팔 각색, 김의경 연출로 일요일을 제외한 매일 밤 11시부터 15분간 방송되었다. 21쪽부터는 '방송시설 개황', '방송약관', '방송윤리요강', '라디오 약사', '우리나라 방송약사', '라디오 상식', '방송법', '방송법 시행령', '방송윤리규정', '후기' 등이 실려 있다.

〈사진 19-2〉『중앙일보 20년사 · 부동양방송 17년사』는 대형 사이즈에 1163쪽이나 되는 방대한 분량의 책이다. 이 가운데 '동양방송 17년사'는 672쪽부터이니 500쪽가량의 기록물이다. 이 기록물은 동양방송 여의도 스튜디오 전경에, 이병철 · 홍진기 회장 등이 개관 테이프를 자르는 사진 화보로 시작된다. 마지막 세 쪽에는 동양방송 고별 행사에 관한 여러 장면이 수록되어 있다. 이 건물은 현재 KBS가 여의도 별관으로 쓰고 있는 상황이라, 이곳을 거쳐 간 이들에게는 격세지감의 감회를 느끼게 할 것으로 보인다.

'동양방송 17년사'가 실린 책은 앞의 「라디오 · 서울 핸드북」과 달리 방송사 자료실과 대형 도서관 등에서 손쉽게 접할 수 있는 사료다. 따라서 여기서는 그 내용을 주요 목차만 소개하는 것으로 대신하려고 한다. 개관, 제1편 동양라디오(시대를 웅비한 동양라디오, 국민과의 연대에 치중한 편성, 즐겁고 유익한 프로그램들, 한국FM방송사를 선도한 동양FM), 제2편 동양텔리비젼(민간TV의 선구자 동양텔리비젼, 파격과 실험에 성공한 편성, 정상을 누린 프로그램들), 제3편 방송보도(소수 정예 체제의 약진, 다양한 뉴스 형식의 개발, 속보와 특종, 시의에 적중한 기획보도, 수신체제를 혁신한 외신, 기동성 발휘한 뉴스촬영, 언론자유 수호와 필화사건, 스포츠 중흥에 앞장서다), 제4편 지원부서 · 전속단체(방송윤리 · 자율심의기구, 개발의 기수 방송기술, 원대한 구상-여의도 스튜디오, 지원부서 전속단체, 성실한 개척정신 방송영업 · 광고), 제5편 그 위대한 17년의 종장(방송협회 결의, 나래 접은 불사조-TBC는 영원하리, 에필로그) 등이다. 제3부 부록에는 인사, 자료, 방송, 연표, 도표 등이 수록되어 있다.

## 20.
## 유선방송 시대 잡지 ≪유선방송≫ 발간(1964)

〈사진 20〉의 왼쪽은 1964년 7월 1일 발행된 ≪有線放送(유선방송)≫ 창간호다. 표지 중간에 사진이 실려 있는데 그 아래쪽에 "有線放送(유선방송) 앰푸를 操縱(조종)하는 実況(실황)"이라는 설명문 캡션이 붙어 있다. 다른 사료에 가려 있어 보이지 않지만 실황이라는 한자는 약자(略字)인데, 좀 예스럽고 생경하다. 오른쪽 사진은 ≪有線放送(유선방송) 소식≫지 1965년 송년호다. 이 소식지 표지 오른쪽 위에 "발행인 김우경(金遇敬), 편집인 이태구(李太九), 사단법인 전국유선방송협회발행" 등이 박스(네모 칸) 안에 쓰여 있다. 필자가 소장한 이 유선방송과 관련된 사료로는 이 두 권뿐이라 좀 더 깊이 있게 고찰하기는 어려운 실정이다. 따라서 다른 관련 문헌을 찾아서 한 발자국 더 나가 보려고 한다.

이 두 사료를 살펴보면 발행처가 똑같이 사단법인 전국유선방송협회다. ≪유선방송≫지는 편집 겸 발행인이 강대직(姜大直)으로 유선방송협회 전무로 되어 있으나 ≪유선방송 소식≫지 발행인은 김우경으로 나와 있다. 김우경(1931∼2022)은 전남 순천 출신으로 이 유선방송이 발행될 1964년 당시 국회의원 신분이었다. 그는 육군 장교로 복무하다가 5 · 16 쿠데타 이후 육군 중령으로 예편하여 1963년 민주공화당 창당에 참여했다. 그해 6대 국회의원으로 당선되었고, 그다음 해인 1964년에 유선방송협회가 사단법인체로 전국화되면서 회장으로 취임했다.

한국의 유선방송은 1950년대의 국민영 이원방송체제 속에서 시작되어, 5 · 16 쿠데타 이후 다수의 상업 방송(1963년의 동아방송, 1964년의 라디오서울, 그리고 그 밖의 지역 네트워크 방송국 등)이 설립되었던 시기에 등장했다. 이렇게 한국의 방송 제도가 상업 방송 체제로 변모해 가던 시대인 1960년대를 거치면서 유선방송은 농촌 지역을 중심으로 발전된 방송 형태였다. 농촌을 중심으로 한 초창기 유선방송의 발전은 전계강도(電界强度)가 약하여 청취가 잘되지 않는 지역을 보호하기 위한 수단의 일환이기도 했다. 아울러 전기 시설이 전국적으로 보급되어 있지 않아 라디오 방송 청취가 불가능한 지역이 많았던 상황을 배려하는 정책이기도 했다.

≪유선방송≫ 창간호에 들어가 보니 앞표지 뒷면에 세 컷의 광고가 실려 있는데 유선방송용 보안기 광고와 한국버섯산업주식회사 사장단이 보낸 창간 축하 광고 등이 실려 있다. 마지막 한 컷에는 협동전업사 사장 유만준의 광고가 실려 있는데, 그 내용이 특히 눈길을 끈다. 유만준(劉萬俊)은 KBS 엔지니어로 근무하다 방송국을 떠나 장비 납품 사업으로 성공을 거두자, 1962년 7월 '서울FM방송주식회사'를 설립하였다. 그는 1965년 4월 남산송신소를 개소하여 6월 26일 정규방송을 내보냈으나 1966년 4월에 TBC 동양방송으로 흡수되어 TBC-FM이 되었고, 1980년 방송사 통폐합으로 KBS-2FM으로 변신하였다.

≪유선방송≫지 첫 쪽에 들어가 보면, 차례나 목차가 아닌 '목록(目錄)'이라고 나오는데, 가장 먼저 권두언이 보인다. 회장 김우경이 '정부에 바라는 말'의 권두언은 아직도 농어촌의 65%에 달하는 스피커 미설치 구역이 남아 있으니 정부가 좀 더 적극적인 지원을 해야 한다는 요지의 내용이다. 그다음에는 박정희 대통령의 '방송보국'이라고 한글로 쓴 휘호가 보인다. 이어서 이효상 국회의장, 박순천 민주당 대표 등의 한자 휘호도

사진 20. 1960년대 유선방송 시대 잡지 ≪유선방송≫

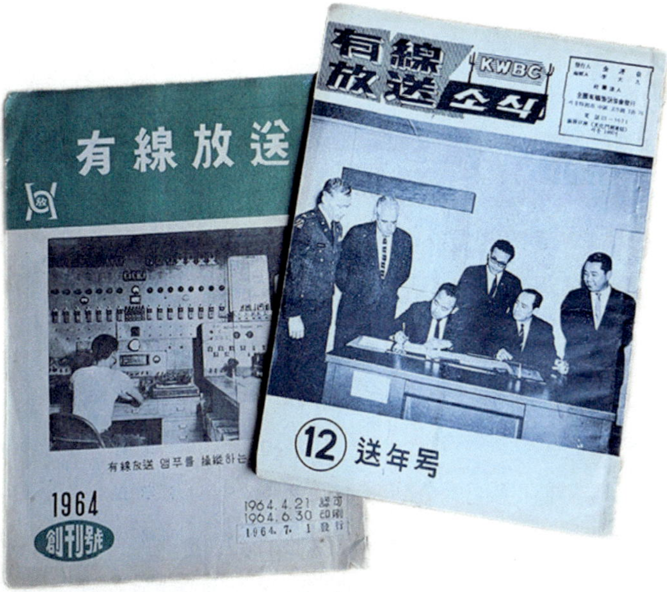


잡지 창간호와 송년호 표지다.
출처: 저자 소장 자료.

실려 있다. 그다음 장에 〈유선방송의 노래〉 악보와 가사가 2절까지 보인다. 전국유선방송협회가 제정한 이 노래는 작사 우 보, 작곡 손석우, 노래 김상희 부르베르스 합창단 등으로 기록되어 있다. 창간사는 '유선방송의 묘목은 굳건히 뿌리 박혀있다'라는 제목으로 이수영 공보부 장관의 격려 글이 있다. 그다음에는 정부 정계 인사들의 축하 인사가 즐비하게 이어져 있다. 이어서 '지도자 기술란', '농촌특집', '문예란', '수필', '야담', '유선방송수신관리법' 등으로 나열되어 있다. 64쪽 마지막 장에는 편집후기 앞에 사단법인 전국유선방송협회 역직원(役職員) 명단이 있다. 회장 김우경 다음에 이사장 김지태, 전무이사 강대직, 이사에 박재규 등 10명이, 감사에 강석윤 외 1명 등이 기록되어 있다. 끝으로 자문위원으로는 이홍수, 권오진이 보인다. 이 가운데 방송 관련 인사로는 이사장과 자문위원 등 3인이 있다. 김지태 이사장은 실업가 출신으로 한때 부산문화방송과 서울문화방송 사장을 역임했다. 이홍수 자문위원은 서울중앙방송국장과 문화방송 전무이사를 지냈으며, 권오진 자문위원은 KBS 기술 간부로 1964년경에는 공보부 방송관리국 기술 관련 시설과장이었다.

≪유선방송 소식≫지는 〈사진 20〉에서도 발행 햇수가 보이지 않는데, 소식지 안으로 들어가 보니 1965년 12월 송년호다. 4×6배판, 28쪽 분량인데, 제호대로 유선방송 관련 뉴스가 실리는 소식지다. 표지 사진에 외국인들도 보여 이채로운데 5쪽을 열어 보니 주요 목차 위에 '표지 설명'이라 하여 외국의 원조를 받은 사연들을 길게 해설하고 있다. 2020년대에는 보기 드문 사료라 원문대로 옮겨 보려고 한다.

> ❒65년에 우리는 굵다란 결실을 이루었다. ❒유선방송자재의 원조-참으로 우리에게는 절실한 문제요 연내의 숙원이었다. 이것이 마침내 실현을 보게 된 것이다. ❒자재의 궁핍을 해소케 되었다는 것도 다행한 일이지만 유선방송이 이 땅에서 얼마나 긴요한 것인가를 관계요로는 물론, 외국기관에서까지도 새로이 인식케 되었다는 그 사실이 또한 얼마나 반가운 일인가 ❒지난 11월말 USOM으로부터 원조 확정 통고가 있은 뒤에 12월 6일에는 부산에서 일차적으로 자제인수가 시행됐고 곧이어 8일에는 경기도 부평에서 인수되었다. ❒사진은 부평에서 인수 조인 장면 좌(左)부터 미군불하처부평부대장 뉘우만 소령,

USOM잉여물자담당관 호우스 씨, 공보부 방송관리과장 윤태로 씨, 협회 전무이사 이태구 씨, USOM공보담당관 밀폴스키 씨, 협회섭외담당 정만현 씨 등이다. 이 USOM(United States Operations Mission)은 미국대외원조기관이다.

주요 목차를 보면, 김우경 이사장의 송년사, 농어촌에 스피카 보내기 운동, 66년을 되돌아 본다(소식지 9쪽에는 '65년'으로 되어 있다), 방송수기-기획실 · 서울특별시지부장 오필홍 · 충남지부장 정기영 · 경북지부장 박중창, 실화소설, 라디오 기술강좌, 나의 제언, 관영앰푸운영형태의 쇄신을 촉구한다, 여러분의 연구실, KWBC 통신 등이다. 뒤표지 상단의 "겨레 위한 성심으로 농어촌에 스피카를 보내자!"가 인상적인데, 1960년대 중반 한국의 빈곤을 상징하는 표어 같아서 여러 가지를 생각하게 만든다.

# 21.
# 1965년 공보실 발행 ≪방송연구≫ 1 · 2호 고찰

〈사진 21〉은 ≪방송연구≫ 1호(1965년 6월 1일)와 2호(1965년 8월 1일)다. 필자가 소장하고 있는 이 사료는 한양대학교 매스컴학 이강수 명예교수님께서 주셨다. 이 교수님은 필자가 한국 방송 사료를 수집하고 그에 관련된 연구를 하는 모습이 대견했던 모양이다. 이뿐만이 아니다. ≪신문학보≫ 창간호 등 여러 사료를 기회가 있을 때마다 전수해 주시면서 필자를 끊임없이 격려해 주신다. 필자는 그 고마운 마음으로 연구 자세가 한층 견고해지고, 또 다른 한편으로는 감사한 마음이 가슴에 가득하다.

이 ≪방송연구≫는 월간지 성격으로 출발한 것으로 보인다. 이 두 권 다 표지 위쪽 오른편에 영어 대문자로 'THE MONTHLY RESEARCH REPORT ON RADIO & TELEVISION'이라 표기되어 있다. 1960년대 중반에 이러한 국제적 사고를 했다니, 이 연구지를 만든 이들이 대단해 보인다.

제1호 표지를 열고 들어가 보면, 1쪽에 "월간 '방송연구'를 내면서"라는 제목의 창간사가 있다. 창간사 집필자는 방송관리국장 홍 천(洪 泉)으로 되어 있다. 그러나 제2호가 1965년 8월 1일(1호 표지에 가려 있어 보이지 않음)에 발행된 것으로 보면, 월간지로 발간하기는 어려웠던 모양이다. 1호 표지 맨 끝에 '방송문화연구실'이 보인다. 이 연구지를 기획하고 출간한 부서다.

방송문화연구실은 1957년 6월 1일 오재경 공보실장이 공보실 방송관

사진 21. 정부 부처에서 발행한 방송 연구지 ≪방송연구≫

1960년대 발행된 연구지로, 2호 발간에 그쳤다.
출처: 저자 소장 자료.

리국 산하에 발족시킨 조사 연구 기관이다. 이 연구실은 방송 관련 여러 부문의 조사와 연구, 외국 방송 프로그램들의 비교 분석, 새로운 프로그램 포맷의 개발과 같은 업무를 담당했다. 아울러 일선 실무 담당자들의 뒷받침과 폭넓은 방송 문화 발전을 위해 다양한 일을 관장하는 개방형 기구이기도 했다. 직원 수는 많지 않았지만 일의 틀은 아주 잘 잡혀 있었다. 초대 실장은 한운사가 맡았고, 뒤이어 극작가 김희창이 제2대 실장으로 취임했다. 이후 김희창이 물러난 몇 달 후에 최창봉이 맡았다. 최창봉 실장 산하에 이윤하, 정순일, 이상희, 서규석 등이 프로그램 합평회, 연구발표회, 주간방송지 발행 등 많은 업무를 수행해 나갔다. 그러나 연구실은 4 · 19 혁명 후 들어선 제2공화국 정부에서 공보실을 폐쇄하면서 자취를 감추었다가 5 · 16 군사혁명 후 오재경이 공보부 장관으로 취임하여 부활시켜 인운섭, 장한성, 김광수, 김두곤, 정진석 등 학식이 뛰어난 연구실원들이 승계하면서 활발한 활동을 전개했다.

≪방송연구≫ 1호에는 창간사에서 "방송분야에 있어서 유일한 연구기관인 방송문화연구실이 방송에 관한 연구지 하나쯤 발간한다는 것은 그 설치의 취지로 보나 존재의의로 보아 본연의 임무에 속하는 것이라 하겠습니다만 이번 '방송연구'지를 내게 된 것은 이러한 사명에서뿐만 아니라 갖가지의 어려움을 무릅쓰고 오늘의 방송문화를 보다 높은 차원으로 이끌어 올리려는 연구실원들의 참된 의지로 이룩된 것입니다"라는 글을 접하면서 연구실의 위상과 연구원들의 격조를 새삼 실감할 수 있다.

1호지 목차를 보면 네 편의 논문과 한 편의 번역문, 그리고 문헌 소개 한 편 등이 실려 있다. 첫 논문은 "방송연구의 방향-실증적 조사연구를 중심으로-"다. 필자는 인운섭으로, 당시는 방송문화연구실 연구원이었으며, 나중에 KBS로 직장을 옮겨 편성국장 등 고위직에서 근무하다 퇴임 후에는 한서대학교 교수로 대학원장 등을 역임했다. 두 번째 논문은 "Radio 음악의 상품화와 사회적 비평에 대해서-TW Adorno 설을 중심으로-"다. 필자는 문창권으로 방송문화연구실 연구원, 직원이었다. 세 번째 글은 "잡지적 편성, 프로그램의 활용에 대한 검토"이며, 필자는 김두곤으로 방송문화연구실 연구원이었다. 이 글은 방송문화연구실이 주최한 프로그램 합평회와 관련하여 서울중앙방송의 〈방송잡지〉라는 프로그램과 문화방송의 〈일요잡지〉 프로그램에 관련하여 다루고 있다. 김두곤은 1966년 ≪동아일보≫로 이적하여 오랫동안 근무하며 총무국장 등을 역임했다. 네 번째 실린 글은 "〈TV 쇼〉 프로그램 소고-KBS TV 〈노래의 카니발〉, DTV 〈쇼 파노라마〉를 중심으로-"다. 집필자는 장한성으로 당시 방송문화연구실 연구원, 직원이었다. 장한성은 극동방송, 동아방송 등을 거쳐 KBS에 정착하여 편성국장, TV본부장, 자회사 영상사업단 사장 등을 역임했다. 그다음 글은 "매스 · 콤의 사회적 영향" 譯抄(역초)다. 죠셉 T. 클래퍼의 글을 김광수 연구원이 번역하였다. 김광수는 MBC로 이적하여 고위직을 역임하고 SBS로 스카우트되어 본부장, 상무 등을 거쳐 대전방송 대표이사를 지내기도 했다. 끝으로 문헌 소개는 W. 슈람 저 『매스 · 미디어와 국가의 발전-저개발국에 있어서 정보의 역할』이다. 이 제1호 ≪방송연구≫는 국판 사이즈 82쪽 분량이며 타이핑 인쇄본으로 누런 용지를 사용했다.

≪방송연구≫ 2호에는 세 편의 논문과 두 편의 번역문, 그리고 문헌 소개 한 편 등이 실려 있다. 첫 번째 논문은 김두곤 연구원이 집필한 "방송의 내용전달에 있어서 피해야 할 요인은 무엇인가?-보도 및 사회 프로그램의 문장과 용어사용을 중심으로-"다. 두 번째 논문은 문창권 연구원의 "Interview 프로그램 소고-제작을 위한 이론과 방법을 중심으로-"다. 세 번째는 김광수 연구원이 집필한 "다큐멘타리 고찰"이다. 그다음 번역문 첫 번째는 Robert K. Merton의 "대중 설득-도덕적 차원에 대하여-"로 문창권 연구원이 번역하였다. 두 번째 번역문은 "뉴우스 매체(MEDIA)로서의 TV-Los Angels에서 행한 TV News의 조사결과에서-"로 김두곤 옮김으로 되어 있다. 마지막 문헌 소개는 『텔레비죤과 어린이』로

“Himmelweit, Hilde, H · N · Oppenheim Pamela Vince 공저 London, Nuffield Foundation사(社) 간(刊), 1958”로 기록되어 있다.

≪방송연구≫ 1, 2호 고찰을 마치면서 그 이후의 상황이 궁금하여 관련 사료를 탐색하였으나 여의치 않았다. 필자로서는 진척 사항을 확인할 수 없는 상황이기에, 그 당시 연구원들이 생존해 있는 만큼 그 후의 상황을 청취할 기회를 가져 보려고 한다.

# 22. (사)한국방송인동우회(방우회)의 역사

사단법인 한국방송인동우회(약칭 '방우회')는 한국 방송의 역사성을 함축하는 한편, 방송인의 우정을 상징하는 단체다. 방우회는 1966년 6월에 창립되었는데, 그 배경은 한국 방송의 또 다른 전설이었던 윤길구(1916년생) 선생(이하 '윤길구'로 표기)의 별세와 관련이 있다. 서울중앙방송국장을 두 차례나 지낸 그가 1966년 5월, 50세에 단명하자 방송인들이 한데 모여 한국 최초의 '방송인장'을 치르며, 2남 4녀의 유자녀 등을 돕자는 취지에서 방송인동우회를 만들기에 이르렀다. 이 장례식은 장례위원장으로 당시 한국 방송의 최고 원로인 이혜구(초대 서울중앙방송국장 역임, 당시 서울대 국악과 교수) 선생, 고문에 공보부 장관과 국회문공위 위원장, 호상에 공보부 차관 등이 참여하여 성대하게 거행되었다.

윤길구는 1943년 아나운서로 방송계에 입문하여 서울중앙방송국 방송계장(아나운서실장), 방송과장(방송계-아나운서실, 보도계-기자실), 부산방송국장을 거쳐 서울국제방송국장을 잠깐 지낸 후 서울중앙방송국장을 두 번이나 역임한 한국 방송의 선구자이자 개척자였다. 그는 가난하여 집을 마련하지 못해 서울시 마포구 서교동에 있던 연희송신소 관사에서 살았으며, 아내의 해산에 미역 살 돈도 없었다는 일화가 전해질 정도였다. 선비 정신으로 무장한 그의 기개는 하늘을 찌를 듯하여 그 당시 국영방송을 관장하던 공보부 장관에게 전화를 걸어 "날 공보관장으로 가라

사진 22-1. 첫 방송 터에 세워진 유허비

(사)방우회가 정동(덕수초교)에 건립한 방송 개시 기념비다.
출처: 저자 소장 자료.

사진 22-2. (사)방우회가 발간한 방송 역사서

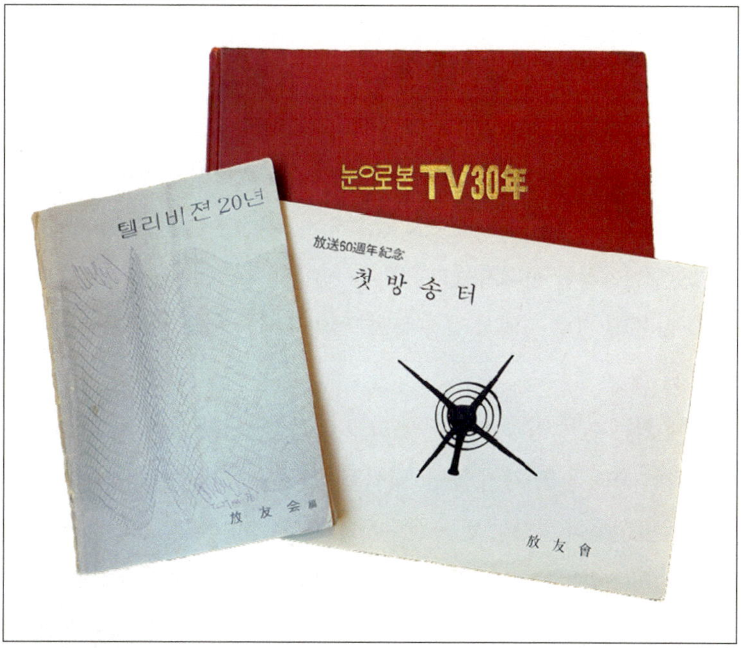


(사)방우회가 앞장서서 펴낸 한국 방송 역사 사료다.
출처: 저자 소장 자료.

니 당신은 계장 자격밖에 없소!"라고 호통 친 사건은 한국 방송 이면사에 전해져 오는 큰 교훈이기도 하다. 윤길구는 관리자 또는 경영자의 입지를 훌륭하게 수행하다 별세했는데, 그 가족들 처지를 돕기 위하여 창립된 방우회야말로 동우(同友) 정신의 바탕이자 초석이 되었다.

이 방우회 창립에 기여한 인사로는 한국 방송사상 농구 경기 중계방송을 개척한 이 현(李 炫, 1917~2001)과 1950년대 KBS 〈스무고개〉 공개방송 PD로 활약한 문시형(文時亨, 1925~1995) 등을 들 수 있다. 이 현은 방우회 초대 회장으로 추대되어 17년 가까이 재임하면서 한국방송회관

이사장을 지내며 한국 방송 전문 잡지 ≪월간방송≫을 발행하기도 했다. 문시형은 초대 총무이사를 17년간 맡아 봉사했으며 1983년 2대 회장에 취임하여 작고할 때까지 12년간 역임했다. 문시형은 다음에 상세히 기술하겠지만 첫 방송 터 정동(덕수초등학교 운동장 위편)에 유허비(遺墟碑)를, KBS 본관에 단파 방송 연락 운동을 기리기 위하여 물망비(勿忘碑)를 세우는 데 크게 기여했으며, 한국 방송 역사서 편찬에도 주도적인 역할을 수행했다. 이러한 선각자들의 영향을 받아 방우회는 방송 사료의 연구, 개발, 보존에 관한 사업과 방송 문화 발전에 관한 사업 등을 꾸준히 추구해 왔다.

방우회는 한국 방송 역사에서 크고 굵직한 업적을 상당히 이루었다. 대표적인 사례를 몇 가지 들면, 첫째로 한국 방송 역사의 현장을 재조명하고 독립운동에 헌신한 방송 선현들을 기리는 기념비를 건립하는 데 앞장섰다. 방우회는 1987년 한국 방송 60주년을 맞아 그해 방송의 날인 9월 3일, 방송이 처음 시작된 경성방송국 터에 '첫 방송터'(방송개시 '유허비') 라는 거대한 비석을 세우고 원로 방송인 및 각 방송사 임원, 중견 간부들이 참여하여 성대하게 오픈식을 치렀다. 이 기념행사는 매년 개최되었는데, 소장 자료를 보니 필자도 2018년 유허비 건립 31주년 기념식에서 논문 "한국 방송 역사 연구에 관한 일고찰"을 발표하기도 했다.

또한 1991년에는 KBS 본관 앞에 일제 강점기에 한국인 방송인들이 벌였던 독립운동인 '단파 방송 연락 운동'을 기념하는 비석 '물망비(勿忘碑)'를 세우고 매년 추모 행사를 거행했다. 필자는 2018년과 2019년 두 차례 정관영 회장과 정항구 상임이사의 요청으로 현장 기념식에서 논문을 발표하기도 했다. 그때 인상적인 사례로는 KBS 기술본부장인 이창형 박사와 기술관리국장 이종수 박사가 원로 선배들의 큰 행사를 뒤에서 돕고 있던 장면이다. 필자는 이 방송 후배들의 모습이 바람직하면서 대견스러웠다.

앞에서 잠시 언급했지만 이 두 기념비를 건립하는 데 공을 들인 이는 당시 방우회장을 맡아 이 큰일을 선도한 문시형이었다. 그의 헌신과 노고가 없었다면 이루기 어려웠을 것이다. 또 한 사람은 조각가로, 서울대 교수였던 최만린(崔萬麟)이다. 방우회원이었던 최만린은 1958년 KBS 아나운서로 입사하여 2년여간 근무하다 서울대 대학원에 들어가 교수의 길을 밟았다. 그는 KBS 재직 시절 인기 성우 김소원을 만나 부부가 되었으며 탤런트 최불암과는 동서지간이다.

둘째로 방우회는 한국 방송의 역사를 기록하여 후대에 계승하려는 사업으로 단행본 책자를 여러 차례 펴내기도 했다. 1976년에 낸 『텔레비젼 20년』이라는 소책자에는 그 당시의 각종 사료 사진과 한국 방송 최초의 TV PD였던 최창봉의 글(편성 · 제작 중심으로 본 HLKZ-TV) 등이 실려 있다. 1986년에는 화보 중심의 큰 책자 『눈으로 본 TV 30년』을 발간했다. 1987년에 방송 60주년 기념으로 펴낸 『첫 방송터』 단행본에는 각종 사진 자료와 당시 각 방송사 사장들(KBS 정구호, MBC 황선필, CBS 이재은, 극동방송 김장환 등)의 글이 실려 있다. 이 밖에도 『전국방송여론조사보고서』, 『단파 방송해외연락사건-방송토론회보고서』 등 상당히 많다. 이런 역사적인 책을 기획하고 펴낸 장본인인 문시형의 노고(勞苦)를 기리지 않을 수 없다. 아울러 방우회는 1994년에 『전국 방송가시청 지역도』(369p)라는 책자를 펴내기도 했다.

셋째로는 1990년부터 시행해 온 '바른말 보도상' 시상식 행사다. 이 상은 방송 3사 앵커 중심으로 시상해 왔는데, 1990년 1회 때는 KBS 문재철 기자, MBC 이인용 기자가 선정되었다. 1991년 2회 KBS 수상자는 류근찬(1949~2025) 앵커로, 그는 몇 차례 국회의원을 지내기도 했다. 3회에는 KBS 류현순, MBC 박영선 등이 상을 받았다. 류현순은 지역총국장, 본부장, 부사장 등을 지냈고 지금은 KBS 이사이며, 박영선은 정계로 나가 다선 국회의원을 지내다 장관직을 역임하기도 했다. 이 밖에도 수상자가 많은데 한두 사람 더 거론하면, 2003년 제12회 수상자 KBS 유연채 앵커와 MBC 김은혜 앵커가 있다. 이 두 사람도 유명세를 치러 관계로 진출했거나 정계에서 활동 중이다. 2020년 코로나가 세계를 휩쓸면서 몇 년간 시상식을 비대면으로 추진하기도 했다.

역사 깊은 이 〈방우회〉 사단법인 단체가 코로나 현상으로 활동이 주춤한 후, 아직도 활기를 찾지 못하고 있다. 고문, 회장 등이 90대 중후반인 데다, 부회장 가운데 홀로 남아 애쓰는 권영원 선배도 구순을 넘겼다. 필자에게 이 단체를 맡으라고 권유하지만, 한국 방송 역사서 집필에 여념이 없고, 나이도 80줄에 들어서 어렵기에 여러 차례 고사하였다. KBS 후배 서인호 박사가 나이(1953년생) 및 경력 측면에서 적임자인데, 그가 지난 2025년 3월 (사)KBS 사우회 회장을 맡았으니 강요할 수도 없는 상황이 되었다. 1966년 한국 방송의 또 하나의 전설이었던 윤길구 선생께서 요절함으로써 탄생한 이 단체가 안타까운 상황인데, 하루빨리 활로가 열리길 간절하게 염원한다. 내년 2026년은 방우회 창설 60주년이 되기에 방송 현장을 떠난 60대 후배들이 앞장서서 활성화해 주기를 기대한다.

# 23.
# KBS, 중앙방송국으로 혁신 '부' 체제 도입

〈사진 23〉은 KBS가 국영방송 시절인 1968년 7월, 3국(서울중앙방송국, 서울텔레비전방송국, 서울국제방송국) 체제를 중앙방송국 하나로 통합하여 '부(部)' 체제가 도입된 당시 기구 조직표다. 국영방송 공무원 사회에서 직제상으로 '부' 제도를 시행한 것은 경이로운 일이다. 표에 나타난 대로 '부'는 라디오, TV부, 보도부, 기술부 등 4개 부로 되어 있다. 라디오부에는 '부'자가 빠져 있다. 각 부의 장은 공무원 직급 부이사관급들이 맡았으나, 기술부장만은 통신직급인 통신부기감이 임용되었다.

중앙방송국 발족 당시 이사관급 국장 밑에 서기관급을 장으로 하는 기획조사실과 서무과를 직속으로 두었다. 이 기획조사실 안에는 중앙방송국 발족 2개월 후인 1968년 9월 11일 특별제작반이 만들어지기도 했다. 이 제작반에 발령된 이들은 이남섭(PD), 양 충(AD), 김영윤(카메라) 등이었다. 이들은 그해 10월 1일 방송될 〈건국 20년〉이라는 특별 프로그램을 제작하기 위해 구성되었다. 이 사실은 (사)한국방송회관이 발행한 방송 잡지 ≪방송문화≫ 1권 7호(1968.10, 130쪽)에 실려 있다. 앞에서 거명한 이남섭은 1961년 KBS-TV 개국 요원으로 공채된 PD로 드라마 〈여로〉를 만든(작가 겸 연출) 방송인이자, KBS 1기 탤런트 김난영의 남편이었다. 둘 다 일찍 세상을 떠났다.

먼저 왼쪽 첫 번째로 보이는 라디오부는 서울중앙방송국과 서울국제방송국 체제에서의 프로듀서들이 옮겨 온 부서다. 제작1과에서는 라디오 프로그램의 편성과 운영에 관한 사항, 그리고 교양방송의 제작을 관장했다. 제작2과에서는 연예, 오락, 음악 방송의 제작과 방송 연출 및 방송 경음악단, 합창단 등의 운영을 담당했다. 대공과는 국내외 심리전 방송의 제작 운행과 공산 진영에 대한 프로그램 제작을 맡았다.

TV부 제작1과는 TV 프로그램 제작과 TV 영화 수입 제작 상영, 그리고 교육방송에 관한 사항도 담당했다. 제작2과에서는 TV 연예 오락 프로그램의 제작과 이에 따르는 무대의 장치, 조명 등에 관한 업무를 맡았다. 업무과는 제작1, 2과의 행정 업무를 수행했던 것으로 보인다.

보도부 보도과는 뉴스 프로그램을 생산하는 기자들이 주류를 이루었다. 방송과는 아나운서들의 집합체다. 국제과는 한국어 · 영어 · 중국어 · 불어 · 러시아어 · 일본어 · 스페인어 등 해외 방송을 제작했다. 보도부는 1970년 4월, 1차 기구 개편 시 대대적으로 바뀌었다. 우선 보도과를 없애고 보도부 차장 직제를 신설해 그 아래에 정치반, 경제반, 사회반, 문화반, 편집반, 전국뉴우스반, 보도제작반, 카메라반, 외신반, 자료반 등 10개 반을 두었다. 그리고 방송과가 보도부에서 벗어나 국장 직속으로 되면서 아나운서실로 개편되었다. 그 후 9월에는 국제과를 라디오부로 이관했다.

기술부는 산하에 4개 과에 4개 송신소 등을 둔 가장 방대한 부서였다. 기술과에서는 방송 시설 장비 및 물품의 수요 관리와 시설 장비의 보수 개선 이외에 TV 중계소의 설치에 관한 업무를 관장했다. 제1조정과에서는 라디오 방송의 기기와 기술의 조정, 조절과 라디오 방송의 녹음, 그 밖에 라디오 방송 전원 설비의 운영 관리에 관한 업무를 맡았다. 제2조정과는 텔레비전 방송의 조정을 담당한 부서다. 중계과는 라디오 TV의 중계 방송과 지방 중계망의 업무 관리를 맡았다. 송신소는 연희 · 남양 · 수원 · 남산 등 네 곳으로 모두 대형 전파 송출 기지 역할을 수행했다.

사진 23. KBS, 중앙방송국 창립 당시 기구표

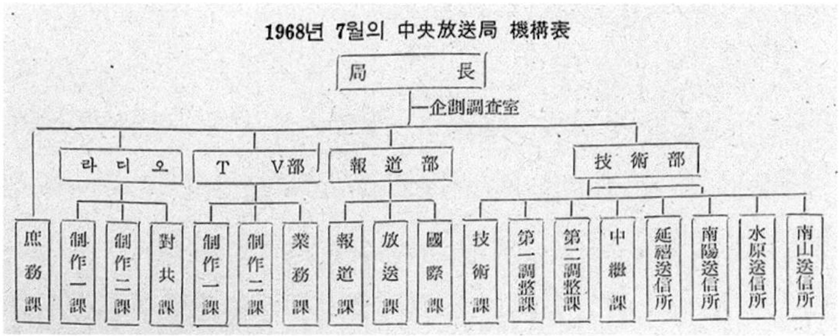


국영방송에서 '부' 체제가 처음 도입되었다.
출처: 저자 소장 자료.

'부' 체제로 발족한 당시 초대 국장, 부장, 과장들을 살펴보면 다음과 같다. 1968년 7월 중앙방송국으로 발족할 당시 국장은 2급 갑 이사관급으로 김재연이 맡았는데, 1971년 8월 최창봉이 6대 국장으로 부임할 때는 1급으로 격상되어 차관보급이 되었다. 3년 사이에 국장이 6명이나 교체되었으니 리더십이 온전할 리 없었을 것이다. 다행히 순수 방송인 출신으로 국장으로 부임한 최창봉은 1973년 공사 창립 시에도 방송총국장 겸 부사장 등으로 5년 가까이 재임하면서 리더십을 크게 발휘했다. 라디오 부장은 라디오 PD 출신 노정팔이 맡아 2년 가까이 재임했으며 제작1과장에 장기범, 제작2과장 김순경, 대공과장 오세박 등이었다. 텔레비전부는 부장에 윤태로, 제작1과장에 박영선, 제작2과장에 신정휴 등이 맡았다. 보도부장은 박상열, 보도과장에 박상진 등이 임용됐으며 나중에 신설된 보도부 차장은 최학수가 담당했다. 기술부에는 부장에 이인관, 기술과장에 정경순, 제1조정과장에 유병은, 제2조정과장에 권오진, 중계과장에 강기년 등이 임용되었다. 보도부 방송과는 1970년 4월 아나운서실로 독립되면서 국장 직속 기구가 되었는데, 방송과장 및 아나운서실장은 강창선 방송관이 오랫동안 맡았다.

중앙방송국은 1968년 7월 발족하여 4, 5년 동안 국영방송 단일 체제로 존속하다가 1973년 3월 공영방송 한국방송공사가 출범하면서 구성원들은 공무원에서 회사원으로 전환되었다. 국영방송 시절에는 문공부 산하 공무원들이었기에 인사이동이 자주 발생하여 인사상 안정된 민간방송과는 큰 차이를 보일 수밖에 없었다. 따라서 방송국 경영이 다소 산만한 편이었으나 3년 후인 1971년 8월 방송 전문 경영인 최창봉 국장 체제가 구축되면서 안정되기 시작했다. 이러한 사례는 한국 방송 역사상 커다란 교훈을 내포하고 있을 뿐만 아니라 연구 대상이 되기도 한다.

# 24.
# 국영 KBS, 공영 '한국방송공사'로 창립(1973)

〈사진 24-1〉 왼쪽은 국영방송인 KBS 중앙방송국이 1973년 3월 3일 한국방송공사 공영방송으로 출범하면서 제정한 사표(社票)다. 이 사표는 한국방송공사 타이틀과 더불어 사용한다면 사기(社旗)로 활용할 수도 있을 것이다. 이 사표는 한국방송공사가 공기업으로 출범하면서 새로운 회사의 이미지를 상징하는 표상으로 만든 것으로 보인다. 오른쪽은 공사의 사훈(社訓)이다. 〈사진 24-2〉는 한국방송공사 창립식 전경이다. 사장이 창립 인사를 하고 뒤편에는 외빈과 임원들이 자리하고 있는 모습이다.

KBS 사표(社票)는 1973년 4월 1일 한국방송공사 TV국 무대부 변승우(邊承宇)의 도안(圖案)으로 방송 역사서(『한국방송사』, 1977, 438쪽)에 기록되어 있다. 타원(楕圓) 사각형의 겉 둘레는 TV 화면과 라디오의 마이크를 나타내어 방송을 상징하고 청색 바탕은 무궁한 발전을 의미한다. KBS의 억센 자형(字型)은 약동하는 힘과 진취성을 표현한 것이다. 사훈은 공사 창립 10여 일 후인 1973년 3월 15일 제정되었는데, 보이는 바와 같이 "품위있는 방송, 능률적인 경영, 조화속에 협조"다. 품위 있는 방송과 효율적인 경영은 공영방송사의 당연지사이지만, 그 목표를 달성하기 위한 조건으로 조화 속의 협조가 절실하다. 좋은 방송을 위해서는 다양한 직종의 구성원들이 조화를 이루며 긴밀히 협력하는 것이 필수적이다. 방송 매체의 속성은 신문과 달리 협업이 무엇보다 중요하기 때문이다.

사진 24-1. 한국방송공사 창립 관련 사료

社 訓

一. 品位있는 放送

一. 能率的인 經營

一. 調和속에 協調

공사의 사표(社票), 사훈이다.
출처: 저자 소장 자료.

〈사진 24-2〉는 공영방송 한국방송공사 창립식 모습인데, 홍경모 사장이 단상 맨 앞에 서서 창립사를 하고 있다. 사진이 작아서 뒤에 앉은 이들이 잘 보이지 않을지 모르지만, 외빈으로는 윤주영 문화공보부 장관과 한국근대사 학자 이선근 박사의 모습이 보인다. 내빈으로는 새로 임원으로 임명된 노정팔(문화공보부 방송관리국장) 감사, 최창봉(중앙방송국장) 부사장, 이인관(문화공보부 기감) 기술이사, 조돈준(중앙방송국 라디오 부장) 경영이사, 강찬선(중앙방송국 아나운서실장) 연수이사 등이 뒷자리에 앉아 있다. 문화공보부 차관에서 한국방송공사 초대 사장으로 취임한 홍경모 체제는 임직원 2130명과 17개 방송국, 72개 라디오 텔레비전 송신소와 중계소 시설을 인수하여 역사적인 출발을 하게 된 것이다.

1973년 3월 3일 공사로 발족한 KBS는 6일 후인 3월 9일 직제 규정을 제정하여 중앙방송국 2실 5부 12과에서 3총국 1소 7국 3실 39부 및 16개 지역방송국 등을 갖는 대기구로 확장되었다. 부사장 밑에 방송총국, 경

사진 24-2. 한국방송공사 창립식 광경

공사의 창립 기념식 사진이다.
출처: 저자 소장 자료.

영총국, 기술총국 등 3총국과 방송연수소를 두었다. 방송총국은 방송실시를 총괄하고 부사장이 총국장을 겸직하여 그 밑에 막료조직으로 기획심의실을 두어 방송에 대한 기획과 방송심의조사를 담당하게 하였다. 방송총국 계통 조직으로는 라디오국, 텔레비전국, 보도국, 아나운서실 등을 두었다. 경영총국은 KBS가 기업 경영 체제로 전환함에 따라 기획조정실을 두는 한편 전국 방송 시설의 보안 경비를 전담하는 안전관리실을 두었다. 아울러 계통 조직으로는 총무국과 업무국을 신설하였다. 기술총국은 총국장 밑에 기술국과 조정국을 두는 2국 체제였다. 방송연수소는 소장 밑에 2개 방송·기술연수부를 두고 사원의 국내외 연수 업무를 관장하였다. 임시 직제 규정으로 설치된 방송센터건설본부는 4개 부를 두고 부사장 밑에 속하도록 했다.

한국방송공사로 발족하면서 지역국(그 당시는 '지방국'으로 명명)은 부산방송국(산하에 마산방송국 및 진주중계소 등), 대구방송국(포항방송국 및 안동중계소 등), 대전방송국(홍성중계소 등), 광주방송국(목포·여수방송국 및 순천중계소 등), 춘천방송국(강릉·속초·원주방송국 및 영월중계소 등), 청주방송국(충주중계소 등), 전주방송국(남원방송국 및 군산연주소 등), 제주방송국(서귀포중계소 등) 등이 지방 기구에 나타나 있다. 이 지방국 현황 및 그 순차는 『한국방송사』(KBS, 1977, 442쪽)를 인용했다. 당시 지역국은 총 16개 국였으며, 도청 소재지 방송국은 8개국이었다. 2025년 현재는 9개 총국으로, 경남권 창원방송총국이 추가되었다.

한국방송공사의 이 기구 조직은 1973년 8월 들어 새로운 방송 청사의 건립을 위하여 조직된 방송센터건설본부로 개편하였다. 이 건설본부는 부사장을 본부장으로, 기술이사를 차장으로 하는 한편 실무부서로 건설국을 신설하고, 그 산하에 3개 부(관리·건축·기술부 등)를 두었다. 아울러 업무 분장 규정을 개정하고 개편 부서의 장을 임용 발령했다. 기획관리실을 신설하여 경영기획실장에 김순경을, 운영심의실장에는 정순일 기획심의실장을 기용하였다. 이때 외부 인사를 영입하는 사례도 나타났는데, 대표적으로 보도국장에 최서영(崔瑞泳) ≪경향신문≫ 편집부국장을, 국제국장에 한 숙(韓 橚) 주불공보관장을 임명하기도 했다.

방송자문위원회는 한국방송공사 출범 한 달 후인 1973년 4월 3일에 제정된 자문위 규정에 따라 위원장 1명, 부위원장 2명, 위원 7명 등으로 구성했다. 이 위원회는 KBS가 공공방송으로서의 책임과 품위를 높이고 방송의 질적 향상을 도모하기 위해서 사장의 자문에 응하는 기구로 운영되었다. 초대 위원으로는 이건호(이대 교수), 정충량(이대 교수), 장 용

(한양대 교수), 이근삼(서강대 교수), 현신규(서울농대 교수), 조향록(목사), 박현서(언론인) 등 7명이 위촉되었다. 이들은 자문위원으로 위촉되면서 1973년 봄 편성부터 자문 활동에 들어갔다. 아울러 그해 8월 들어서 각 갑지방송국(도청 소재지 방송국)별로 방송자문위원회의 구성을 완료했다. 지금의 시청자위원회 전신이다.

한국방송공사는 공영방송으로 출범하면서 국영방송의 탈을 벗고 갖가지 규정과 제도를 일신하기 시작했다. 유신 정권하에서 공영방송사 출범은 역사적인 큰 결단이라 할 수 있지만, 방송의 공정성 확립은 결코 쉽지 않았다. 조직 문화에는 여전히 공무원 조직의 잔재가 남아 있는 데다, 업무 관행이 민간 기업과 달라 신속성 측면에서는 아쉬운 사항이 많았다. 따라서 공기업에서의 과감한 혁신과 개혁은 영원한 과제라 할 수 있을 것이다.

# 25.
# 『한국방송사』(1977) 등 방송 역사서 출간

KBS 한국방송공사는 방송 50주년을 맞는 1977년에 『한국방송사』를, 1987년 60주년에는 『한국방송60년사』를 펴냈다. 두 역사서는 이 땅에서 방송이 시작된 2월에 맞추어(1927년 2월 16일 경성방송국 개국) 출간했다. 그리고 70주년이 되는 1997년에는 KBS가 발간 작업을 주관하여 한국방송협회 이름으로 『한국방송70년사』를 그해 10월에 발간했다. 당시 KBS 홍두표 사장이 한국방송협회장을 맡고 있었다. 별책으로 〈한국방송70년연표〉도 곁들여 출간했다. 이 별책은 50년사, 60년사를 발행할 때에도 만들었는데, 〈한국방송연표〉, 〈한국방송60년연표〉였다. 그러나 2007년 방송 80주년에는 역사서 책 출간은 물론 별다른 기념행사나 이벤트 등도 갖지 않았다.

〈사진 25〉의 왼쪽 표지 『한국방송사』는 한국 방송 50년 역사를 담은 단행본으로 5×7배판, 950쪽의 큰 책이다. KBS가 1973년 한국방송공사로 출범한 후, 몇 년 뒤에 다가올 한국 방송 50년을 기념하기 위해 역사서 편찬 작업을 준비한 것으로 보인다. 얼마 후에 '한국방송사 편찬사무국'을 설치해 방송 서지 수집가이며 방송 역사 연구가인 유병은(1917~2008) 선생을 국장으로 영입하고 국원으로 이영신 작가와 KBS 직원 2인(황경준, 박교서)을 합류시켜 편찬 작업에 들어갔다. 『한국방송사』 마지막 쪽 판권 앞 장에 집필자로 40명 가까운 KBS 사내외 인사들이 기록되어

사진 25. 한국 방송 역사서 세 권 표지

1977년 한국방송공사 창립 50주년을 시작으로 1987년, 1997년 발행된 역사서다.
출처: 저자 소장 자료.

있다. 사내 인사로는 KBS 임원급 인사인 이인관, 노정팔, 박경환, 손영호 등이다. 외부 인사로는 이혜구(전 서울대 국악과 교수), 이상희(서울대 교수), 강현두(서강대 교수) 등과 문필가로 활동한 이진섭, 홍성유, 이영신, 최홍목 등 여러 명이 포함되어 있다. 편집위원회는 그 당시 김재중 KBS 부사장을 위원장으로 하여, 장병칠 방송심의실장을 주간, 방송계 인사 17명을 위원으로 구성했다. 위원으로는 민간방송(문화방송, 동양방송, 동아방송 등)에서 이사 · 국장급 각 1명, 한국방송협회 사무국장과 서울대 교수(이상희) 및 KBS에서 이사 · 국장 · 부장 등 12명이 참여했다.

『한국방송사』는 1970년대 후반 유신 시대의 산물로 표지를 열면 곧바로 박정희 대통령의 큰 사진이 나오고 그다음 장으로 들어가면 맨 위에 '문화의 샘터 겨레의 길잡이'라는 대통령의 휘호(한국방송공사 종합청사 준공기념. 1976.12.1)가 나온다. 그 바로 밑에 대통령(뒤에 딸 박근혜)이 좌우에 서 있는 문공부 장관과 한국방송공사장에게 지시하는 사진이 보인다. 이 사진 뒤편으로는 3부 요인들이 보인다. 그다음 장 화보는 '한국방송공사 종합청사 전경'이라는 제목으로 여의도 본관 건물이 우람차게 보인다. 여의도 방송 시대를 알리는 대형 건물이다. 그 뒷 쪽에 '한국방송사 편찬위원회 명단'이 나와 있다. 위원장에 홍경모 사장, 부위원장에는 서울대 명예교수인 이혜구 방송 최원로, 위원으로는 각 방송사 사장과 각계 원로들로 구성되어 있는데 원문 순서대로 옮겨 보면, 김덕보(동양방송대표이사), 김상만(동아일보사장), 김성태(서울대명예교수), 노정팔(부산문화방송전무), 박종화(예술원회장), 이선근(동국대총장), 이은상(예술원회원), 이환의(문화방송사장), 이항녕(방송윤리위원회위원장), 전성천(기독교방송사장), 정만영(과학기술연구소부소장) 등 13명이다. 이 편찬위원회는 각 방송사 사장은 물론 예술문화 단체의 권위자들로 구성되어 있으며, '한국방송사' 제호도 한국 서예 대가인 일중(一中) 김충현이 썼다.

『한국방송사』는 집필진 수효가 많은 데다 권위 있는 전문가들로 구성되어 한국 방송 역사서로는 대단한 역작이다. 따라서 목차만도 17쪽 분량이다. 이 책은 대형 도서관에는 거의 다 비치되어 있어서 목차를 간략하게 소개한다. 제1기 방송의 탄생과 시련(1927～1945)-개황, 경영, 방송(편성, 보도, 교양, 연예 오락), 기술(경성방송국의 개국과 방송시설 등), 제2기 방송의 정립과 전진(1945～1950)-개황, 경영, 방송, 기술(8・15광복과 경성중앙방송국, 지방방송국과 송신소 시설 등), 제3기 방송의 재건과 개화(1951～1960)-개황, 경영, 방송, 기술(서울중앙방송국의 시설, 지역방송국의 출력 증강 등), 제4기 방송의 성숙과 번영(1961~1976)-개황, KBS 라디오 Ⅰ(공사 전), 라디오 Ⅱ(공사 후), 텔레비전, 대북방송, 해외방송, 국제협력, 민간방송(기독교방송, 동아방송, 동양방송, 문화방송, FM방송)과 특수방송(교육방송, 국군방송, 극동·아세아방송, 주한미군방송) 등으로 구성되어 있다.

『한국방송60년사』는 KBS 한국방송공사가 1987년 한국 방송 60주년을 맞아 출간한 한국 방송 역사서다. 앞에서 자세히 고찰한 『한국방송사』보다 여러 측면에서 작은 역사 서적이다. 우선 책 크기도 작지만 부피도 850여 쪽으로 절반에 가깝다. 편찬위원이나 집필진도 『한국방송사』에 비하여 절반에도 훨씬 못 미친다. 『한국방송60년사』 편찬위원회는 당시 KBS 정구호 사장을 위원장으로 하여 위원은 김경용(한국방송협회 사무국장), 노철용(한국언론연구원장), 류병희(방송위원회 사무국장), 윤혁기(KBS 기획조정실장), 이수정(문화방송 전무), 임상원(한국언론학회장, 고려대 교수), 홍영표(기독교방송 상무) 등이다. 집필자는 윤병일, 이용찬, 최순용, 최홍준 등 5명인데, 이름만 적혀 있다. 여러 측면에서 50년사와는 대조된다. 60년사도 첫 장을 열어 보니 대통령 사진에 전두환 대통령 각하라는 문구가 나타난다. 발간사 다음 장부터 목차가 보이는데 무려 19쪽에 이른다. 50년사와 중복되는 사례도 나타날 수 있어 간략하게 살펴본다. 제1장 전기(~1927), 제2장 초기(1927~1945), 제3장 혼란 정비기(1945~1953), 제4장 재건·성장기(1953~1961), 제5장 방송·경합기(1961~1973), 제6장 전환기(1973~1980)-개황, 한국방송공사의 발족, 성숙하는 TV 방송, 변신하는 라디오, 대북방송·국제방송의 강화, 10·26과 방송, 약진하는 기술과 TV 네트워크 확장, 제7장 공영방송·컬러방송 시대(1980~1986)-방송의 공영화, 컬러시대의 TV 방송, 보도 및 스포츠 방송, 교양·기획·다큐멘터리, TV 드라마·연예·오락, TV 수상기 보급과 이산가족 생방송, TV 시대의 라디오, 세계 속의 한국방송, 제작 지원, 앞서가는 방송기술, 방송 관련 기관 · 단체, 제8장 미래의 방송-개황, 무선 계통의 뉴미디어, 유선 계통의 뉴미디어, 종합 전망(고도 정보 시스템의 구축) 등이다. 이 책의 마지막 쪽에 있는 판권을 보니 편저자가 한국방송공사, 발행처가 한국방송사업단, 발행인이 이주혁으로 되어 있다. 한국방송사업단은 KBS의 자회사이며 발행인은 이 자회사 대표이사 사장이었다.

『한국방송70년사』는 한국 방송 70주년인 1997년 10월에 발행되었으며, 5×7배판 크기의 1231쪽 분량으로 된 방대한 책이다. 표지에는 한국방송협회가 발행한 것으로 나타나 있지만, 이 책 마지막 장 판권을 보면 발행처가 한국방송협회 · 한국방송공사로 되어 있다. 실질적인 기획 작업이나 집필 추진은 한국방송공사 KBS가 맡아 했다. 책의 편찬위원회 구성을 살펴보면 최동호 한국방송공사 부사장을 위원장으로 하여, 위원에는 유재천 한국방송학회장, 안국정 KBS 편성운영본부장, 이긍희 MBC 정책기획이사, 윤성민 SBS 기획조정실장, 신원영 CBS 기획조정실장, 이길범 방송위원회 사무총장, 노영대 한국방송협회 사무처장 등이 참여했다. 간사는 송현식 KBS 국장급 위원이 맡았다. 사실상 이 『한국방송70년사』 발간은 송현식 간사의 주관하에 이루어졌는데, 여기에는 그의 헌신적인 노고와 열정, 그리고 선대의 교훈이 작용했을 것으로 본다.

판권 바로 앞 쪽을 보면 『한국방송70년사』 집필위원회와 한국방송70년 KBS50년 사업위원회 명단이 있다. 집필위원회의 위원장은 서병주 전 KBS 라디오본부장, 위원은 윤병일 전 방송위원회 연구위원과 김호영 한국방송사료보존회 상임감사 2인으로 되어 있다. 다음으로 집필자는 공용배 KBS 정책연구실 선임연구원, 장한성 (주)DSM 상임고문, 임학송 서울예술전문대학교수, 장두원 전 KBS 전주총국장, 오도광 공보처 정부간행물제작소전문위원, 유성화 동아케이블TV사장, 정순일 전 방송위원회 위원, 송재극 (주)DSM 상임고문, 이일로 한국아트컴 상임고문, 이혜복 대한언론인회장 등 10명이다. 한국방송70년 KBS50년 사업위원회는 KBS 현직 직원들로 구성되었는데, 여기서 KBS50년은 1947년 9월 3일 국제무선통신회의(미국 애틀랜틱시티 개최)에서 한국에 호출 부호 'HL'을 할당한 지 50주년을 기념하기 위한 이벤트성 타이틀이었다. 초기 위원장은 정 량, 2기 위원장은 신일균, 기획위원은 송현식 · 최정웅 · 정선언 · 장명헌 · 박종해, 위원에 임염용 등이었다.

『한국방송70년사』 내용은 목차를 통하여 정리하되 60년사 이후의 기록만 상세히 다루려고 한다. 표지를 열어 첫 장을 펼치면, 당시 한국방송협회 회장이었던 홍두표 사장의 인물 사진과 함께 그가 작성한 발간사가 두 쪽에 걸쳐 실려 있다. 『한국방송70년사』는 50년사(한국방송사)와 60년사와 달리 대통령의 대형 사진이 보이지 않는다. 민주화 시대를 절감하면서 독재적 권위주의가 사라진 현상이 확연하다. 발간사에 이어 한국 방송 70년의 역사적 사진(사진으로 본 한국방송70년사)이 약 40쪽 분량으로 실려 있다. 첫 사진이 한국방송70년 행사 및 34회 방송의날 축하 리셉션 광경이다. 김영삼 대통령이 정부 요인과 홍두표 방송협회장, MBC, SBS 대표 등과 함께 나오는 사진이 크게 부각되어 있다. 『한국방송70년사』에는 '차례'로 표기되어 있는데, 책 내용을 간략하게 정리하도록 한다.
제1장 전사: 방송의 탄생(~1927.2), 제2장 초기: 한국방송의 태동기(1927.2~1945.8), 제3장 혼란정비기: 한국방송의 혼돈과 정비(1945.8~1953.7), 제4장 재건 · 성장기(1953.7~1961.5), 제5장 방송경합기(1961.5~1973.3), 제6장 전환기: 한국방송의 도약과 상처(1973.3~1980.12), 제7장 공영기: 방송의 공영화와 컬러방송 시작(1980.12~1990.9)/방송통폐합에서 방송제도 개편까지-개황, 방송의 공영화, 컬러

시대의 TV방송, 보도 및 스포츠, 서울아시아경기대회와 서울올림픽, 교양 · 기획 · 다큐멘터리, TV드라마 · 연예 · 오락, TV수상기 보급과 이산가족 찾기, 제8장 공 · 민영기: 한국방송변혁과 위성방송시대진입(1990.9~1997.2)/방송제도 개편에서 위성방송시대 개막까지-개황, 방송법 개정에 따른 방송구조개편, 문민시대의 TV, 보도 및 스포츠, 교양 · 기획 · 다큐멘터리, TV드라마 · 연예 · 오락, KBS 교향악단, 민영방송의 재등장, TV시대의 라디오, 세계속의 한국방송, 종합유선방송의 출현, 위성방송 시대의 도래, 방송경영과 제작지원, 방송기술, 방송관련 기관 단체, 제9장 미래예측: 한국방송의 미래 창조(1997.2~ )-방송환경의 변화, 방송의 디지털화, 디지털 방송, 방송과 멀티미디어화 등이다.

# 26. 1980년 언론 통폐합 TBC와 DBS, KBS로 합병

〈사진 26-1〉은 동양방송(TBC) 관련 사료로, 1970년대에 발간하던 사보용 월간지다. 필자가 소장하고 있는 ≪월간TBC≫는 사진 위쪽 오른편 끝에 1979년 7월 호로 표지되어 있다. 그 앞에 '동양방송 17년' 사설은 필자가 스크랩하여 보관하고 있는 1980년 11월 30일 자 ≪중앙일보≫ 신문기사다. 〈사진 26-2〉도 필자 소장본의 ≪동아일보≫ 1980년 11월 7일 자 톱기사다. "東亞放送(동아방송) KBS로 통합"이라는 제목 아래 '동양방송도 함께'라는 기사도 보인다.

한국에서 1980년대는 자못 영욕(榮辱)의 시대였다. 1980년에 들어서자 곧바로 민주화 시대가 도래하는 듯하여 KBS에서는 〈개헌 공청회〉 등 특별 프로그램이 등장하다가 얼마 후에 신군부 세력이 나라를 장악하자 방송은 오욕의 나락으로 급격하게 추락했다. 이때 5 · 18 민주화 운동으로 시민들이 참혹하게 죽어 가고 방송국이 불타기도 했다. 이러한 암흑기에 신군부는 1980년 12월 1일 언론 통폐합 조치를 강행하여 민간방송이 통째로 소멸되고 KBS와 MBC가 공영방송 단일 제도 체제로 전환되는 상황이 벌어졌다. 공교롭게도 그날 KBS TV가 KBS 1TV로 전환되면서 컬러 방송이 시작되어(KBS 2TV와 MBC는 그해 1980년 12월 22일 컬러 방송 개시) 한국 방송 역사에 큰 변혁기를 맞았으며 국민들의 감수성과 일상생활에 엄청난 변화를 초래하였다. TV 매체가 명실상부하게 미디어의

사진 26-1. 동양방송(TBC) 관련 사료

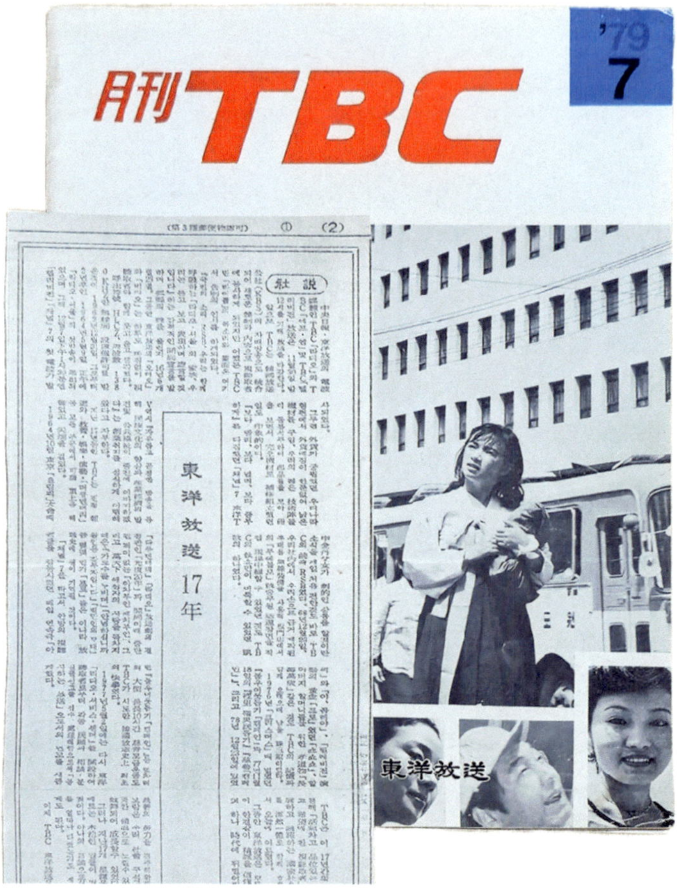


TBC 사보용 월간지와 ≪중앙일보≫에 실린 '동양방송 17년' 사설이다.
출처: 저자 소장 자료.

사진 26-2. ≪동아일보≫ 1980년 11월 7일 자 톱기사

The Dong-A Ilbo [1920年4月1日創刊] 1980年11月17日 月曜日 ①

# 東亞放送 KBS로 통합

言論機關통폐합 東洋放送(TV포함)도 함께

내달부터 새體制로 출범

新亞日報 京鄕에서 引受

地方紙 1道1社로 統合

서울新聞 朝刊으로 發行

CBS는 순수福音放送

社員모두 引受社서 흡수

月内節次매듭

統合 吸收 조정되는 언론기관

언론 통폐합으로 동아방송 폐국을 예고한 기사다.

출처: 저자 소장 자료.

중심축으로 자리를 잡으면서 방송 전 분야에 질적 도약을 가져오게도 되었다.

1980년 신군부가 정권을 장악하자 그 세력과 합류한 언론인과 언론학자들이 앞장서서 언론사를 통폐합하는 극단적 조치를 단행했다. 방송협회의 자율적 결의라는 오명하에 방송사도 대대적인 통폐합이 이루어졌다. 공민영 제도의 방송 질서가 공영방송 단일 체제로 전환되면서 민간 상업 방송이던 MBC 문화방송이 졸지에 공영화되는 해프닝이 이루어져 지금까지 그 체제를 유지하고 있다. 당시 서울MBC 가맹사였던 지역 MBC는 지역 사주들이 물러가고 본사가 1대 주주로 등장하여 인사권을 행사하게 되었다. 그에 따라 MBC 본사 간부들이 지방사 사장으로 포진하기 시작했다.

MBC 이외의 민간방송은 대부분 해체되었다. 1960, 1970년대 상업 방송으로 전성기를 누렸던 삼성 소유의 동양방송 TBC가 3대 매체(TV, AM, FM)를 KBS에 넘겨주는 상황이 벌어졌다. 채널7의 TBC-TV는 KBS 2TV로, TBC-라디오는 KBS 제2라디오로, TBC-FM은 KBS 제2FM으로 변신하여 KBS로 통합되었다. 그때 TBC 가맹사였던 광주의 전일방송과 군산의 서해방송 등도 폐쇄되어 KBS 광주 · 전주방송국으로 흡수되고 그 직원들도 KBS로 옮겨 왔다.

라디오 채널로 인기가 높았던 동아일보사 부설 동아방송 DBS도 폐국되어 채널과 직원들이 KBS로 넘어왔다. 기독교방송 CBS는 보도 기능이 말살되어 기자들과 아나운서들 대부분이 KBS로 이적해 왔다. 그리고 대구에 있던 한국FM방송이 폐쇄되면서 KBS 대구방송국으로 흡수되었고 직원들도 CBS 대구국 직원 일부와 더불어 KBS로 편입되었다. 이로써 KBS는 갑자기 공룡 방송 조직으로 확대되었고, 민간방송의 방송 영재들이 대거 KBS로 모여들게 되었다. 명실상부한 한국 대표 공영방송이 된

KBS는 시사 보도 분야에서는 정권의 눈치를 살폈지만 교양, 오락 분야에서는 알차고 심도 있는 프로그램들을 선보이기 시작했다.

필자는 1980년 12월 초 민간방송에서 KBS로 이주해 온 방송인들이 방황하면서 어두운 표정으로 곤혹스러워하던 모습을 결코 잊을 수 없다. KBS 본관 5층 로비에서 어슬렁거리던 민방 출신 대학 후배들을 위로하고자 퇴근 무렵 영등포시장으로 걸어 나가 저녁을 함께하기도 했다. 그들이 술기운이 오르자 신군부 세력들에게 욕을 퍼붓고 울분을 못 이겨 큰 소리로 울던 기억이 새롭다. 이제는 이러한 비극적 역사야 재발되지 않겠지만, 방송을 정권의 도구로 이용하려는 권력자들이 존재해서는 안 될 것이다. 방송은 권력자의 것이 아니라 국민의 것이기 때문이다. 정권에 빌붙어 정치권을 넘보는 방송인도 반드시 사라져야 한다.

삼성그룹이 경영하던 대형 민간 상업 방송사 동양방송 TBC가 방송 3대 매체(TV, 라디오중파, FM)를 졸지에 빼앗겼을 때, 주주들이 느꼈을 난망함이야 이루 헤아리기 어려울 듯하다. 삼성그룹은 1970년대 들어서 방송사(社)의 확장을 위해 여의도에 부지를 매입하고 몇 년간 공사를 벌여 여의도 스튜디오 건물을 완공했다. 그리하여 1980년 4월 14일, 이 새 건물 1층에서 사주 이병철 회장과 동양방송 홍진기 회장 등이 참석해 개관 테이프를 끊었는데, 그해 말에 졸지에 KBS로 넘겨주는 해프닝적인 악운이 닥쳐왔다. KBS는 그 비운의 TBC 여의도 스튜디오 건물을 45년 동안 지금도 KBS 별관으로 활용하고 있다. 가끔 여의도를 지나며 이 건물 앞에 서 있을 때, 〈가요무대〉 공개 녹화 방송을 찾은 나이 드신 방청객 어른들이 이 역사의 비운을 알고 계신지 묻고 싶을 때가 있다. 그러나 비운의 역사도 세월 앞에는 어쩔 수 없이 잊힐 것이다.

동아일보사의 아우로 불린 동아방송도 1980년 11월 30일의 고별 방송을 마지막으로 문을 닫았다. 1963년 4월 25일 개국 첫 방송을 내보낸 이

후 빠르고 공정한 보도와 날카로운 논평, 그리고 수준 높은 교양 프로그램 등으로 수도권 청취자들의 사랑을 듬뿍 받아 온 동아방송이 17년 7개월 만에 문을 닫은 것이다. 동아방송은 상업 방송이면서도 영리보다 공익을 앞세우고 애청자들을 위한 봉사에 충실했던 방송사로 기억하는 사람들이 많다. 동아방송은 새로운 방송 스타일을 개발하는 데도 다른 매체보다 앞섰다. 데스크가 직접 마이크를 잡고 생방송으로 기자들과 함께 뉴스를 종합 해설해 주는 뉴스쇼 프로그램은 다른 방송과 달랐다. 이 밖에도 방송국이 중개자가 되어 청취자들을 연결시켜 전파를 통한 토론장을 마련해 주는 프로그램도 돋보였다. 아울러 기품 있고 격조 높은 프로그램들이 많았다.

1980년 신군부의 언론 통폐합 조치에 따라 한국 방송의 지도는 새롭게 변형되었다. 방송 제도가 공민영에서 공영방송 체제로 전환되면서 KBS는 온갖 민간방송의 채널을 인계받아 공룡화되었다. 앞서 언급했지만, 그해 12월 1일 자로 TBC 동양방송 3개 매체가 KBS로 흡수되어 KBS 제2TV, 제2라디오, 제2FM 채널로 재탄생했다. DBS 동아방송은 KBS 라디오서울로 재탄생하여 수도권 뉴스와 경제 문화 및 생활 정보를 주로 방송했다. CBS 기독교방송은 일반 보도 기능을 정지하고 복음 방송만을 내보내는 방송사가 되었다. 그러나 이 공영방송 단일 체제는 10년 후에 SBS 서울방송이 개국하면서 공민영 방송 제도로 바뀌었으나 MBC는 아직도 공영방송사로 존재하고 있다.

# 27.
# KBS 특별 생방송 〈이산가족을 찾습니다〉 탐구
## – 세계 방송사적 · 인류사적 대사건

한국 방송 역사를 연구하는 학도로서 이 대사건에 천착할 때마다 경이로움과 자긍심이 용솟음친다. 경이로움의 한복판에는 어떻게 방송의 힘이 이렇게도 막강하고 위대할 수 있을까 하는 경외감이 솟아오른다. 자긍심의 언저리에는 온갖 질곡 속에서도 역경을 이겨 내는 한민족의 위대함이 살아서 숨을 쉬고 있는 듯하다. 이 대사건이 한국 땅에서 1983년에 발발하여 40여 년이 지난 시점인 2025년에도 그 당시에 펼쳐졌던 '감동의 물결'이 상상의 나래로 다가와 한 움큼 손에 잡힐 것만 같다.

**세계방송사상 유례없는 기념비적 유산이다**

KBS 특별 생방송 〈이산가족을 찾습니다〉는 집적된 사료(도록에 실린 각종 기록물)를 통하여 충분히 인지할 수 있다. 유네스코 세계기록유산 등재 신청서에도 언급했지만 이 사건은 텔레비전 매체를 활용한 세계 최대 규모의 이산가족 찾기 프로그램이다. 총 10만952건의 이산가족이 신청하여 5만3536건이 방송에 소개되고 그중에 1만189건의 이산가족이 상봉했다. 방송 전담 인력은 무려 1641명이 투입되었으며, 장장 138일간 방송되었다.

이 대사건이 펼쳐진 1983년 당시, 대학교수로서 활동한 유력 방송학자들은 학술적 연구를 통해 이 사건에 대하여 세계 방송사상 유례없는 기념비적 유산이라고 평가한 바 있다. 그들은 이구동성으로 '방송사상 미증유의 방송 사건'(서울대 이상희 교수)으로, 혹은 '세계 방송사상 유례가 드문 획기적인 것'(서울대 추광영 교수)으로, 더 나아가 '방송사(放送史)에 있어서도 새로운 기원을 이룩한 기록'(한양대 정대철 교수)으로 고증하기도 했다. 이러한 논거는 한국언론학회 및 한국방송학회의 수장(회장)을 지낸 석학들의 논문에서 인용한 것이다.

세계의 방송 역사를 살펴봐도 이 사건만큼 인간에 대한 외경감과 방송매체의 위력을 대변한 프로그램은 흔치 않았다. 물론 선진국의 방송 역사에서도 괄목할 만한 방송 사건은 일어났고, 세계 방송사에 크게 영향을 끼쳐 왔던 사례들도 볼 수 있을 것이다. 이러한 사례들은 미주와 유럽, 그리고 아시아 등 각 지역에 위치한 몇 나라의 방송 역사를 살펴보면 쉽게 이해할 수 있을 것이다.

미국의 방송 역사에서는 1910년대 리 디포리스트(Lee Deforest)가 뉴욕시의 파커빌딩에 라디오 방송국을 설립하여 실험 방송을 실시한 사례나 타이타닉호 침몰 당시 무선 통신의 위력과 무한 가능성을 보여 준 방송 초창기의 사건을 우선적으로 꼽을 수 있을 것이다. 아울러 1920년대 NBC와 CBS의 탄생 등으로 시작되는 4대 네트워크의 출발, FCC의 창설과 1960년대 케네디와 닉슨의 TV 토론 등도 거론할 수 있을 것이다. 특히 케네디 대통령의 암살 사건은 TV 뉴스가 신문 매체를 압도하여 방송 미디어의 위력과 영향력이 크게 제고되는 계기를 가져오기도 하였다.

영국의 방송 역사에서도 1920년대 BBC의 탄생과 영국 방송의 아버지로 일컫는 존 리스(John Reith)의 등장을 비롯하여 1930년대 텔레비전 방송의 개시, 각종 방송위원회의 굵직한 보고서 등도 큰 사건으로 꼽을 수 있을 것이다. 1950년대 ITV의 개국, 1960년대 BBC 2TV의 등장 또한 거

사진 27. <이산가족을 찾습니다> 관련 책자

KBS가 발간한 이산가족 찾기를 기록한 단행본 사료다.
출처: 저자 소장 자료.

론할 수 있을 것이다.

독일의 방송사에서도 괄목할 만한 사건은 이루 헤아리기 어려울 정도로 많다. 우선 헤르츠(Hertz)가 전자파를 발견함으로써 방송 매체의 발전에 큰 촉진제 역할을 했을 뿐만 아니라 독일공영방송연맹(ARD)의 발족이나 제2독일텔레비전(ZDF)의 등장 등도 큰 사건이라 할 수 있다.

프랑스에서는 1920년대 관영방송의 개국과 민영방송의 등장으로 공민영방송 체제가 공존하는 시대가 열렸다. 이어 1940년대 RTF(프랑스라디오 TV방송국)의 창설과 1950년대 ORTF(프랑스방송협회)로의 변모 등은 방송사적으로 유의미한 사건이라 할 수 있다. 특히 1980년대 들어 시청각총괄기구(CSA)의 발족은 프랑스 방송사에서 빼놓을 수 없는 사건이다.

이들 나라와 더불어 형평성의 관점에서 아시아 국가 중 하나로 일본을 들 수 있다. 일본은 아시아 국가에서는 방송 발전 측면에서도 선진국이라 할 수 있다. 일본의 방송 역사는 1920년대 사단법인 도쿄방송국의 설립을 시작으로 1950년대 들어 전파3법의 시행에 따라 일본방송협회(NHK)가 설립되고 1960년대에 접어들어 민간방송이 활성화되면서 방송 매체가 급성장했다.

이러한 방송 역사의 탐구는 방송을 정치사나 사회사, 기술사적 측면에서 조망하는 방법론이라 할 수 있을 것이다. 방송 매체는 각국의 관련 법규에 따라 제도와 규제가 달라지지만, 방송의 가장 큰 존립 목적은 프로그램(콘텐츠)의 생산과 송출에 있다. 따라서 방송의 문화사 측면에서 프로그램을 탐구하는 일는 중요한 일이라 할 수 있을 것이다. 기획과 제작이 완벽한 방송 프로그램이 시의성까지 갖추면 가공할 만한 위력을 발휘하게 된다. 특히 TV 매체의 파급 효과는 국경과 민족을 초월하는 효과를 보이기도 한다.

이러한 관점에서 볼 때 KBS 특별 생방송 〈이산가족을 찾습니다〉는 세계 방송사적으로 괄목할 만한 프로그램인 동시에 사건이라고 할 수 있을 것이다. 단일 프로그램으로서의 방송량, 투입된 인력과 장비 등에서 세계 어느 국가 방송사의 프로그램과 견주어도 뒤지지 않는 메가톤급 프로그램이라 일컬어도 지나치지 않다. 이는 이 프로그램을 통하여 생성된 텔레톤(telethon)이라는 신용어만 보아도 짐작할 수 있는 일이다.

물론 세계 선진 국가에서도 센세이션을 일으킨 프로그램들이 존재한다. 일례로 1970년대 미국 CBS의 인기 드라마 〈달라스(Dallas)〉나 일본의 '요도호 납치 사건'을 다룬 특별 프로그램을 들 수도 있다. 그러나 이 KBS 특별 생방송 〈이산가족을 찾습니다〉처럼 인류애 · 동포애 · 가족애 측면에서 세계 방송사에 큰 획을 그은 프로그램은 찾아보기 어려울 것이다.

## 인류애적 대사건으로 가족애의 백미(白眉)다

세계 어느 나라나 비극적인 사건은 존재하기 마련이지만 한국처럼 굴곡으로 점철된 현대사를 가진 나라도 드물 것이다. 단적인 예로 지구상에 분단국가로 존재하는 나라는 대한민국이 유일하다. 독일이 동서독으로 분단되었다가 통일된 지가 꽤 오래되었으나 한국은 아직도 남북한 사이에 휴전선을 긋고 비무장지대(DMZ)를 설정하여 그 사이를 두고 남과 북으로 갈라져 있다. 한국은 아직도 민족사적 비극이 면면히 이어져 명절때마다 이산가족 상봉이라는 이슈가 크게 부각되어 왔다.

이처럼 한 나라 한 민족이 두 동강이 나 있고, 같은 민족끼리 총부리를 겨누는 세계사적 비극이 오늘까지 이어지고 있는데, 그 원인은 아주 오랜 역사에서 찾을 수 있다. 근세사 측면에서만 바라보아도 1900년대로 접어들면서 민족적 수난이 닥쳐온다. 일본 제국주의가 한반도를 속국화하면서 비극의 씨앗이 발아하기 시작했다. 나라 잃은 국민들은 자신들이 일구어 온 터전에서 살기가 어려워지자 뿔뿔이 타국으로 흩어지게 되었다. 속국의 백성들은 점령국인 일본 땅으로 징용되는가 하면 중국 만주 벌판으로, 러시아 땅으로 이주하거나 쫓겨 가는 신세가 된 것이다. 이러한 요인으로 이산가족이 잉태되기 시작했다.

1945년 제2차 세계대전이 끝나고 해방을 맞아 미국의 군정기를 거쳐 1948년 대한민국이 독립 국가로서 정부를 수립했지만 흩어졌던 이산가족은 일시에 고국 땅을 밟을 수 없었다. 더욱 가슴 아픈 일은 한 나라가 두 동강이 나서 남과 북으로 갈라지는 비운을 맞게 된 것이다. 그러나 불행은 여기서 끝나지 않았다. 이산가족의 대량 속출은 1950년 동족상잔의 6·25전쟁이 발발하면서 가속화되었다. 유엔군의 참전으로 전쟁은 멎었지만 국토는 초토화되고 대량의 인명 살상에다 남과 북으로 흩어진 이산가족은 부지기수에 이르게 되었다.

이 이산(離散)의 아픔을 치유하기 위해 1950년대부터 관련 사회 기관, 자선 단체, 언론사들이 간헐적으로 나서 이산가족찾기 운동을 벌여오다가 대한민국 대표 방송인 한국방송 KBS가 1983년 6월 종전(終戰) 30주년을 맞아 이산가족찾기 방송을 큰 틀로 기획하게 되었다. 이 프로그램은 방송이 시작되고 얼마 후부터 방송사나 방송인들의 예상을 뛰어넘어 상상을 초월할 정도로 나라 전체가 들썩이고 세계적 뉴스로 부각되었다. 따라서 이 KBS 특별 생방송 〈이산가족을 찾습니다〉는 세계인이 주목하는 세계적 방송 사건으로 비화하게 된 것이다.

당시 AP, UPI, AFP, 로이터 등 4대 통신사와 세계 각국의 일간지 및 방송사에서는 특별한 관심을 가지고 서울발 특파원 기사를 크게 다루었다. 이 이벤트성 사건이 고조되고 가열되자 해외 언론사들은 대규모의 취재진을 속속 한국의 현장으로 파견하기 시작했다. 당시 상황을 기록한 문헌을 보면 대체로 미주 3개국 18개 매체, 유럽 6개국 7개 매체 등이 '세계적 사건'으로 다루었다.

폭발적 반응을 보인 KBS 특별 생방송 〈이산가족을 찾습니다〉의 바탕에는 가족애를 기반으로 한 동포애를 넘어 인류애가 자리 잡고 있음을 간과해서는 안 될 것이다. 이것은 한 가족, 한 공동체, 한 국가에만 국한되지 않는 인간 본연의 상정(常情: ordinary haman nature)이라고 할 수 있을 것이다. 이러한 엄청난 사건 앞에서 한국의 사회학자와 방송학자들이 대형 학술 대회를 열었는데, 특히 연세대 전병재 교수는 이 프로그램이 "우리 모두에게 혈육의 정이 얼마나 소중한 것인가를 일깨워 준 귀중한 눈물이었기 때문에 누구나 그 울음에 섞여들 수밖에 없었다"라고 언급하면서 이 방송의 성공 요인을 풀이하기도 하였다.

따라서 전 교수는 이 형제애야말로 동포애로, 더 나아가 인류애로 통하는 것이며, 형식적이고 추상적인 차원에 머물러 왔던 동포애와 인류애를 우리 모두의 가슴으로 받아들이는 실천적인 것으로 승화해야 한다고 강조하기도 했다. 그렇기에 인류애는 국경이 따로 있을 수 없으며, 이 인류애는 세계인이 모두 함께 추구해야 할 지고지순한 가치이며 목표라고 할 수 있다. 이러한 가치를 추구하고 목표를 실천할 때 분명히 세계는 분쟁과 전쟁이 점차 사라져 가고 화해와 평화가 넘쳐날 것이다.

우리는 여기서 이 KBS 특별 생방송 〈이산가족을 찾습니다〉를 조망하면서 프랑스 철학자 콩트(Comte)의 인류 진화를 위한 '3단계 법칙'을 고찰할 필요가 있다. 콩트는 1단계인 신학적 단계에서는 가족이야말로 전형적인 사회 단위로 인식되며, 2단계인 형이상학적 단계에서는 국가가 사회적으로 중요하게 부각되고, 3단계인 실증적 단계에 이르면 전 인류가 실질적인 사회 단위로 기능하게 된다고 보았는데, 우리는 이 3단계 시각에 유념하면서 인류애 확산에 기여해야 할 것이다.

### 이 대사건이 인류에게 남긴 메시지를 가슴에 새기자

전 세계인은 KBS 특별 생방송 〈이산가족을 찾습니다〉가 세계문화유산으로 등재되는 계기를 맞아 이 사건이 던지는 메시지를 다시 한번 음미하고 그 교훈을 실천해야 할 것이다. 이러한 실천적 삶이야말로 사람으로서 가져야 할 기본적인 도리이자 의무이기도 한 것이다. 따라서 필자는 이러한 절호의 기회를 맞아 결론적으로 몇 가지 사항을 제안하고자 한다.

첫째, 국가 간의 불화와 분쟁으로 인해 이산가족이 생기는 일이 더는 발생하지 말아야 한다는 사실이다. 이 세계사적인 방송 프로그램을 타산지석으로 삼아 이산가족으로 빚어지는 뼈아픈 상처를 만들어서는 안 된다는 각오를 가슴 깊이 새겨야 할 것이다. 안타깝게도 한반도에는 아직도 이산가족의 아픔이 현존하기에, 세계인들이 이러한 불행을 극복하는 운동에 조력자로 나서 주기를 갈망한다. 동서양을 막론하고 인간의 귀소(歸巢) 본능과 가족애는 인류의 공통된 본성일 것이기 때문이다.

둘째, 영상 미디어가 가족애, 동포애, 인류애를 확산해 가는 도구로 활용되어야 할 것이다. 지금 세계는 영상 매체의 홍수 속에 살고 있다. 더욱이 스마트 미디어가 주류를 이루며 강력한 매체로 부상되고 있다. 이러한 최첨단 영상 매체들이 사랑의 메시지를 창출하는 데 앞장서야 한다. 지나친 상업주의와 선정주의를 경계하고 부정적이고 퇴폐적인 콘텐츠도 종식되어야 할 것이다. 특히 아직도 영향력이 막강한 지상파 방송, 그 가운데 공영방송은 아름다운 세상, 사랑과 평화가 강물처럼 넘쳐나는 세상을 구현하는 데 앞장서야 할 것이다. 국민이 필요한, 국민을 위한 영상 매체가 많아져야 할 것이며, 아울러 인간의 기본 성정인 가족 사랑, 이웃 사랑을 담은 프로그램이 더욱 풍성해지기를 희망한다.

셋째로 KBS 특별 생방송 〈이산가족을 찾습니다〉를 기념할 수 있는 기념관을 건립하거나 여의치 않으면 방송박물관 내에 부속된 독립 공간을 조성하길 권고한다. 그리하여 이 기록물을 전 세계인 누구나 방문하여 자유롭게 볼 수 있도록 해야 할 것이다. 1983년 9월 콜롬비아의 항구 도시 카르타헤나에서 열린 세계언론인대회에서 수상작으로 발표되었던 20분용 에센스(편집용)도 언제든지 볼 수 있는 시스템을 갖추어야 한다. 이 대회장에는 세계 92개국에서 500여 명의 매스 미디어 학자와 언론인들이 참석했는데, 이 축약된 프로그램을 시사하자 일제히 갈채를 보내고 한국방송(KBS)과 제작자에게 경의를 표했다고 한다. 따라서 이러한 기록물을 원하는 모든 이들에게 제공하여 인류애 확산에 기여하는 장(場)을 마련하는 것이 바람직할 것이다.

넷째, 이 세계 방송사적 사건을 기념하고 되새기는 유형의 행사를 연례적으로 추진하기를 제안한다. 단발성의 행사는 사람들의 기억 속에서 사라지기 쉽다. 특히 복잡다단한 사회를 살아가는 바쁜 현대인들에게는 지속적이고 체계적인 행사가 이루어져야 한다. 그 방안으로는 계기성을 살려 세미나나 심포지엄 같은 학술 행사를 개최하거나, 기념일을 설정하여 또 다른 특집 프로그램을 제작하는 방식도 무방하다. 특히 젊은 세대에게 프로그램을 보여 주고 현장을 탐방하도록 유도하는 행사도 좋을 것이다. 요즘 젊은이들이 미래를 준비하는 태도가 어느 때보다 크게 배가되었다고 하니 더욱 의미 있는 성과로 이어질 수 있을 것이다.

영국의 세계적 역사학자 카(E. H. Carr)는 "역사는 과거와 현재의 대화"라고 갈파한 바 있다. 40여 년 전의 이 대사건이 현재의 시점에서 우리에게 어떠한 대화를 요구하는지 음미해 볼 필요가 있다. 한국의 역사학자인 한영우는 새천년에 접어들어 법고창신(法古創新)을 주창하며 "옛것과 새것을 사랑하여 미래에 희망을 걸자"고 했다. 우리는 이러한 석학들의 달관된 논리에 귀를 기울여 이 KBS 특별 생방송 〈이산가족을 찾습니다〉라는 역사의 기록물을 새롭게 조망해 볼 필요가 있을 것이다. 그리하여 인간애의 심연에 격렬한 감동의 눈물을 뿌렸던 이 대사건이 한낱 단순한 과거사로 묻히지 않도록 경계해야 할 것이다.

* 이 글은 KBS 한국방송이 2015년 발행한 KBS 특별생방송 이산가족을 찾습니다 기록물 도록『이산가족을 찾습니다』에 실린 바 있다. KBS가 유네스코 세계유산으로 등재 신청 시 필자에게 관련 글을 위탁하여 집필한 것이다. 이 글을 외국어로 번역하여 사전에 유네스코 본부에 제출하기도 했다.

# 28.
# '언론고시' 신조어 탄생 배경과 활용 과정

〈사진 28-1〉은 필자가 편저한 책이다. 책 표지에 한자로 『言論考試硏究(언론고시연구)』라는 책명과 편저자인 필자의 이름이 선명하게 인쇄되어 있다. 연구서는 아니고 언론사 입사 준비용 참고서인데 출판사가 시대적 조류를 간파하여 책명을 고려한 듯하다. 〈사진 28-2〉는 한국외국어대학교 어문대학 최종수 학장님이 리쿠르트사 편집장에게 보낸 감사의 공문서다. 필자는 1986년 당시 잡지 ≪리쿠르트≫에 매월 '시사상식 코너'라는 제목으로 상식 시험에 출제될 만한 아이템을 선정하여 연재하고 있었다. 이 연재물의 독자 중에는 언론고시를 대비하는 취업 준비생들이 꽤 많았고, 한국외국어대학교처럼 학교에서 이 연재물을 언론고시생들을 위한 교재로 활용하기도 했다.

이 『언론고시연구』는 1986년 2월 발행한 책으로, 표지 위에 명시되어 있는 바와 같이 전국 신문사 · 방송사 · 대학원 시험 대비 용도로 저술하여 출판한 단행본이다. 이 책이 출간된 1980년대에는 전국 각 대학마다 신문방송학과가 대단한 붐을 일으켰을 뿐만 아니라 상대적으로 언론계에서도 기자, PD 등이 인기 직종으로 부상하면서 입사 시험 경쟁이 치열하던 시대였다.

필자는 이 『언론고시연구』라는 책보다 『언론사 입문(言論社 入門)』이라는 편저서를 먼저 출간했었다. 이 책이 출간된 1983년경에 필자는

사진 28-1. '언론고시'라는 용어를 처음 사용한 책『언론고시연구』

언론사 입사 시험이 치열하던 시절, 관련 도서가 발행되었다.
출처: 저자 소장 자료.

KBS PD로 제작 현장에 있으면서 대학 후배들로부터 언론사 입사에 관련한 상담 의뢰를 많이 받았고, 대학 취업 특강에도 불려 다녔다. 자연스럽게 신문사, 방송사, 통신사 입사 시험 문제에 관심을 갖게 되었고, ≪신문과방송≫ 잡지에서도 기출 문제를 간혹 싣기도 했다. 그리하여 여러 통로

사진 28-2 .취업 잡지에 실린 글 및 활용 사례

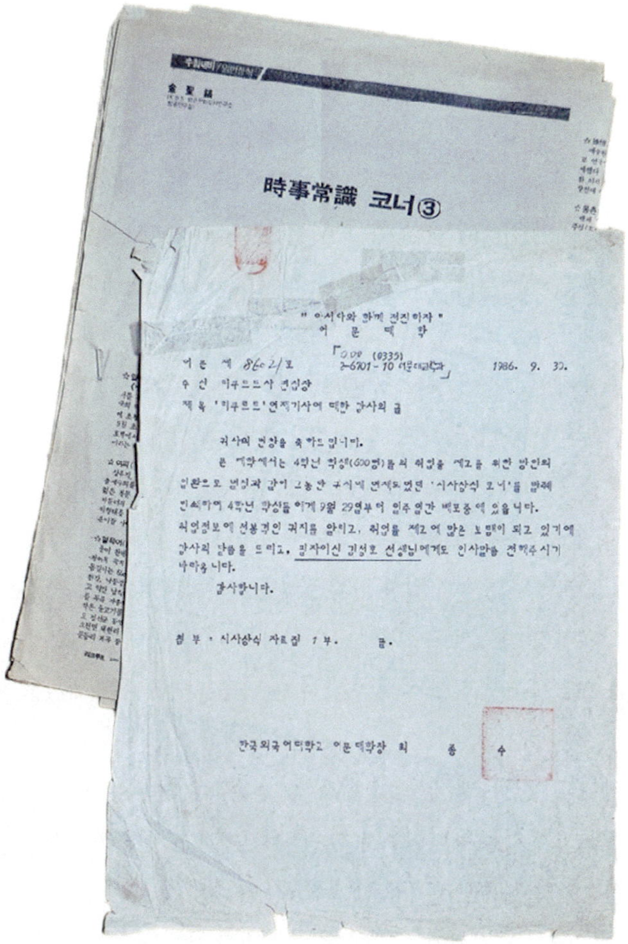


≪리쿠르트≫ 잡지에 연재된 용어와 그를 활용한 대학 학장의 감사 공문이다.
출처: 저자 소장 자료.

를 거쳐 많은 자료를 모았다. 그러던 차, 필자가 담당하던 프로그램에 출연하던 선생님이 출판사를 소개하여 『언론사 입문』(1983, 화학사)을 펴내게 되었다.

이러한 계기로 언론사 입사 가이더 역할도 하게 되었다. 이에 관하여 두 가지 사례를 들어 보면, 먼저 입사 시험 대비 전문 잡지사 '리쿠르트'에서 '시사상식 코너'를 연재해 달라는 요청이 와, 매월 시사 상식 문제를 정리하여 보냈던 기억이 난다. 또 하나는 형설출판사에서 '매스컴 상식' 책을 저술해 달라는 부탁을 받게 된 것이다. 1980, 1990년대 언론사 입사 시험은 국어, 영어, 상식이 필수 과목이었다. 시대 조류 파악이 빠른 출판사에서 필자에게 매스컴 상식 책 원고를 청탁하여 『수험 매스컴 상식정해』라는 단행본을 출간했다. 그 후 다시 1990년대 초에 『신매스컴 상식』이라는 책을 큼지막하게 출간하면서 부제를 '방송사 · 신문사 · 통신사 입사 대비'라고 붙이기도 했다. 1990년대 들어서자 본격적인 방송 시대가 펼쳐지고 메이저 방송사 입사 시험 경쟁률이 천정부지로 치솟았다. 가히 '언론고시'라 할 정도였다. 이제는 언론계를 떠난 70대 후배로부터 입사 시험 준비를 하면서 선배님 책을 사서 큰 도움을 받았다는 얘기를 듣기도 했다.

사설이 길어졌는데, 앞에서 예시한 『언론고시연구』는 한국에서 처음으로 '언론고시'라는 용어를 사용한 책이다. 필자는 언론고시라는 용어를 대학 특강이나 언론사 입사 관련 글을 쓰면서 많이 사용했지만, 책 제목에 직접 사용하는 것까지는 감히 엄두도 내지 못했다. 이 결단은 나남출판사 조상호 사장님이 책을 출간하면서 필자에게 통보하고 붙인 것으로 기억한다. 당시 나남은 서대문 충정로에 있었는데, 그 지역에 출판사들이 모여 있었다. 『언론사 입문』을 출간한 화학사도 거기에 있었다. 조 사장님은 필자에게 이 책을 당신 출판사에서 내고 싶다며 기존 출판사에 양해를 구해 달라고 하여 간신히 허락을 받아 내, 나남과 새 출판 작업을 하게 되었다. 그런 인연으로 나남에서 필자의 책을 여러 권 출판했다. 『한국방송인물지리지』(나남출판, 1997, 282쪽), 『한국방송관계문헌색인-1925～1997-』(나남출판, 1999, 542쪽) 개정증보 4판과 『한국 아나운서통사』(나남출판, 2013, 427쪽) 등이다. 이 책들이 전문 서적이라 잘 팔리지 않을 것 같아 관련 단체에 출판 지원을 요청하여 혜택을 받았다. 한국프레스센터, 방일영문화재단, 방송문화진흥회 등 세 곳에서 지원해 줘, 이 책 세 권을 편안하게 낼 수 있었다.

『언론고시연구』 차례를 살펴보면 머리말 다음에 제1장 한국 언론사 개관이라 하여 1980년 언론사 통폐합에 따른 한국 언론사 개편 상황이, 그다음에 한국 언론사 현황과 인구가 나와 있다. 그 당시 서울 지역 신문사 기자 인력이 1644명(여자 130명), KBS 기자가 374명(여자 24명), MBC가 269명(여자 10명) 등으로 기록되어 있다. 제2장은 한국 언론사 입사 안내인데, 각 신문사의 모집 안내 '사고(社告)'가 사진으로 실려 있다(통신사 포함). 방송사는 모집 직종 및 지역, 응시 자격, 전형 방법, 제출 서류, 지원서 교부 및 접수, 시험 일시, 장소, 특전 부여, 응시자 유의사항 등이 자세히 실려 있다. 제3장은 출제 문제 및 모범 답안으로, 이 책 3분의 2가량의 분량이다. 1986년부터 역순으로 1981년까지 각 신문사(지역신문사 포함)와 방송사 시험 문제가 담겨 있다. 특이한 점은 대학원 입학 전공 과목(신문방송학) 시험 문제라 하여 6개년간(1981～1986)의 출제 문제를 실었다는 것이다. 서울대, 고대, 연대, 서강대 순으로 4개 대학교 출제 문제인데, 나남출판사가 입수한 것으로 보인다. 제4장은 한국 언론 관계 자료로, 한국 언론 관계 문헌 목록, 매스커뮤니케이션 용어 해설, 뉴미디어 용어 해설, 한국 언론 관계 법규 등이 나열되어 있다. 부록에는 잘못 쓰기 쉬운 한자어, 잘못 읽기 쉬운 한자어, 동음(同音) 또는 유음(類

音)이지만 달리 적는 말 등이 수록되어 있다.

다음은 한국외국어대학교 어문대학장 최종수 교수님이 ≪리쿠르트≫ 연재 기사에 감사를 표시한 공문 내용이다. 1986년 9월 30일 자로 보낸 공문인데 첨부물로 시사 상식 자료집 1부가 포함되어 있다. 그 당시 ≪리쿠르트≫ 편집장이 받은 공문과 첨부물 전체를 필자에게 보내 주었는데, 그 사료 대부분을 지금도 깔끔하게 소장하고 있다. 그 공문 내용을 원문대로 옮겨 보면 아래와 같다.

> 귀사의 번창을 축하드립니다. 본 대학에서는 4학년 학생(600명)들의 취업률 제고를 위한 방안의 일환으로 별첨과 같이 그동안 귀지에 연재되었던 '시사상식 코너'를 발췌인쇄 4학년 학생들에게 9월 29일부터 일주일간 배포 중에 있습니다. 취업정보에 선봉격인 귀지를 알리고, 취업률 제고에 많은 보탬이 되고 있기에 감사의 말씀을 드리고, 필자이신 김성호 선생님에게도 인사말씀 전해주시기 바라옵니다. 감사합니다.

이상이 공문 내용인데, 필자의 이름까지 거명되어 감사한 마음이 컸다. 결론적으로, 민주화로 가는 격동의 시대, 1980년대에 언론고시라는 신조어를 만들어 책을 출간하고 유능한 후배들을 언론계로 이끌었던 보람찬 추억들이 떠올라 자랑스럽기만 하다. 어느 지인이 필자에게 이러한 일련의 활동을 통해 얻은 금전 수익을 물어 왔지만, 필자는 원고료나 인세가 얼마였는지 기억이 없을뿐더러 금전에는 별 관심이 없었다. 지금도 그런 삶의 철학에는 변함이 없다. 보람 있는 일이 최우선이며 행복의 원천이다.

## 29.
## KBS 공사 창립 15주년『한국방송연구』발간

〈사진 29-1〉은 KBS가 한국방송공사 창립 15주년을 기념하여 1988년 3월에 펴낸『한국방송연구』책자 표지다. 〈사진 29-2〉는 책 표지 다음 장으로, 이 단행본과 관련 있는 인사들의 친필 사인이다. 필자는 10여 년 전에 이 인사들과 사적인 만남의 자리에서 추억을 나누며 이 책에 사인을 받았다. 첫 번째 사인은 이강수(李康洙) 한양대학교 신문방송학과 교수님의 것으로, 이 책을 펴낸 1988년 당시에 한국언론학회장이었다. 이『한국방송연구』단행본은 언론학 교수들의 모임체인 (사)한국언론학회의 협조로 학회 교수들이 집필한 논문집이다. 오른쪽 사인은 윤혁기(尹赫基) 선배님과 박준영(朴埈永) 선배님의 친필이다. 윤혁기 선배는 당시 KBS 집행부의 수석본부장인 기획조정실장(부사장 직제가 없던 시절)이었고, 박준영 선배는 그 산하의 정책개발 담당국장이었다. 윤혁기 선배는 2016년에 작고했다.

필자는 KBS 재직 시 1988년 전후에, 이 두 분 아래에서 방송 정책 실무자로 일하고 있었다. 당시 함께 근무했던 임우택, 이두경 회우들과는 2025년 현재도 모임을 갖고 있다. 이 사적 모임에는 윤대작 선배(KBS 전 주총국장 역임)도 함께 하고 있다. 1986년경 필자는 정책 실무자로서 한국방송공사 창립 15주년을 어떻게 기념할 것인가 고심하다가 위 상사들과 협의하여 한국언론학회가 참여하는 연구 책자를 발간하기로 했다. 당

사진 29-1. 한국방송공사 창립 기념 연구서 『한국방송연구』

KBS 공사 창립 15주년을 기념하여 언론학회 협조로 발간된 연구 책자다.
출처: 저자 소장 자료.

사진 29-2. 『한국방송연구』 책자 관련 인사 사인

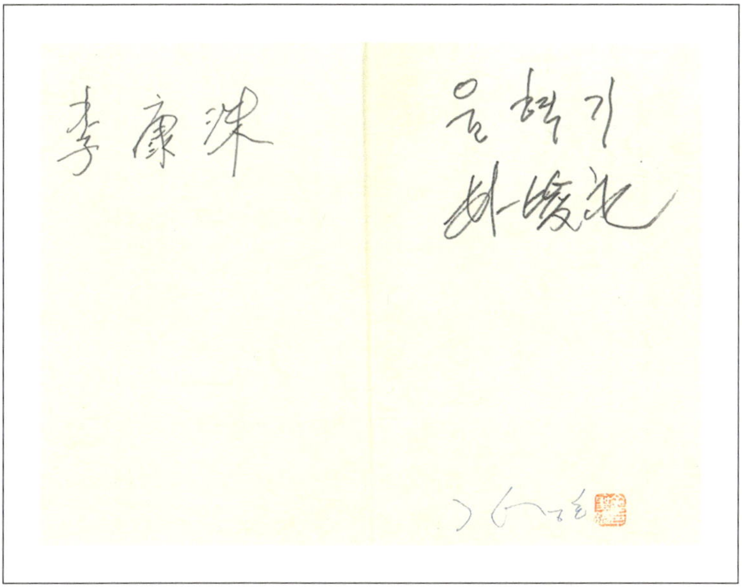

이 책 발간에 도움을 주신 이강수 학회장과 윤혁기 KBS 본부장, 박준영 국장이다.
출처: 저자 소장 자료.

시에 필자는 한국언론학회의 신문방송학 교수들과 교류가 상당히 깊었고, 그해 1988년 말 한국방송학회 창립에도 참여한 바도 있다.

이 연구서를 기획하면서 언론학회장이 봉직하는 한양대학교를 자주 방문했다. 이강수 회장과 박영상 총무이사를 만나 연구서의 세부 주제와 집필 교수들을 협의하고 자문도 받았다. 이강수 한국언론학회 14대 회장은 한양대 제자이자 동료 교수인 박영상을 총무이사로 지명하여 학회 살림을 맡겼다. 박영상 교수도 이러한 경험을 바탕으로 한국언론학회 26대 회장을 역임하였다.

이 연구 책자를 펼쳐 들어가 보면, 첫 장에 '한국방송의 앞날을 위하여'

라는 제목의 당시 KBS 정구호(1936~2022) 사장의 글이 실려 있다. 이 글 말미에는 "본서의 발간에 즈음하여 참여하여 주신 연구 교수들에게 진심으로 감사를 드리며, 거듭나기 위한 KBS의 노력이 방송을 아끼는 여러분들과 함께 있음을 밝혀 둡니다. 1988년 3월 3일 한국방송공사 사장 정구호"로 되어 있다.

이 연구서의 '차례'로 들어가 연구 주제와 연구자들을 살펴보면 다음과 같다.

Ⅰ. 한국방송의 신질서 1. 한국방송의 신질서를 위하여-강현두(서울대 언론정보학과 교수)의 논문으로 내용은 "문화시대의 방송, 높은 수준의 깨어 있는 시청자들, 프로그램 제작원의 다원화와 탈독점화, 국제화 시대의 방송, 시급한 방송의 자율화" 등이 소주제 제목으로 되어 있다.

Ⅱ. 한국방송의 현실적 과제 1. 보도방송의 기준 연구-홍기선(고려대학교 신문방송학과 교수) 머리말, 중요성(시의성, 근접성, 기능성, 저명성, 흥미성), 균형성, 공정성(시각의 다양성, 중립성), 정확성(사실성, 심층성), 안정성(사회 안정성, 윤리성), 맺는말. 2. 방송편성 방향 연구-최창섭(서강대 신문방송학과 교수) 서론(문제의 제기 및 연구목적, 연구의 범위 및 방법), 방송편성의 이론적 고찰(편성의 개념 및 이념, 편성의 대상, 편성의 기능, 편성의 종류, 편성의 원칙), 방송의 인간화(커뮤니케이션과 인간성장, 인간 가치에 관한 논의, 인간의 가치관 정립에 관한 논의), 사회환경의 변화와 방송(정보화 사회와 방송, 정치 · 사회적 변화와 방송, 서울올림픽과 방송, 지방자치제의 실시와 방송), 우리나라 방송편성의 현황 및 문제점(채널의 동질화 현상, 지나친 시청률 위주의 방송

편성, 중앙집중적 조직 운영, 프로그램의 지나친 대형화, 올림픽 관련 프로그램의 문제점), 한국방송 편성의 방향모색(장기적 방송편성의 방향, 단기적 방송편성 방향).

Ⅲ. 한국방송 발전을 위한 모색 1. 사회변화와 한국방송의 위상-이강수(한양대 신문방송학과 교수) 공공방송의 이념, 한국방송의 과거와 현재, 한국의 방송이 안고있는 제문제점, 한국방송이 지향해야 할 방향: 시청자를 위하는 방송, 맺는말-커뮤니케이션 장치로서의 방송. 2. 국제화 시대와 한국방송-서정우(연세대 신문방송학과 교수) 국제화의 의미, 정보 질서의 발전(정보 질서의 논쟁과 정보 주권의 확립, 발전 커뮤니케이션과 방송의 역할, 남북한 커뮤니케이션과 방송의 영향), 국제화와 방송의 역할(해외 홍보와 국제방송의 중요성, 남북한 해외 홍보 · 선전방송의 중요성 및 역할, 국제방송 인식의 개선, 올림픽 커뮤니케이션과 방송의 역할, 문화의 주체성 확립과 방송의 역할), 국제화와 방송의 과제(한국의 발견, 국제화의 새로운 물결, 남북한 커뮤니케이션의 명제, 정보의 국제적 교류와 방송). 3. 뉴 미디어와 방송의 미래-박영상(한양대 신문방송학과 교수) 머리말, 정보 사회의 뉴 미디어 발전(뉴 미디어의 정의 및 분류, 뉴 미디어의 특성, 뉴 미디어와 정보사회), 뉴 미디어의 종류와 현황(케이블 TV, 직접 위성방송, 비데오텍스와 텔리텍스트, 고품위 TV: HDTV, 기타 뉴 미디어), 뉴 미디어와 방송의 발전전망(개관, 방송체계의 변화 경향 모색, 뉴 미디어와 수용자), 뉴 미디어의 수용을 위한 제언. 4. 지역방송의 역할: 지자체 실시에 따른 장기발전 계획-전환성(청주대 신문방송학과 교수) 서론, 지방방송 활성화방안에 관한 설문조사 결과(조사 개요, 조사 결과), 지방방송의 자율화 방안(지방자치와 지역발전: 지방

방송의 자율화를 위한 조건, 지방방송의 자율화 방안), 지방문화 발전과 지방방송의 역할(지역사회 정보 전달 기능, 지역사회의 문화 창달 기능, 지역민을 위한 토론의 광장 제공 기능), 결론 및 제언.

Ⅳ. 방송 조사연구 1. TV 프로그램 시청동기와 만족도에 대한 조사: TV 시청행태와 시청 후 반응에 대한 심층분석- 이상회(연세대 신문방송학과 교수) · 유재홍(연세대 신문방송학과 강사) 조사의 목적, 조사의 방법 및 절차(설문지의 구성, 표집 방법, 자료 수집 절차, 통계 처리 및 분석 방법), 연구 결과(조사 대상자의 일반적 특성, TV시청 행태 및 프로그램에 대한 일반적 의견, TV프로그램 유형별 시청 형태), 주요 발견 사항. 2. TV 프로그램 개선을 위한 수용자 요구도 조사-김동진(KBS 객원연구위원, 연세대 강사) · 김재범(KBS 객원연구위원, 한양대 강사) 연구 목적, 연구 범위, 연구 방법과 절차(시청자 상담실 자료 분석, KBS-TV 제작진의 집중그룹 토론, 일반 시청자 사회 조사), 연구 결과(자료의 일반적 성격, 텔레비전 시청 행위에 관한 특성, 텔레비전 프로그램 문제점에 대한 평가), 텔레비전 프로그램 개선을 위한 제언. 권말 토론: 보도 · 편성 · 지역방송의 발전 방향, 주제 발표자(가나다순) 전환성(청주대 교수) · 최창섭(서강대 교수) · 홍기선(고려대 교수), 토론 참가자(가나다순) 나형수(해설위원), 안국정(기획제작실장), 유성화(라디오편성실장), 인태오(감사실장), 장한성(TV 편성실장), 전영효(사회교육방송국장), 정창기(방송심의실장), 호천웅(보도국 사회부 차장), 사회: 박준영(정책개발 담당국장).

이상이 『한국방송연구』 책자 단행본에 실린 내용이다. 이 책은 반드시 공사 창립 15주년 기념일인 1988년 3월 3일 하루 전에라도 출간해야 했기에, 담당자인 필자의 고심은 대단히 클 수밖에 없었다. 충무로 인쇄소에서 1주일가량 밤을 지새웠던 기억이 새롭다. 3월 3일 창립 기념일은 쉬는 날이라 3월 2일 새벽에 제본을 마치고 책을 챙겨 여의도 사무실에 왔더니 윤혁기 기조실장이 반갑게 맞아 주며 초췌해진 필자를 보며 대단히 안쓰러워했다. 윤 상사가 그날 점심 선약을 취소하고 필자를 챙기며 격려하던 기억도 어렴풋하게 떠오른다. 필자는 그 당시 담당 업무가 많고 힘들어 격무의 나날을 보냈다. 그런 험난한 상황 속에서도 필자는 두 가지 자산을 쌓을 수 있었다. 하나는 윤혁기 선배와의 신뢰가 퍽 두터워진 것이다. 선배가 2016년 별세 때까지 30년 가까이 교류하며 지냈고, 당신의 장례지(장소)도 부탁해 절두산 성지로 모시기까지 했다. 또 한 가지는 이 객원연구위원 제도를 사장 등 윗분들에게 건의하여 실행에 옮긴 점이다. 이에 따라 김동진, 김재범 두 박사를 객원연구위원으로 선발하였는데, 이 제도는 KBS에서 처음으로 시행되었다. 두 박사는 KBS에 오래 있지 않고 모교인 연세대 · 한양대 신문방송학과 교수가 되는 영광을 안기도 했다. 이는 산학협동의 표상이기도 하지만, 필자로서는 이 객원연구위원 제도가 방송학계의 우군(友軍) 양성 터전이 되길 희망했다.

# 30.
# 해방 후 최초의 라디오 PD, KBS 이사장 노정팔

노정팔(盧正八, 1919~2002) 선생(이하 '노정팔'로 표기)은 KBS 초대 민선 이사장을 역임한 한국 방송계의 큰 어른이다. 필자가 노정팔을 처음 만난 것은 1970년 KBS 공채 시험 3차 면접장에서다. 그는 당시 정부 부처인 문화공보부 방송관리국장으로서 한국의 방송 정책을 주관하던 실무 책임자였으며 국영방송 KBS를 관장하고 있었다. 노정팔은 그 후에 우리 동기 합격자들(아나운서로 방송 현장을 가장 오래 지킨 남자 동기로는 오한신, 정도영, 김윤한, 이종태 등이 있다)을 대상으로 한 수습사원 연수(남산 KBS 사옥에서) 때, 특강 강사로 나왔다. 그는 강의에서 "공부하시라, 방송 공부 하시라"라고 하며 특별히 공부를 당부했다. 그 영향 때문인지, 필자는 방송 공부를 열심히 하게 되었고, 한국 방송 관련 사료를 모으기에 열중하기 시작했다.

필자와 노정팔과의 본격적인 만남은 오랜 세월이 지난 1988년, 그가 KBS 이사장으로 취임하면서부터다. 그때 필자는 여의도 KBS 본관 6층(이사장, 사장, 부사장, 본부장 등 집행부 사무실만 있었다)의 유일한 부서였던 정책개발국 방송정책 파트에 붙잡혀 일하고 있었는데, 노정팔의 호출을 받고 이사장 방으로 찾아갔다. 어느 퇴직 방송인이 당신을 추천해서 불렀는데, 내가 나이도 들고 KBS를 떠난 지 오래됐으니 도와 달라면서 방송 정책에 관한 필자의 생각과 의견을 물었다. 이러한 인연으로 별

사진 30-1. 노정팔 선생이 주신 각종 방송 사료

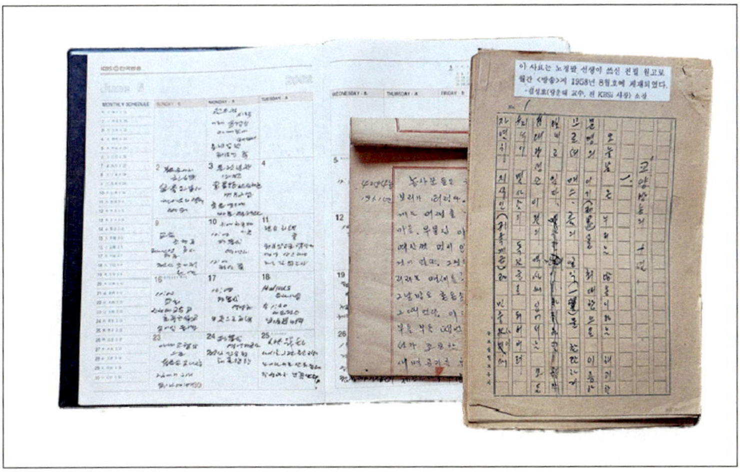

마지막 업무수첩 · 일기장 · 방송 잡지에 실린 원고 원본 등이다.
출처: 저자 소장 자료.

세 전까지 15여 년간 교류하며 배우는 기회를 가졌다.

〈사진 30-1〉은 필자가 소장하고 있는 노 원로로부터 전해 받은 일부 사료들이다. 맨 오른쪽은 1958년 《방송》이라는 방송 잡지에 실린 친필 원고다. 중간 것은 노정팔이 1961년에 작성한 일기장이다. 마지막 왼쪽은 별세 1년 전 KBS 수첩에 쓴 기록이다.

필자는 노정팔을 모시고 2001년 9월 2일 KBS 1TV '방송의 날' 특집 〈한국 방송이 걸어온 길〉을 90분간 대담 방송으로 진행하기도 했다. 이 방송은 이홍주 당시 편성본부장의 혜안으로 이루어졌다. 노정팔은 그다음 해인 2002년 7월 31일, 향년 83세로 별세했다. 그가 작고하자 필자는 KBS 경영진과 협의하여 신관홀에서 영결식을 치렀는데, 당시 박권상 사장께서 참석하여 필자를 격려한 사실은 지금도 잊을 수 없다. 추도사는

사진 30-2. 노정팔 원로를 모신 방송 출연의 한 장면

한국 방송 첫 터인 정동방송국이 있던 곳을 거닐고 있다.
출처: 저자 소장 자료.

그의 평생 방송 동지였던 최창봉 선생이, 약력 보고는 필자가 했는데, KBS 버스로 경기도 안성에 있는 장지로 이동하여 잘 모셨다. 별세 후에도 선후배들과 더불어 10주기까지 소박하게나마 추모 행사를 해 왔다. 필자가 KBSi(인터넷) 대표이사 사장 시절(2003~2007)에는 KBS 별관 10층 사무실 맞은편 큰 회의실에서 추모회를 규모 있게 치르기도 했다. 〈사진 30-3〉은 2005년 3주기 추모회 때의 기록이다. 이 추모회 때에는 노정팔 고인과 함께 한국 방송계를 이끌던 가장 연세가 많은 이인관(1914~2007) 최고 원로를 비롯하여 최창봉(1925~2016), 박경환(1927~2016), 최계환(1929~2010), 김호영(1931~2010) 등을 모셨다. KBS 사우회를 대표하여 서병주 · 김수웅 회장단도 함께 했다. 이때 추모회 사회는 필자가 주관하는 행사 때마다 도움을 주는 이세진 선배가 맡았고, 포스터 휘호는 후배 이일구 서예가가 봉사해 주었다.

노정팔 대인이 작고한 몇 년 뒤, 사모님께서 손자의 차를 타고 KBS로

사진 30-3. 노정팔 원로 3주기 추모회 자료

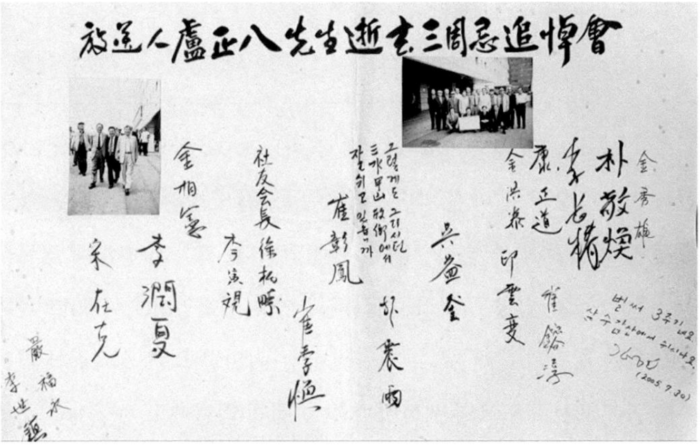


이인관, 최창봉 선생 등 방송 원로를 모시고 추모 행사를 한 자료다.
출처: 저자 소장 자료.

필자를 찾아오셨다. KBS 별관 근처 일식집에서 점심을 함께 했는데, 필자를 뵙자는 용건은 노 대인이 1945년경부터 50년간 방송계 재직 중에 쓴 일기장 등 방송 사료를 필자에게 주시고자 함이었다. 필자가 한국 방송사 연구자임을 아셨고, 댁을 방문했을 때 방송 사료를 챙기는 필자의 모습을 눈여겨보신 것 같다. 그 '일기장'이란 대부분 KBS 업무수첩이나 노트의 기록인데, 근무 중에 겪은 갖가지 업무 관련 사실과 개인사가 기담겨 있다.

아래에 실은 글은 2013년 한국방송학회 송해룡(성균관대 교수) 회장으로부터 필자와 오인환 교수(전 연세대 대학원장, 작고), 전환성(청주대) 명예교수 등이 『한국방송인물사 연구』 프로젝트를 수주하여 연구한 사료의 일부다. 이 글은 당시 필자가 집필한 제1부 '한국방송계 인물사'

가운데 수록된 노정팔 연구로, 여기에 그 글을 그대로 옮겨 실어 한국 방송계의 대원로를 기리고자 한다.

---

노정팔은 1945년 해방 후 최초의 PD(라디오)로 단일 방송인 KBS에 입사하여 가장 오랜 기간 방송 현장에 있으면서 방송 정책 및 방송 역사 분야에 큰 업적을 남긴 위대한 방송인이다. 그는 방송계에 입문하여 프로듀서로, 방송 관리자로, 그리고 방송 경영인으로서 50년 가까운 연륜을 방송과 함께 했다. 아울러 그는 치밀한 성격에 탁월한 기획력을 겸비하여 프로그램 제작이나 방송 정책 입안에도 선구자적인 역할을 하였을 뿐만 아니라 늘 학구적인 자세를 견지해 방송 연구에도 상당한 실적을 남겨 후학들에게 귀감이 된 인물이다.

노정팔은 1945년 11월 서울중앙방송국 입사 시험에 당당히 합격하면서 방송과 인연을 맺었다. 그는 해방 1기 방송요원(아나운서) 공개 채용 시험에서 최우수 성적으로 합격했다. 그 당시에는 대체로 아나운서 직종만 공채 제도가 시행되었는데, 그는 최종 면접 과정에서 당시 서울중앙방송국이던 이혜구(李惠求)의 권유로 '편성' 요원이 되었다. 그때의 '편성'이란 프로그램의 기획, 방송순서의 발행, 운행 업무뿐 아니라 방송 제작까지도 포괄해서 지칭했다. PD라는 용어도 없던 시절에, 그는 사실상 해방 이후 한국 방송의 1호 PD가 된 것이다.

노정팔은 그의 저서 『한국방송과 50년』(나남출판, 1995) 첫 장에서 당시 '편성'의 개념을 "프로그램의 기획, 방송순서의 발행, 운행 등 고유 업무뿐 아니라 방송 제작까지 통틀어 말했다. 또한 이에 종사하는 기획, 편성, 제작의 모든 종사자들까지 '편성'이라고만 호칭하였던 것이다"라고 정의하면서 "PD라고 부르기 시작한 것은 6 · 25 동란 중 부산 피난 시절, 방송을 운행하는 MD를 따로 두면서부터 PD, MD라는 직책을 분리하여 부르기 시작하면서 비롯되었다"라고 밝히고 있다.

노정팔은 입사 후 이혜구, 김진섭, 이계원, 송영호 등 선배 상사들로부터 지도를 받으면서 방송 전문인의 길로 들어섰다. 그는 태생적인 근면성과 성실성을 바탕으로 창의력을 발휘하여 새로운 프로그램을 개발했다. 특히 정부 수립 전후기에는 전국을 순회하면서 녹음 구성 프로그램을 제작하기도 했는데, 그는 라디오 다큐멘터리 장르에 각별한 관심을 갖고 있었다.

노정팔은 6·25전쟁 발발부터 복구기인 1950년대 중후반까지 방송 현장의 실무뿐만 아니라 중간 관리자로 방송에 온갖 정열을 쏟았다. 그는 성장기부터 방송에 각별하게 관심이 많았던 터라 방송 일이라면 무슨 일이든지 마다하지 않았다. 1956년 9월 편성계장 자리에서 공보실 방송관리국 지도계장으로 옮기면서 우리나라 처음으로 방송인 연수를 기획하여 제도화하였다. 그는 우선 '제1회 전국 아나운서 강습'을 한 달 동안 KBS 정동스튜디오에서 실시했다. 실기가 위주였지만 일반 상식과 교양과목도 겸하여 1개월 동안의 강습을 마쳤다. 이것은 한국 방송에서 처음으로 시행된 본격적인 방송인 연수 제도로 보인다.

노정팔은 이때 전임 배준호가 기획한 한국 최초의 방송 잡지 ≪방송≫ 창간호를 내고, 이어 달마다 방송연구실 요원들과 월간지를 발행하였다. 그 창간호에는 첫 장에 공보실장 오재경(吳在璟)의 창간사가 간략하게 실려 있고 맨 뒷면에는 편집·발행이 공보실 방송관리국, 발행 일자가 단기 4289년 9월 25일로 되어 있다. 그는 그다음 해 6월 오재경 공보실장의 추천으로 미국 보스턴대학 등에서 방송 제작 연수 교육을 받았다. 이때 동행한 이가 한국 최초의 텔레비전 방송 PD 1호인 HLKZ-TV의 최창봉이다. 노정팔은 1957년, 5개월간의 미국 연수를 마치고 돌아와 방송관리과장이 되면서 여러 가지 방송 정책을 내놓았다. 그 가운데 대표적인 것이 〈방송 일반기준의 제정〉이다. 이 기준은 방송의 기본 방침과 그 한계를 밝힌 것으로 한국 초유의 일이었다. 그 다음으로 〈방송문화상의 제정〉인데, 이 방송상은 정부 수립 10주년이 되는 8 · 15에 방송문화 향상에 공헌한 이들에게 분야별로 선정하여 시상하였다. 1958년부터 해마다 빠짐없이 시상되어 오다가 1968년부터 지금의 한국방송대상으로 승계되었다.

노정팔은 1959년 다시 방송 현장으로 복귀하여 서울중앙방송국 제1방송과장을 거쳐 1962년 부산방송국장을 지내다 1963년 서울국제방송국장을 3년간 역임한 후, 다시 1968년 7월부터 2년간 통합 중앙방송국 라디오부장이 되었다. 이어 1970년 9월부터 1973년 2월까지 문공부 방송관리국장을 맡아 정부의 최고 방송정책 책임자로 활동했다. 그는 이 시기에 주무 부처의 국장으로서 KBS 중앙방송국장 최창봉 등과 한국방송공사 창립발기인으로 참여하여 KBS의 공영화를 위한 정책을 헌신적으로 추진했다. 이 KBS의 공영방송화는 순수 방송인들의 큰 염원이자 진정한 소망이었다.

국영방송 KBS가 1973년 3월 3일 한국방송공사로 출발하자, 그는 초대 감사로 취임했으며 3년 8개월 재임 시절에 처음으로 공영방송의 감사 제도를 만들었다. 그리고 1976년 10월 말 민간방송의 효시인 부산MBC 전무로 초빙되어 4년 5개월간 재임했다. 그는 부산 시절에도 젊은 PD, 기자들과 함께 창의력이 작동할 수 있도록 환경을 조성하여 새로운 프로그램과 사업을 만들어 갔다. 그와 더불어 일했던 많은 중견 방송인들이 후에 부산MBC의 최고 경영자가 되었다.

노정팔은 1988년 10월, 그의 방송 출발지요, 그가 청장년 시절 신명을 바쳤던 KBS의 이사장으로 방송계에 복귀했다. 국가 대표 공영방송사의 최고의결기관인 이사회의 장(長)이 된 것이다. 방송인 출신이 이사장을 맡은 사례는 처음 있는 일이었는데, 민주화 시대가 도래하자 언론기본법이 폐지되고 한국방송공사법이 개정되면서 이사진이 새롭게 구성된 까닭이다. 이처럼 그는 KBS 경영에 관하여 최고 의결권자로 마지막 방송 생애를 마감했다. 보다 정확하게 말씀드리면 1980년대 말쯤부터 1990년대 초반까지(1988.10.26-1993.8.31)인데, 이 시기는 방송사마다 각 직능단체가 조직되고 노동조합이 결성되어 그동안 막혔던 출구가 한꺼번에 분출되는 혼란스러운 상황이었다.

노정팔은 KBS의 경영합리화에 목표를 두고, 수입은 극대화, 지출은 절감하는 방안을 강조했다. 예산, 결산, 월별 경영실적의 보고는 물론 경영 평가 시에는 더욱 강도를 높였다. 합리적인 조직관리, 공정한 인사관리, 사원의 능률 극대화에도 힘을 기울였다. 그는 무엇보다 방송이 국민의 신뢰를 받고 생활 속에 스며드는 품위 있는 방송을 창출하는 데 역점을 두었다. 아울러 다미디어 시대의 기술 혁신과 연구 개발에 우선순위를 두고 투자할 것을 촉구하기도 했다.

노정팔은 1945년 해방과 더불어 PD로 방송 프로그램 제작을 시작하여 1990년대 들어서는 대표 공영방송사이자 그가 방송을 시작한 KBS 이사장을 끝으로 방송계를 떠났다. 그는 한국 방송계의 대표적인 학구적 방송인으로서 PD로 입사해서도 서울신문학원 등에서 공부하며 수많은 방송 관련 글을 집필하였다. 그가 방송관련 전문 잡지나 신문에 남긴 글은 헤아릴 수 없이 많다. 1958년 ≪방송≫에 실린 '교양방송 10년'부터 1997년 ≪방송문화≫에 쓴 '그 시절의 방송인맥-나의 현역 시절' 등 방대하다. 특히 대표적인 사례로 그의 일기쓰기는 참으로 대단했다. 필자가 보유한 그의 일기를 보면 기록은 1945년 방송국 입사 시기부터 50여 년간 허름한 노트나 업무수첩에 끊임없이 기록하였음을 알 수 있다.

노정팔은 한국 방송사 연구에 초석을 놓았다. 1995년 펴낸『한국방송과 50년』은 700여 쪽의 방대한 저서로 일실되기 쉬운 방송사적 사실을 정확하게 기록으로 남겼다. 그는 1960년대 젊은 시절부터 방송사 관련 저술 활동을 꾸준히 펼쳐 왔는데 대표적인 사례로 1966년 문공부가 펴낸『한국의 언론』중 '방송부문'과 '한국방송 반세기'(저널리즘, 1976. 봄), '상업 방송 20년-부산문화방송국 20주년을 기해-'(신문연구 1979. 봄) 등이 있다. 그의 저서로는『한국방송과 50년』(1995, 나남출판) 이외『휴일없는 메아리』(1984),『삼수갑산 어디메오』(1996) 등이 있다.

노정팔은 1919년 8월 28일 함남 갑산 출생으로 갑산농림학교, 만주 하얼빈농업대학 농학과를 졸업했으며 2002년 7월 31일 별세했다. KBS에서 거행된 장례식에서 방송 동지였던 최창봉이 행한 추도사는 식장을 숙연하게 하였다. 그는 서울시 문화상(1965), 대한민국홍조근정훈장(1973), 한국언론학회 언론상(1991) 등을 수상했으며 2001년 한국방송진흥원이 주관한 제1회 〈방송인 명예의 전당〉에 헌정되었다.

* 이 글은 한국방송학회(당시 학회장 성균관대 송해룡 교수) 보고서『한국방송인물사 연구』(2014.5) 261~265쪽에 수록되어 있다.

# 31.
# 방송학 교수들이 한국방송학회 창립(1988)

한국방송학회는 1988년 9월 10일 창립되었다. 필자는 이 역사적인 학회 창립에 참여하려고 우면산 기슭에 있던 한국교육개발원을 방문했다. 당시 이 개발원 고위직에 있었던 김학천(金學泉) 선배가 앞장서 이 학회 창립에 헌신적으로 봉사했던 것으로 기억한다. 주로 방송학 교수 가운데 방송계 경험이 있었던 김 규(1934~2024), 강현두, 강대인, 홍기선, 김우룡 교수들이 앞장섰다. KBS 재직 중이었던 필자는 그날 현직 방송계 인사들 참여를 살펴봤는데, MBC 정동영 기자가 눈에 띄었다. 그는 워싱턴 특파원을 마치고 귀국한 지 얼마 지나지 않았던 시기로 보인다.

〈사진 31〉은 1989년 12월 한국방송학회가 처음으로 펴낸 ≪방송연구논선≫ 제1호다. 이 논선은 손 용(1938~2022) 중앙대 교수가 방송학회 2대 회장으로 취임하면서 엮은 것이다. 손 용 회장은 창간사에서 지난 1989년 4월에 있었던 봄철 학술 세미나 및 9월에 열렸던 포럼을 중심으로 발표된 논문을 묶은 것이라고 밝히고 있다. 손 용 회장은 이 발간사 말미에 "지난 두 학술 발표회를 성공적으로 치를 수 있도록 수고해 주신 초대 회장 김 규 교수님께 감사드리며 이번 창간호의 결실이 학회 발전에 적지 않은 학문적 자극이 될 수 있기를 바랍니다"라고 언급했다.

이 ≪방송연구논선≫에는 창간사에 이어 다음 장에 '한국방송학회 워크숍 -한국방송의 과제-' 주제가 보이는데 5개 분야의 발제자와 토론자가 나타나 있다. 그 주제가 실린 목차를 살펴보면, 1. 방송학의 위상정립과 방향-김 규(서강대 신문방송학과 교수) · 전환성(청주대 신문방송학과 교수), 2. 방송정책 연구의 제문제-강현두(서울대 신문학과 교수) · 김학천(한국교육개발원 부원장), 3. 미래방송의 통합적 수용-손 용(중앙대 신문방송학과 교수), 4. 뉴미디어 연구를 위한 일제언-전석호(중앙대 신문방송학과), 5. 한국방송사의 재조명-김우룡(한국외국어대 신문방송학과 교수), 6. 한국방송사의 성립과 연구-박기성(경북대 신문방송학과), 7. 방송학 교육의 방향-강대인(계명대 신문방송학과 교수), 8. 방송인의 재교육-유수열(문화방송 사업국장) 등으로 되어 있다. 이 논선 맨 뒷면에는 편집위원으로 손 용, 김 규, 강현두, 홍기선, 김학천 등이 등재되어 있다.

〈사진 31〉의 왼쪽 사진은『방송학 연구 1990』이라는 타이틀로 한국방송학회가 펴낸 학술지다. 이 책에 실린 논문 제목과 연구자를 차례대로 살펴보면, 제1장 정보화 사회와 개발도상국가의 방송문화정책-박기성(경북대 신문방송학과 교수), 제2장 방송의 정치적 기능에 관한 일고찰-김원용(성균관대 신문방송학과 교수), 제3장 방송상품의 특성과 기능-임동욱(연세대 · 중앙대 강사), 제4장 미래의 방송환경과 수용자: 시청자의 텔레비전 시각-강태영(한국방송공사 연구위원), 제5장 뉴미디어 시대에 있어서 라디오 방송인의 인식조사연구-김정태(KBS PD), 제6장 뇌의 기능 발달과 어린이의 텔레비전 시청-남명자(아주대 교수), 제7장 방송에 있어 교육기능의 변화와 발전-김학천(한국교육개발원 방송담당부원장), 제8장 정보환경변화와 교육방송의 현안-전석호(중앙대 신문방송학과 교수) · 김영임(한국방송통신대 교수), 제9장 교육방송 전문인 양성을 위한 코스웨어 개발-권성호(한양대 교육공학과 교수), 제10장 평양 FM방송의 프로그램 편성과 내용 분석-강현두(서울대 신문학과 교수) · 이창현(국민대 강사), 제11장 방송사설에 대한 일고찰-김우룡(한국외국어대

사진 31. 한국방송학회 초창기 사료『방송학 연구 1990』, ≪방송연구논선≫

학회 창립 직후에 발행한 연구지다.
출처: 저자 소장 자료.

신방과 교수), 제12장 남북한 방송기술 정책에 관하여-송재극(DACOM 기술위원), 제13장 일본위성방송의 프로그램 편성에 관한 연구-안수근(부산 경성전문대 방송연예과 교수), 제14장 국제기구 활용의 필요성과 한계성-김은주(통신개발원 연구원) 등으로 게재되어 있다. 이 연구지 끝에는 학회지 소개로 임원, 규약, 학회행사 일지-1990년 1월~1990년 12월까지가 나타나 있다.

# 32.
# 한국 최초로 서울 세계올림픽 개최(1988)

1988 서울올림픽은 세계에 한국을 널리 알리는 절호의 기회였다. 올림픽은 세계적인 체육 축제이지만 '방송올림픽'이라고 할 정도로 방송의 역할이 중차대했다. 서울올림픽 주관 방송사는 한국의 대표 방송 KBS가 맡아 수행했다. KBS 방송인들이 날밤을 새워 가며 중계방송을 준비하던 기억이 생생하다. 서울올림픽을 성대하게 마친 뒤에, KBS의 위상은 세계적으로 빛나기 시작했다. KBS가 올림픽 역사상 가장 완벽한 주관 방송사이었다는 찬사도 한몫한 것으로 보인다.

〈사진 32-1〉은 '88 서울올림픽을 치르기 위해 세운 IBC(국제방송센터) 건물이다. KBS 본관 건물 뒤편 운동장으로 쓰던 널찍한 자리에 몇 년간에 걸쳐 대대적인 공사를 벌여 서울올림픽 방송센터를 건립했다. 서울올림픽이 성공적으로 마무리된 후, 이 건물은 KBS 신관이라 하여 TV 스튜디오, 공개홀, 사무실, 회의실 등으로 활용되어 오늘에 이르고 있다. 이 신관은 본관보다 훨씬 큰 건물이라 다목적으로 사용되고 있다. 〈사진 32-2〉는 서울올림픽이 성공적으로 끝난 후에 수여한 감사장 형식의 상장이다. 필자가 소장하고 있는 사료인데, 당시 KBS의 많은 직원이 받은 것으로 생각된다. 방송사 고위직 임원 및 간부들은 대한민국 훈장과 대통령 표장 등을 상당히 수상한 것으로 기억한다.

올림픽 방송을 준비하는 데에 가장 중요한 것은 대회 기간 중 주관 방송사가 중심축 역할을 할 IBC의 건설이다. 세계올림픽 조직위원회 IOC는 올림픽 개최 국가가 주관 방송사를 맡을 역량이 있는지를 철저히 체크했다. 1968년 멕시코올림픽 당시, 멕시코 현지 방송사가 아닌 미국 방송사가 주관 방송을 대행했던 사례에서 얻은 교훈 때문이었다. 이러한 전례로 IOC TV분과에 자문을 구하는 등 주관 방송사 선정에 신중을 기했다. IOC는 1982년 1월 기술 조사단을 한국에 파견하여 KBS 시설을 돌아보며 정밀 검사를 실시했다. 이 조사단은 KBS가 주관 방송사로서 능력이 충분하다고 판단을 내려 이를 조직위에 통보하고 국제방송센터(IBC)의 신축을 권고했다. 이에 KBS는 1984년 2월 8일 IBC건설본부를 설치해 건물 신축 사업에 착수했다. IBC 건물은 대지 선정, 건물 설계, 공사 발주 등 1년여의 준비 과정을 마친 뒤 1985년 12월 여의도 KBS 본사 구내에 착공되었으며, 2년 6개월간의 공사 끝에 대회 개막 3개월 전인 1988년 6월에 완공되었다. 총공사비 433억 원을 들여 KBS 본관 뒤편에 세워진 IBC는 지하 2층 지상 9층 규모에 연면적 7만3243$m^2$의 초현대식 건물로 첨단 방송 시설을 완비하였고 본관 건물과는 연계 통로로 연결되었다. IBC에는 312종의 첨단 방송 장비가 가설되어 초현대식 방송 시설로서의 면모를 갖추었다.

이 IBC에 설치된 최첨단 방송 장비는 KBS가 보유하고 있던 기존 것들보다 1.5배에 달하는 분량이었다. KBS는 연면적 3145$m^2$의 ABC 건물과 연면적 5686$m^2$의 연수동 건물을 IBC의 보조 시설로 활용하기도 했다. 서울아시아대회의 방송센터였던 ABC는 1층짜리 알루미늄 가건물이었으나 아시아경기가 끝난 후에 곧바로 철거하지 않고 두었다가 서울올림픽 때 보조 시설로 이용한 다음 철거했다. 서울올림픽 대회 기간 중 IBC에 입주해 시설을 이용한 방송 기관은 6개 지역 방송연맹을 비롯하여 46개국 109개 방송사였으며, 4700명의 방송운용본부 요원과 1만364명의 전

사진 32-1. 서울올림픽 국제방송센터(현 KBS 신관)

올림픽 주관 방송사로서 역할을 수행하기 위하여 신축한 건물이다.
출처: 저자 소장 자료.

세계 방송인이 밤낮을 가리지 않고 이곳에서 활동하며 서울올림픽을 전 세계에 알렸다.

개회식과 폐회식은 올림픽 경기 대회에서 가장 중요하고 화려한 하이라이트라 할 수 있다. 서울올림픽 개회식은 한국의 전통 문화와 발전된 모습을 전 세계에 알리기 위해 200분을 할애했으며, 폐회식은 83분간 중계방송했다. 이 개·폐회식에는 총101명이 투입되었으며 고정 카메라 18대와 이동식 카메라 6대 이외 슬로모션 카메라 12대, 슈퍼 슬로모션 카메라 1대, 문자 발생기 등 첨단 장비가 총동원되었다. 특히 4000피트 상공에서 낙하하는 스카이다이버의 헬멧에 특수 제작 카메라를 부착하여 고공 묘기를 영상에 담았다.

사진 32-2. 서울올림픽이 성공적으로 끝난 후 수여한 상장

올림픽 대회가 성공적으로 마무리된 후, 사원들에게 준 감사장이다.
출처: 저자 소장 자료.

종목별 경기는 대부분 생방송으로 진행되었으며, 하이라이트로 일컬어지는 마라톤 경기 중계는 KBS와 MBC가 손을 잡아 한국 방송의 명예를 걸고 남녀 경기를 완전 생중계했다. 선수들의 레이스에 지장을 주지 않게 하기 위해 특수 제작의 매연 없는 전기 자동차 2대와 MBC 중계차를 동원, 전 구간을 녹화하여 다양한 영상 기록으로 화면을 구성했다. 전기 차 1호는 선두 그룹, 2호 차는 2진 이후를 추적하였고, 63빌딩 등 22개 지점(여자는 9개 지점)에 중계 차를 고정 배치하여 헬리콥터 2대가 공중 촬영을 했다. 제작 인원은 남자 마라톤에 303명, 여자 마라톤에 179명이 투입되었다.

서울올림픽은 여러 측면에서 최고의 기록을 쌓았다. 참가국이 161개

국에 이르러 올림픽 역사상 최대 규모를 기록했을 뿐만 아니라 대회 취재를 위한 보도진이나 방송 제작진도 올림픽 역사상 최고였다. 서울올림픽의 열전은 140개국 227개 방송사에 의해 지구촌 곳곳에 중계되었다. 중계방송료 수입 4억700만 달러, 국제 신호 제작 2228시간, 해외 중계 방송 시간 연 9200시간은 모두 올림픽 역사상 최대 규모일 뿐만 아니라 세계 방송 사상 최대 규모였다.

KBS는 서울올림픽의 주관 방송사로서 세계 최대 규모였던 서울올림픽의 방송 업무를 성공적으로 완수함으로써 전 세계 방송계에서 한국의 위상을 확고히 정립하는 데 기여했다. KBS 주도로 실시된 올림픽 방송은 세계 각국 방송사들의 경쟁을 이겨 내고 한국 방송이 선진 대열로 도약할 수 있는 계기를 마련했다. 특히 서울올림픽은 오랫동안 이어진 집단 보이콧에 시달리면서 분열의 위기에 몰린 국제올림픽운동을 다시 하나로 결집시키는 계기가 되었으며, 온 세계의 젊은이가 한자리에 모여 인류애와 우정을 다진 대화합의 축제였다. 이념의 갈등으로 갈라섰던 동 · 서 진영과 인종 분쟁으로 등을 돌렸던 흑 · 백 세력이 모두 참가함으로써 3연속의 집단 보이콧의 난기류를 극복한 서울올림픽은 참가국이 161개국에 이르러 올림픽 역사상 가장 많은 국가가 함께한 대회로 기록되었다.

필자는 이 서울올림픽 개최를 한국 방송 역사의 한 페이지로 기록하며 자긍심을 가지면서도 송구한 마음이 든다. 서울올림픽 소장 사료가 부족하기도 하지만 당시 상황을 기록한 자료가 없어서 『한국방송70년사』에 거의 의존할 수밖에 없었다. 관련 글을 집필한 필자분께 양해의 말씀을 드린다. 필진을 파악하여 책 출간 후에 이 책을 들고 찾아뵈올 수 있기를 희망한다.

# 33.
# '한국 방송의 전설'로 불린 최초의 TV PD 최창봉

〈사진 33-1〉은 2004~2005년경 필자의 사무실(KBS 별관)에서 서울대 언론정보학과 강명구 교수 팀이 '최창봉 구술사'를 발간하기 위하여 작업하는 광경이다. 왼쪽이 최창봉 선생, 가운데가 필자, 오른쪽이 백미숙 교수다. 사진에서 잘 보이지 않지만 이 자리에는 강명구 교수는 물론 김학천(EBS 사장 · 건국대 교수 역임) 선배께서도 함께 했다. 〈사진 33-2〉는 최창봉 원로께서 KBS 중앙방송국장 시절 발간한 〈KBS 회보〉 창간호다. 이 회보에 창간사('대화의 문을 열며')와 집필자 최창봉 국장의 직함과 사진이 보인다. 필자가 소장하고 있는 이 사료는 1972년에 발행되었다.

최창봉(崔彰鳳, 1925~2016) 원로와 필자가 본격적으로 교류를 하게 된 계기는 2002년 노정팔 선생 영결식이었다. KBS 초대 민선 이사장을 지낸 노정팔 선생은 1945년 11월 PD로 입사하여 평생을 KBS 발전에 헌신한 공로자인지라 당시 박권상 사장께 건의하여 KBS 신관에서 영결식을 가졌다. 그때 최창봉 원로께 추도사를 부탁드린 계기가 그 시작이었으며, 별세 전까지 15년 동안 자주 뵙고 귀중한 교훈과 방송 사료를 전수받았다. 최창봉은 공적으로는 냉철한 지성인의 자세를, 사적으로는 따뜻한 큰 어른의 모습을 보여 주었다. 일례로 노정팔 선생 영결식을 마치고 KBS 버스로 장지인 안성에 모시고 귀가할 무렵 필자에게 격려 전화를 주셨으며, 얼마 후에는 격려 서신도 보내 주셨던 일들이 매우 감동적으로

사진 33-1. '최창봉 구술사'를 협의하는 광경

KBSi 사장실에서 서울대학교 강명구 교수 팀이 모임을 갖는 모습이다.
출처: 저자 소장 자료.

사진 33-2. 최창봉 국장이 발간한 <KBS 회보>

KBS 회보

창 간 사

對話의 門을 열며

중앙방송국장 최 창 봉

우리는 지금 對話의 時代에 살고 있읍니다.

敵과 敵을 적대던 나라와 나라 사이에서 또한 分斷되던 民族끼리 서로 對話를 通해 여러가지 問題를 論하게 된 것은 모두 對話의 時代를 實感케 해 주는 것입니다.

그러나 國家 間이든 個人 間이든 對話를 한다는 것은 쉬우면서도 어려운 일이라고 여겨집니다.

每日 얼굴을 對하며 같이 일하고 生活하는 좁은 職場內에서도 上下 左右間의 眞正한 對話는 그리 흔한 일이 못되는 것이 事實입니다.

때로는 場所가 適合치 못해서 또는 雰圍氣가 醸成되지 않아서 서로 間의 對話가 이루워질듯하면서도 그 실마리가 풀리지 않을 때가 많읍니다마는 우리가 일하고 있는 放送은 서로를 理解하고 協調하는 속에서 이루워지는 作業이기 때문에 어떠한 境遇에도 對話의 斷絶이 있어서는 안될 것입니다.

特히 放送局은 어느 職場보다도 그 性格이나 個性이 가벗한 사람들로 多樣하게 構成되어 있어서 意見이 百出 하기 일쑤이지만 여러 분의 意見이 充分히 論議되고 左右上下의 意思가 圓滑히 疏通되어 서로를 理解하게 된다면 KBS의 모든 사람이 한 마음 한 뜻이 되기도 어렵지 않을 것입니다.

어느 職業이나 마찬가지겠지만 特히 放送은 그 特性으로 해서 情熱을 갖지않은 사람에게는 보람없는 職業이기 때문에 우리 KBS의 모든 사람들은 國營放送員의 自負心을 갖고 放送에 臨해야 겠으며 特히 지금은 그 어느 때보다도 國家的으로나 社會的으로 國營放送의 使命이 무거운 때이므로 KBS 맨 (MAN)들은 使命感을 갖고 맡은 일은 獻身的으로 해 나가야 하겠읍니다.

앞으로 이 回報를 通해 여러 部署의 얘기들이 알려지고 또 많은 사람들의 意見이 交換되고 對話가 나눠지고 相互 理解가 깊어져 眞正으로 마음이 通하고 뜻이 通할수 있는 KBS가 되기를 바랍니다.

8
1972

1972년에 발간한 창간호다.
출처: 저자 소장 자료.

기억된다. 필자는 그 편지 등과 가끔 건네주신 방송 사료들을 지금도 알뜰히 소장하고 있다.

최창봉은 1957년 노정팔과 두 분이 5개월가량 미국 대학과 방송사 등에서 연수를 받을 때의 사진도 주셨는데, 이는 귀중한 사료이기도 하다. 필자는 한때 최창봉을 모시는 방송 원로들(고인이 된 박경환, 김상헌, 최계환, 김성열, 김호영 선배 등과 생존한 이윤하 선배) 모임에 불려 나가 총무로 봉사하면서 끊임없이 방송 역사 교육을 전수받았다. 2006년에는 한국문화예술위원회 위탁으로 이영미 선생과 필자가 구술 작업을 함께 하여 단행본『최창봉(1925~ )』을 출간한 바도 있다.

최창봉 원로가 2016년 별세한 이후 매년 그의 기일인 12월 29일에 조촐하게나마 추모제를 지내고 있다. 지난 2023년에도 7주기를 맞아 장해랑 전 한국교육방송(EBS) 사장과 육경섭 KBS 전 사우회장, 서인호 KBS 현 사우회장, 이창형 미래방송연구회장 등과 추모 의식을 간략하게 치렀다. 코로나19로 모임 인원이 제한적인 영향도 있었지만, 후배들에게 이 추도회를 전승하고자 하는 필자의 마음이 간절하기 때문이다. 지난 2024년은 2025년 6월 탄신 100주년을 기념하려고 미루었다.

아래 글은 한국방송학회의 위탁을 받아『한국방송인물사 연구』프로젝트를 수행한 적이 있는데, 그때 필자가 집필한 제1부 '방송계 인물사' 가운데 최창봉에 관한 연구 내용이다. 그 글을 여기에 옮겨 싣는다.

---

최창봉은 '방송 역사의 살아 있는 전설'이라 불린 한국 방송의 최고 원로로서 우리나라 여러 방송국의 개국을 주도한 위대한 방송인이다. 그는 지상파 주요 방송사 최고 방송 경영인으로 한국 방송사에 큰 획을 그은 한국 최초의 TV 프로듀서이기도 하다. 그는 이미 6 · 25 참전

장교로 국방부 군 방송 실장을 지내고 1956년 한국 최초의 텔레비전 방송국인 HLKZ-TV에 입사하여 초석을 놓았으며 1961년 MBC 개국 및 KBS-TV 창설에 기초를 다진 후, 1963년 DBS 동아방송 개국 때에도 방송 실무 책임자로 활동하였다. 그 뒤 1971년 KBS 중앙방송국장으로 영입되어 근무하다 1973년 한국방송공사 창립 발기인으로 참여한 후, 초대 부사장을 맡아 임기를 끝내고 방송 외곽으로 나가 있다가 1980년대 방송위원회 위원, 부위원장 등을 거쳐 1989년 MBC 대표이사 사장이 되었다.

최창봉은 여러 방송국을 경영하다 잠깐 방송 일선에서 물러나 있을 때도 공보부 방송문화연구실장(1959), 문화예술진흥원 사무총장(1976), 한국공연윤리위원회 위원장(1980), 대종상 심사위원장(1996), 한국방송진흥원 이사장(2000) 등을 지내기도 하였다. 그는 일찍이 대학에도 출강했는데, 1960년대 우리나라에 신문방송학과가 창설되어 TV제작론을 가르칠 교수가 부족한 시절에 이화여대, 고려대 등에서 강의를 맡기도 했다. 1994년 광주대 초빙교수, 1997년 서울대 언론정보학과 초빙교수로 후학들을 지도하기도 했다.

### 한국방송 역사상 최초의 TV PD이자 TV드라마 연출자

최창봉은 1925년 6월 12일 평북 의주에서 태어나 신의주 동중을 거쳐 1946년 고려대에 입학하여 대학 연극 그룹에서 크게 활동하다가 1951년 6 · 25전쟁 시 참전하여 육군종합학교를 수료한 후 소위로 임관되어 복무하였다. 그는 미 육군학교를 다녀온 후 주로 정훈장교로 근무하면서 국방부 군방송실장을 지낸 뒤 1955년 육군 대위로 전역하여 학업을 마쳤다. 그는 그다음 해 4월에는 HLKZ-TV(KORCAD-TV) PD로 입사하여 한국 최초의 텔레비전방송국 창설의 주역이 되었다.

최창봉은 이 텔레비전방송국에 입사하여 연출과장 직책으로 프로그램 편성, 제작 및 방송 등 개국 업무를 총괄하며 TV 개국식 실황도 연출하여 첫 방송을 내보냈을 뿐만 아니라 우리나라 첫 TV 드라마를 기획, 연출하기도 했다. 그는 극단 '제작극회(制作劇會)'의 김경옥(金京鈺), 오사량(吳史良), 최상현(崔相鉉) 등을 출연시켜 미국의 극작가 홀워시 홀(Halworthy Hall) 원작 〈용사(Valiant)〉를 번역한 〈사형수〉를 허 규(許 圭) 조연출로 개국 3개월 만에 1시간 남짓 생방송한 바 있다. 그리하여 그는 우리나라 TV PD 1호이자 TV 드라마 1호 연출가가 된 것이다.

최창봉은 1957년 6월 미 국무부 초청으로 보스턴대학 등에서 TV 제작에 대해 폭넓게 공부하고 귀국하여 방송국에 복귀했으나 채 2년도 못 되어 KORCAD-TV의 화재로 방송을 중단하게 되자, 공보처 산하의 방송문화연구실장으로 발령되어 방송 연구 업무를 담당했다. 그는 서규석(徐圭錫), 이윤하(李潤夏), 정순일(鄭淳日), 이상희(李相禧) 등과 더불어 청취자 여론조사, 자료 분석, 사운드 라이브러리와 주간신문 ≪주간방송≫과 ≪월간 방송≫ 잡지의 발간 업무 등을 능률적으로 추진하였다. 그즈음 부산문화방송 태동과 더불어 사주 김상용(金相用) 등이 그를 방송 책임자로 스카우트하려 했으나 참여하지 않았다가 1961년 서울 MBC 창설 준비에는 실무 책임자(방송부장)로 헌신하였다. 그러나 MBC가 채 개국되기도 전인 9월 KBS-TV 개국 준비 책임자로 징발(徵發)되었다. 그는 공보부 장관실로 불려갔던 상황을 이렇게 회고하였다.

> 장관이 뭐라 뭐라 하는 말이 있었고 나는 권하는 자리에 앉지도 않고 선 채로 "정부가 인가한 민간방송이 이제 준비를 다 해 놓고 개

국을 기다리고 있는 형편인데 정부에서 도와주지는 못할망정 사람을 이렇게 잡아 와야 하는가" 하고 불평을 늘어놓고 국영 텔레비전을 못 하겠다고 잘라 말했다.

최창봉은 결국 1961년 9월 하순, KBS-TV의 개국 준비 업무를 위촉받아 작업을 시작했다. 나중에 그의 발령 사항을 문서화하였는데, 그 당시 관련 사료를 원문대로 인용하면 "통지서"라는 제목으로 '발령 사항' 아래에 '최창봉(崔彰鳳)'이라 적고 "테레비죤 방송에 관한 사무를 촉탁함. 방송관리국 관리과 근무를 명함"(원문대로 표기)이라고 되어 있으며 연월일 및 통지자는 '단기 4294년 11월 1일 공보부장관'이다.
최창봉은 이렇게 TV개국 준비 책임을 맡게 되자 최덕수(崔德壽), 이기하(李基夏), 황재목(黃在睦), 유인목(俞仁穆), 이평재(李平宰) 등 HLKZ-TV에서 프로덕션의 경험을 가졌던 제작진 및 정일몽(鄭一夢) 등 미국에서 텔레비전 코스를 공부한 인재들과 개국 준비에 박차를 가했다. 그해 12월 31일 군사 정부가 공약한 연내 개국 목표를 가까스로 달성하여 KBS-TV를 출범시켰다. 그러나 그는 1962년 3월 국영방송 직제상 새로 부임해 오는 행정 관리들로 인하여 개국 요원들이 설 땅을 잃어버리게 되자 임시로 발령되었던 KBS-TV 편성과장 겸 제작과장직을 사임하고 국영 텔레비전방송국을 떠났다. 그 후 이화여대 등에서 'TV제작론'을 강의하면서 대학교수를 꿈꾸기도 하였다.

### DBS 개국 주역에서 KBS 중앙방송국장으로 징발 후 공사화 발동

최창봉은 1962년 후반기부터 동아일보사가 주관하는 민간 상업 방송 설립에 관여하게 되었다. 신광우 기술 책임자에게 스튜디오를 설계하는 단계에서 소형 뉴스 룸, 디스크자키 방송실 등의 신설을 조언하면서 결국 최두선 사장, 김상만 전무 등의 권유로 동아방송(DBS)의 방송 책임자로 발탁되었다. 그는 동아방송을 개국시키고 8년여간 동아방송 방송 실무 책임자(부장, 부국장, 국장 등의 직위)로 활동하였다. 그는 '과감한 편성'을 시도하여 새로운 라디오 방송의 전형을 보여 주었는데, 보도에서는 〈DBS리포트〉, 〈라디오 조간〉, 〈라디오 석간〉 등이, 음악 프로그램에서는 〈3시의 다이얼〉, 〈탑튠쇼〉 등으로 DJ 시대를 열었으며, 그 밖에 〈유쾌한 응접실〉, 〈이 사람을!〉, 〈이거 되겠습니까〉 등 많은 프로그램들이 청취자들에게 큰 반향을 불러일으켰다. 최창봉은 특히 1963년 시사 프로그램인 '앵무새 사건'에 연루되어 담당 실무자들과 옥고를 치르기도 했다. 이렇게 동아방송이 전성기를 이루던 1971년, 그는 KBS 방송 책임자로 이끌려 부임하게 되었다. 그 당시의 일화(逸話)는 1961년 KBS-TV 책임자로 징발되는 사건보다는 훨씬 강하고 드라마틱하다.

최창봉은 1971년 8월 국영방송인 KBS 중앙방송국장으로 부임하였는데, 예우 차원에서 국장 직위를 이사관에서 관리관(차관보급)으로 격상시켰다. 그는 부임하자마자 국영적인 홍보 방송 성격의 KBS를 쇄신하는 데 주력하였는데, 〈정당토론회〉, 〈총리와의 대화〉 같은 프로그램도 신설하고 저널리스트들을 외부에서 수혈하기도 하면서 국민들이 보고 듣는 방송을 만들고자 노력하였다. 특히 그는 KBS 국장 재임 기간에 한국 방송 역사에서 획기적인 사건인 국영방송의 '공사화'를 추진하는 일에 정진하였다. 이에 그는 한국방송공사 설립 발기인으로 선임되어 공영방송 체제 구축에 선도적 역할을 하게 되었고, 1973년 3월 3일 한국방송공사가 정식으로 출범하면서 초대 부사장 겸 방송총국장으로 임명되어 KBS 위상을 선진화하는 데 크게 기여했다.

최창봉은 KBS가 새로운 방송, 진정한 공영방송으로 기틀을 다지고 거듭 태어나도록 혼신을 다하였다. 그는 새로운 인재 선발과 고품격 프로그램 제작에 힘썼으며, 방송센터 건설도 선진적 안목으로 추진하였다. 그는 새로 태어난 공영방송 KBS에 이루려고 했던 선진국형 방송 시스템이 많았지만, 그 가운데 여의도 방송센터(현 KBS 본관 건물) 건립이 당초 계획에서 크게 변조되어 난삽하게 구축된 것을 크게 아쉬워했다. 그는 부사장 겸 여의도 방송센터 건설본부장을 맡아 처음에는 저층부 5층 제작동에 스튜디오 등이 자리 잡고, 북쪽 옆으로 사무 행정동이 21층 하이라이즈로 올라가게 되어 있었는데, 그 하이라이즈 빌딩을 스튜디오가 들어갈 제작동 한복판에 넣도록 변경한 것이다. 특히 스튜디오 바로 옆 둘레에 편리하게 위치했던 세트 제작장 자리가 바뀌고 한 치의 공간을 따져 가며 각종 프로그램의 스페이스 수요에 맞추어 설계된 스튜디오들이 무산되었다. 그는 "나중에 다시 변경되어 하이라이즈 빌딩은 아주 없애고 전체를 6층으로 된 현재의 센터가 완성되었다. 하이라이즈 빌딩이 들어가기 위해 뭉개진 스튜디오 스페이스가 지금은 방송 제작과는 별 관계가 없는 220평 대리석 중앙홀로 남아 있다"고 안타까워하면서, 도움을 주었던 NHK 기술자들도 크게 아쉬워했다고 회고했다.

최창봉은 1980년대에 들어서 방송위원회 위원과 부위원장을 지냈다. 그는 이 시기에 PD 시스템을 개척한 전문 방송인답게 독립 프로덕션 회사의 육성에 관심을 기울였다. 그리고 그는 1989년 2월 민주화의 추세에 따라 MBC 문화방송 사장으로 선임되었다. MBC 이사를 지낸 민용기(閔龍基)는 그 당시 상황을 "사장이 두 차례나 노조와 사원들에 의해 물러나고…… 우선 MBC가 수용할 수 있는 '중립적인' 인물을 찾아 나섰는데, 그때 누군가가 최창봉 방송위원회 부위원장을 추천했다. 그는 평생 정치 같은 데 전혀 한눈도 팔지 않고 방송에만 전념해

온 골수 방송인이었다. 그래서 친정부적인 색깔이 없는 비정치 성향의 인물이 MBC 최고 경영자로 등장한다. 이것은 MBC 30년 역사상 최고의 사건이었다"라고 기록하기도 했다.

### MBC 사장으로 취임하여 문화방송 수습, 재건에 진력

최창봉은 어려운 시기에 문화방송 사장으로 취임하면서 '한국 리얼리즘의 방송시대'를 일구어 가자고 주창했다. 그는 문화방송의 최고 경영자로서 그의 경영 지표는 '방송의 민주화'였다. 방송의 정치적 독립은 물론 새 시대에 걸맞은 더 좋은 방송을 준비하자는 것이었다. 그러나 그의 의지와는 달리 강성 노동조합과의 마찰이 이어져 어려운 상황에 직면하기도 했는데, 아래와 같이 그의 소신은 단호했다.

> 오늘날 방송, 이대로 안 됩니다. 방송은 권력에서 독립돼야 하듯 노조나 특정 이익 집단의 힘에서도 독립돼야 합니다. 그런 터전에서 전통을 쌓아 나가고 노하우를 축적해야 합니다. 나에게 주어진 사회적 책임을 다하기 위해 임기 동안 최선을 다할 것이며 방송에 대한 국민들의 기대에 부응하기 위해 최대의 노력을 할 것입니다.

최창봉이 사장으로 재임하던 중인 1992년 12월, MBC는 창사 30주년을 맞아 방대한 분량의 30년 역사서를 편찬했다. 본 책인 『문화방송 30년사』(5×7배판)를 1420쪽 분량으로 출간했고, 별책1로는 『문화방송 30년 연표』(5×7배판)를 838쪽으로 한 해 전에 내놓았으며, 별책2로 『문화방송 30년 편성자료집』(5×7배판)을 634쪽으로 역시 1991년 11월에 출간했다. 20년이 지난 2012년, MBC 50주년에 이렇다 할 사사(社史) 한 권 내놓지 못한 상황과는 사뭇 대조적이다. 그는 1992년 3월

1기 임기 만료 후 재임했으나 그다음 해 3월 정권 교체와 함께 사장직에서 물러났다. 이렇게 하여 그의 방송계 현장 생애가 마감된 것이다.

최창봉은 방송계를 물러난 후에도 학계와 문화계 등에서 왕성한 활동을 이어갔다. 1994년에는 광주대 초빙교수로, 1997년에는 서울대 언론정보학과 초빙교수 등으로 캠퍼스에서 젊은 후학들에게 방송계에서 쌓은 경륜과 노하우를 전수하기도 했다. 또한 그는 대종상 심사위원장을 비롯하여 한국언론 2000년 위원회 위원, 한국방송진흥원 이사장, (사)한국방송인회 이사장 등을 맡아 한중일 3국 방송 제작자 포럼에서도 고문 역할을 하였다.

### 한국 방송사에 크고 높게 기록될 피터팬 영원한 방송인

〈KBS 저널〉에서는 한국텔레비전방송 50주년을 기념하여 최창봉과의 특별 인터뷰를 가졌는데, 그 서두에서 "방송 역사의 살아 있는 전설, 최창봉이라는 사람을 이보다 잘 표현한 수식어는 없는 듯하다. 이 수식어에는 개국 전문가, 대한민국 텔레비전 최초 PD였던 최창봉의 젊음과 열정이 담겨 있고, 그가 전설로 회자 되는 이유가 숨어 있다. 역사의 크고 작은 진통을 고스란히 겪으며 그는 37년을 묵묵히 방송과 함께했다. 인생에서 37년을 방송에 쏟아붓고 이제는 전설이라 불리는 사람. 그가 곧 대한민국의 방송이었다"라고 밝히고 있다.

아울러 방송계에 PD로 입문, 나중에 방송(언론)학자가 되어 크게 활약한 교수들도 최창봉의 공적을 기리고 있다. 한국언론학회장을 역임한 박명진(서울대 명예교수)은 "방송사에 들어가니 최창봉 선생은 전설적인 일화를 잔뜩 가지고 있었다. 그 일화들은 하나같이 그가 얼마나 사나이다운 열정적인 방송인이었나를 말해 주는 것들이었다"고 전제한 후 갖가지 예증을 들면서 피터팬 신드롬이라는 말을 내세워 최창봉을 피터팬 방송인으로 부각시켰다. 박명진은 자신이 동아방송의 초년병 시절 "당시 하나같이 매력 있고 멋져 보였던 기라성 같은 젊은 PD들은 최 선생을 거의 영웅처럼 받들어 모셨던 것 같다. 한 조직의 장에 대해 그 구성원들이 그렇게 한결같은 애정과 존경을 가졌던 조직을 나는 그 후로 본 바도 들은 바도 없다. 최 사장을 중심으로 그때의 끈끈한 인간관계가 지금까지 지속되고 있다는 사실은 분명히 인류학적 연구의 대상이 될 만하지 않은가?"라고 기술하였다.

한국방송학회장을 지낸 김우룡(한국외국어대 명예교수)은 "최창봉은 한국 방송사의 살아 있는 증인이다. 그는 최초의 텔레비전 PD이자 처음부터 끝까지 방송과 함께 삶을 해 온 전문 방송인이라고 할 수 있다. 영국의 대표적인 방송 BBC의 기틀을 다진 리이스 경(卿)에 비견할 만하다. 그는 여러 방송사의 설립을 주도한 설계사이자 조산원이었다. 그는 또한 라디오와 텔레비전, 국영과 민영, 그리고 공영방송을 두루 섭렵한 유일한 방송인이기도 하고, 맨 밑에서 최고 상층부까지 경영의 사다리를 올라간 입지적인 방송인이기도 하다. 세월이 흐르면서 방송사에 끼친 최창봉의 업적과 족적은 하나의 '전설'로 남게 될 것이다"라고 평가한 바 있다.

최창봉은 1997년 서울대학교 언론정보학과에 한국방송계 처음으로 기금이 부여된 초빙교수가 되었고, 2002년 12월에는 '최창봉 선생 방송 45년을 기념하여 바친다'는 부제로 『한국의 방송인』이라는 단행본이 증정되었다. 이러한 사례는 권위적인 대학교나 자기중심적인 방송계 풍토에서 기념비적 사건이라 할 수 있다. 그는 동아일보사와 후배 방송인들이 주선하여 2010년에 '영원한 PD 최창봉의 방송인생 다큐멘터리'라는 부제로 『방송과 나』를 출간하였다.

최창봉은 수상 실적도 상당한데, 그의 저술 연보(年譜)에서 추출해 보면 다음과 같다. 1951년 충무무공훈장을 비롯하여 1970년 대한민국 문화예술상, 1979년 보관문화훈장, 1993년 호암상(언론부문), 1994년 언론상 방송부문 본상(한국언론학회), 1997년 대한민국 금관문화훈장, 2003년 제27회 월남장(月南章), 2007년 방송대상 특별상(방송위원회), 2008년 대한언론인회 공로상 등을 수상하였다. 2002년 5월 15일에는 한국방송영상산업진흥원이 주관한 '방송인 명예의 전당'에 헌정되었다.

* 이 글은 한국방송학회(당시 학회장 성균관대 송해룡 교수) 보고서『한국방송인물사 연구』(2014.5) 214~219쪽에 수록되어 있다.

# 34.
# SBS 서울방송, 공영시대 새 민방으로 탄생(1990)

〈사진 34-1〉은 SBS가 우리말 방송 사명(社名)을 '서울방송'으로 출범할 당시의 첫 'TV 개국 편성' 사료다. 이 표지 위편에 1991년 12월 9일 날짜가 선명하게 보인다. 〈사진 34-2〉는 SBS 10년사 및 20년사 사료들이다. 10년사는 3권으로 통사편, 화보편, 자료편 등으로 되어 있다. 10년사 옆의 『SBS 스토리』는 창사 20주년을 기념하여 만든 SBS 20년 사사(社史)이다.

'TV 개국 편성' 팸플릿형 책자는 겉표지나 속표지에 SBS가 'TV 6ch'임을 강조하고 있는데, 민간 상업 방송 모습을 확연하게 느낄 수 있다. 이 사료 안으로 들어가 보면, 목차 앞장에 sbs 방송지표로 '건강한 방송 건강한 사회'를 강조하면서 6대 윤리 가치를 제시하고 있다. "정의로운 사람에게 용기를(개인윤리), 온 가정에 화목과 행복을(가정윤리), 직분을 다하는 사람에게 보람을(직업윤리), 질서를 지키는 사람에게 존경을(사회윤리), 나라 사랑하는 마음에 긍지를(국민윤리), 하나 되어 세계 속에 자존을(미래 의지)" 등을 방송지표로 내세우고 있다.

다음 장, 목차로 들어가면 '1. sbs TV 개국 선언 2. 편성 방향'이 보인다. 방송 방향은 다섯 가지를 제시하고 있는데, 첫째가 개국 원년의 채널 이미지 설정을 위한 sbs 6대 방송지표의 구체적 실천이다. 이는 앞에서 제시한 여섯 가지 윤리 가치를 강조하는 것이다. 네 번째에는 수도권 지역의 특성에 맞는 프로그램 개발 및 편성을 제시하고 있다. 이 역시 서울

방송이라는 지역적 로컬성을 중시하는 방향이라 할 수 있다. 3. 편성개요이다. 편성개요 가운데 첫 번째로 'sbs 방송지표의 구현을 위한 프로그램'을 제시하고 있는데, 이는 앞에서 강조한 여섯 가지 윤리 가치를 구체적으로 실천하는 마당을 마련한 것이다. 편성개요에는 이 밖에도 새로운 편성 패턴의 창출을 들고 있는데 오후 8시대 메인 종합 뉴스(sbs 뉴스 8) 신설이 대표적이다. 수도권 시청자의 다양한 욕구 충족을 위한 참여 프로그램의 극대화도 서울방송의 필수 요소라 할 수 있다. 다음 4. 부문별 편성 특성이다. 이 편성 특성에는 보도 부문, 스포츠 부문, 드라마 부문, 쇼·오락·어린이 부문, 생활 정보·교양 부문, 기획특집 부문, 영화 부문, 외주제작 부문 등으로 다양하게 나뉘어 있는데, 드라마 부문이 앞서 있는 것이 눈에 띄어 민간 상업 방송다움으로 보인다. 5. 편성 비율에는 부문별, 외주 제작, 외화 등으로 나누어 방송 시간과 비율을 주간 기준으로 통계화하고 있다. 그다음 장에는 '개국 편성표'가 표로 나타나 있는데, 시행일: '91. 12. 9가 부기되어 있다.

다음으로 '프로그램 내용'이 드라마, 쇼·코미디·퀴즈, 교양·다큐멘터리, 보도·스포츠, 영화, 외주 순서로 기록되어 있다. 게재 순서가 드라마부터인데, 개략적으로 살펴보면 다음과 같다.

아침드라마 〈고독의 문〉(원작: 송원희, 극본: 정하연, 출연: 원미경, 유동근, 남성훈, 제작 담당: 이근용), 일일연속사극 〈유심초〉(극본: 신봉승, 출연: 정하완, 박지영, 변소정, 이주나, 라재웅, 제작 담당: 김재순), sbs 소설극장-제1화 〈여자 45세〉(원작: 김수현, 제작 담당: 곽영범), 여성극장(극본: 최현경·이선희, 제작 담당:박진수·문정수), sbs 주말극장 〈은하수를 아시나요〉(극본: 지상학, 제작 담당: 이종수), 일요 아침극장 〈사랑의 풍차〉(극본: 신선희·이석영, 제작 담당: 이장수), sbs 일요극장 〈목소리를 낮춰요〉(극본: 박리미, 출연: 주 현·박원숙·노주현, 제작 담

사진 34-1. SBS, TV 개국 편성 사료

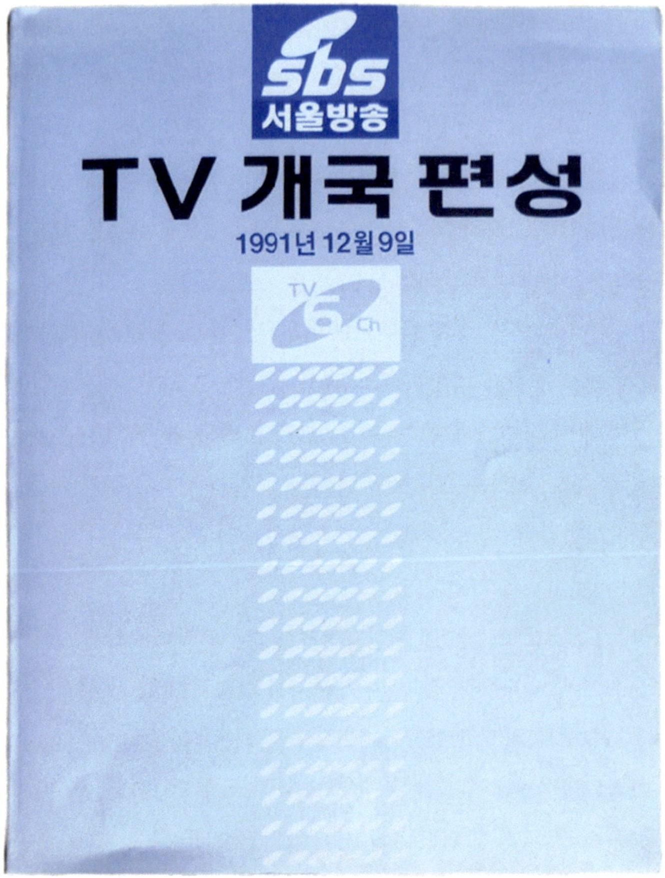


서울방송으로 창사하여 TV 방송을 시작하면서 기획한 편성 자료집이다.
출처: 저자 소장 자료.

사진 34-2. SBS 10주년·20주년 기념 사사(社史) 『SBS 10년사』, 『SBS 스토리』

SBS가 창사 10주년과 20주년을 맞아 펴낸 역사서다.
출처: 저자 소장 자료.

당: 운군일) 등이다. 드라마 편수가 대단히 많은 편이다. 다른 프로그램 소개는 생략한다. 이 사료 뒷면에 sbs 서울방송 주소가 나오는데 영등포구 여의도동이다. 앞 표지 뒷면에 여의도 방송청사 사진이 흐릿하게 보이는데 맨 위에 '태영'과 '서울방송' 상호가 붙어 있다. 서울방송 사주 태영이 소유한 건물에 스튜디오를 만들어 방송을 시작하던 때다.

〈사진 34-2〉에 보이는 『SBS 10년사』(2001년 1월 발행)는 세 권으로 되어 있는데, 먼저 '통사편'을 살펴보려고 한다. SBS 사주 윤세영의 발간사를 넘기면 '차례'가 나온다. 먼저 서장 '좋은 방송 좋은 세상 SBS(시대적 당위 SBS 출범, 시청자와 함께 한 SBS 10년의 발자취, 미래를 여는 생명의 방송 SBS 등으로 기록)', 제1장 탄생, 기쁨 주고 사랑받는 SBS(SBS 태동기의 방송 환경, 건강한 사회를 위한 건강한 방송 SBS 출범, 새 시대 새로운 방송 SBS TV 개국 등), 제2장 도약의 시금석 창업 전반기 완성(창립 5주년 세계로 미래로, 희망과 감동을 주는 방송 SBS, 마음에서 마음으로 SBS 라디오, 이윤을 사회로 SBS의 공익사업 등), 제3장 21세기 첨단 종합 매체로 비상하는 SBS(희망을 이야기하는 방송 SBS, 자회사 ~~운용~~-SBS뉴스텍/SBS아트텍/SBS의 디지털 시대를 여는 SBSi, 뉴미디어 선두주자 SBS, 새천년 시청자를 주인으로 하는 방송 SBS 등) 등으로 되어 있다. 끝으로 '함께할 21세기 디지털 SBS'라는 글로 『SBS 10년사』 통사편을 마무리했다.

『SBS 10년사』 화보편과 자료편이 별책으로 되어 있어 앞에서 거론한 통사편까지 세 권인데, 세 권의 분량이나 부피가 비슷하다. 세 권이 한 케이스에 담겨 있다. 그러나 화보편과 자료편의 목차가 통사편에 실려 있는 것이 특별한 느낌을 주기도 한다.

화보편의 목차는 '좋은 방송 좋은 세상 SBS 10년' 아래에 민영 방송시대 개막, 전국 방송을 향한 노력, 제2개국과 도약 기반 구축, 종합 영상 매체 그룹으로의 변신 등 7개 소제목의 사진이 게재되어 있다. '기쁨 주고 사랑받는 SBS 프로그램' 휘하에는 20개 소제목에 따른 사진이 실려 있다. 모두 다 거론하기가 벅차 몇 개만 요약하면 다음과 같다. SBS 8 뉴스 역대 앵커, 박진감 넘치는 SBS 스포츠, 감동이 있는 대서사시 SBS 다큐멘터리, 사랑과 감동이 넘치는 특집 드라마를 비롯하여 일일드라마, 아침드라마, 월화드라마, 수목드라마, 주말드라마, 일요드라마 등의 화보가 나열되어 있다. 이 밖에도 쇼 오락, 코미디, 토크, 시트콤에 관련된 화보 이외 SBS 라디오, 만화영화 관련 사진도 있다.

자료편은 목차 순서대로 나열하면, CI 변천, 기구 조직도, 방송 프로그램 일람표, 프로그램 편성표, 대차대조표, 손익계산서, 광고 매출 현황, 연도별 인원 현황, 재직자 명단, 사내 수상 내역, 사외 수상 내역, 연기대상 수상자, 슈퍼엘리트모델선발대회 수상자, 탤런트 · 개그맨 기수별 공채 현황, 도메인 주소록, 정관, 연표 등이 수록되어 있다.

SBS 20년 사료 책인 『SBS 스토리』는 표지에 1990과 2010이라는 숫자와 말미에 20 아래 SBS 창사 20주년이 작은 글자로 적혀 있다. 이 책에도 프롤로그에 사주 윤세영의 글이 5쪽에 걸쳐 있고, 이어 역대 CEO & 임원진 사진이 실려 있다. 1대 윤세영 사장(1990.11~1994.03)을 시작으로 2대 윤혁기 사장(1994.03~1998.11), 3대 송도균 사장(1999.03~2005.01) 등은 재임 기간이 4~5년이었지만, 4대 안국정 사장과 5대 하금열 사장 등은 3년 미만이었다. 6대 우원길 사장(2010.01~현재)은 재임 중이었다. 각 사장 옆으로는 임원진 사진이 조그맣게 나열되어 있다.

목차로 들어가 보면 장(章)이나 절(節) 구분 없이 큰 글자 제목 밑에 작은 글자 소제목으로 나뉘어 있다. 장 성격의 큰 글자가 아홉 군데, 절 성격의 작은 글자는 헤아릴 수 없이 많다. 아래에 장은 전체를 그대로, 절은 괄호 안에 한두 개만 옮겨 적는데(경우에 따라 전체도), 처음 장은 SBS 태어나다(창업의 뒷 그림 등), 그다음은 다져지는 터(여의도 10-2번지 등), 언론과 산업의 만남(SBS의 기업문화와 철학 등), 명품방송 SBS(드라마 왕국 SBS-〈모래시계〉가 몰고 온 열풍 등), 디지털 방송의 요람 목동 SBS(목동 시대 개막 외), 글로벌 미디어 그룹을 향한 큰 걸음(SBS미디어홀딩스, SBS콘텐츠허브, SBS미디어넷, SBS인터내셔널, SBS뉴스텍, SBS아트텍 등), 방송의 R&D 미래를 위한 투자(서울디지털포럼과 미래한국리포트 외), 좋은 방송으로 밝은 세상 만들기 20년(물은 생명이다 등), 미래는 SBS 앞에/SBS는 미래 앞에(스무 돌 SBS의 오늘 외) 등이다. 이 책 끝부분에는 'SBS HISTORY'라 하여 세 쪽에 걸쳐 작은 사진과 설명이 들어 있다. 참고로 SBS는 1990년 창사 당시 우리말 방송사 명칭을 '서울방송'으로 출범했으나 2000년에 우리말 명칭을 폐기하고 영문 약자인 'SBS'만 사용하고 있다.

# 35.
# 홍두표의 경영 혁신, 수신료 한전병과 및 1TV 광고 폐지

한국 방송에서 생존 인물 가운데 가장 큰 방송인은 단연 홍두표(洪斗杓, 1935~ ) 선생(이하 '홍두표'로 표기)이다. 필자가 방송계 및 방송학계를 50여 년 넘나들면서 방송인이나 방송학자들을 만나 물어보면 단연 홍두표로 거론된다. 그도 그럴 것이 어느 관점에서 보더라도 그를 능가할 방송인을 찾기 어렵기 때문이다.

첫째, 그는 지상파 방송사 공채를 통하여 방송사에 입문한 순수 방송인이다. 1961년 KBS 텔레비전 방송국 개국 요원(TV PD)으로 방송계에 첫발을 내디뎠다. 둘째, 순수 방송인 출신으로 민간 상업 방송사 사장(TBC 동양방송)으로 선임되었다. 삼성그룹 사주 이병철의 엄격한 업무 중심 혜안이 작용했을 것이다. 셋째, 과장, 차장, 부장, 국장, 이사, 상무이사, 전무이사 등을 차례로 거쳐 45세 나이에 대표이사 사장(1980년 TBC 동양방송)으로 발탁되었다. 넷째, 경영 능력이 탁월하여 별명이 '사장'일 정도로 공공기관(광고공사, 담배인삼공사 등)뿐만 아니라 대형 신문사(중앙일보), 공영방송사(KBS 한국방송공사) 등의 사장 직책을 역임하였다. 다섯째, 그는 지금 구순의 연륜에도 현역 생활을 이어 가고 있다. JTBC를 거쳐 지금은 TV조선 회장으로 재임 중이다. 한국 방송 인물사를 공부하는 필자로서는 홍두표야말로 한국 방송 역사에서 기려야 할 인물

사진 35-1. KBS 홍두표 사장 시절 경영 혁신

사명
· 문화의 샘터,
겨레의 길잡이

주간 KBS 소

1993년 10월 20일(수요일) 발행 : 한국방송공사 편집 : 홍보실 출판부 주소 : 서울특별시 영

## '97 ABU 서울총회 유치 결정

### 홍사장 제30차 ABU총회 참석 후 귀국

'97년도 ABU(아시아 태평양 방송 연맹) 총회가 서울로 확정됐다.

지난 12일부터 14일까지 뉴질랜드 오클랜드시에서 열린 ABU총회는 폐막식에서 97년도 총회 개최지로 서울을 확정하고, 홍두표 KBS 사장의 ABU총회 유치 특별 연설을 들었다.

홍두표 사장은 연설을 통해 ABU회원국들은 서로의 관심과 이익을 위해 긴밀한 협조를 해나가고 있어 이제는 '연맹'이란 개념을 뛰어넘어 '공동체'의식을 구축해 가고 있다고 강조하고, "오는 97년 서울 총회에 ABU 전회원들이 참석해 협력관계를 더욱 공고히 해나가자"고 말했다.

이로써 ABU 연차 총회는 94년에 일본에서, 95년은 이란, 96년의 홍콩 총회에 이어 97년에는 KBS 주관으로 서울에서 개최된다.

홍두표 사장의 KBS 재임 5년간 수행한 경영 정책은 대단했다.
출처: 저자 소장 자료.

이자 연구해야 할 방송 선현임을 후학들에게 알려야 할 책임이 있다고 생각한다.

여기서 다루어야 할 주제는 앞의 타이틀대로 홍두표가 KBS 사장 시절 경영 혁신의 일환으로 추진한 수신료를 한전 전기료에 병과한 한국 방송사에 길이 남을 역사적 사건이다. 홍두표는 1993년에 들어서, PD로서 처음 방송 일을 시작했던 KBS에 복귀하여 한국방송공사 사장이 되었다. 그는 KBS 사장으로 5년 동안 재임하면서 탁월한 경영 능력을 발휘하여 방송가에서 소위 두 마리 토끼로 일컬어지는 프로그램 고품격과 재정 안정도를 견고하게 이루어 냈다. 특히 수신료 징수가 어려워지자 전기료에 병과한 특단의 정책 추진이야말로 방송사에 크게 기록될 사건이라 할 수 있다.

사진 35-2. KBS TV 개국 당시의 사료

개국 요원으로 입사한 홍두표 PD(뒷줄 왼편에서 여섯 번째)가 보인다.
출처: 저자 소장 자료.

필자가 소장한 사료 가운데 〈사진 35-1〉에서 볼 수 있듯이 홍두표는 KBS 사장 재임 시절 실로 다방면에 걸친 정책을 추진했다. 그중에서도 단연 주목할 만한 것은 수신료 징수를 한국전력에 병과하고, KBS 제1TV의 광고를 전면 폐지한 조치였다. 이는 경영 혁신의 모델이자 교과서적 사례로 평가된다. 그는 "직업이 소위 '사장'이 아니라 평생 일하는 것이고, 현장 전문가로 살아왔다는 생각이 든다"라고 피력하기도 했는데, 홍두표가 이 같은 철학을 밝힌 글(『KBS 50』, KBS, 2023, '역대 사장 회고' 중, 423쪽) 가운데 위 주제와 관련된 그의 회고담을 원문대로 인용하려고 한다. 아래의 글이 그 일부다.

부임했을 당시에는 공영방송의 축이 되어야 할 9시 뉴스가 〈MBC 뉴스데스크〉에 밀리고 있었고 톱10에 들어가는 KBS 프로그램이 1~2개 정도에 불과했습니다. 그 원인을 점검해 보고 가장 큰 문제가 재원이라고 판단했습니다. 최우수 사원들을 보유하고 있었지만, 제작비나 경비가 부족하여 제 역할을 다 못하고 있었기 때문입니다. 이러한 현실을 타개하기 위해 수신료를 한전에 병과하는 안을 검토했습니다. 이 방안을 통해 KBS 1TV의 광고를 폐지하여 완전한 공영채널이 되고, 약 3,000억 원의 1TV 광고 금액은 신문이나 방송으로 환원된다는 논리를 세웠습니다. 한전, 신문사, 방송사 등 이해관계회사의 사장을 만나 설득한 후에 김영삼 대통령을 독대하여 재가를 얻었습니다.

이렇게 수신료 징수 제도를 개선하여 얻어진 재원으로 뉴스와 콘텐츠 제작비를 인상하게 되자 프로그램들이 뜨기 시작했다. 9시 뉴스 앞에 일일드라마 〈바람이 불어도〉를 편성하여 최고 시청률이 55.8%가 나올 정도였고, MBC 뉴스데스크를 압도하게 되었다. 또한 수신료 제도의 혁신으로 확보된 재원으로 급여도 MBC 수준으로 인상되었고 개인연금도 도입하여 직원들의 복지와 후생 제도를 개선하기도 했다. 아울러 명예퇴직 제도도 활성화하여 IMF 시기에는 320여 명을 명퇴시키기도 했다. 홍두표의 경영 혁신은 이뿐만이 아니었다. 그의 탁월한 리더십은 직원들의 사기 앙양과 KBS 위상 제고 측면에서도 크게 기여했다.

〈사진 35-2〉는 홍두표가 1961년 KBS-TV 개국 요원으로 공채된 후, 그 다음 해쯤 서울텔레비전방송국장이 부임하면서 선배들과 함께 촬영한 것으로 보인다. 앞줄에 앉은 이들은 국장, 과장들이다. 홍두표는 뒷줄 왼쪽으로부터 여섯 번째에 서 있다. 동기생 강현두(서울대 언론정보학과

명예교수)도 보이는데, 동기생들 가운데 1960, 1970년대 명성을 날린 TV PD들이 있다. 대표적으로 KBS-TV 드라마 PD 이남섭은 인기 절정의 〈여로〉를 극본도 쓰고 연출까지 맡았던 인재였다. 황정태는 홍두표와 함께 1964년 동양텔레비전방송 개국 요원으로 스카우트되어 TBC-TV 쇼 프로 제작 전문가로 〈쇼쇼쇼〉 등을 연출하며 명성을 날렸다.

앞에서 동양TV 개국 요원으로 홍두표, 황정태 등이 스카우트되었다는 사실을 언급했는데, 이를 좀 더 살펴보기로 한다. 홍두표는 1964년 10월 동양방송 TV 개국 창설 요원으로 참여하여 제작1과장이 되었다. 그는 탁월한 업무 능력을 발휘하여 빠른 승진을 하게 되는데, 편성부장, 부국장을 거친 후 1972년 도쿄 특파원으로 파견되었다. PD가 기자들을 제치고 해외 주재 특파원으로 파견되는 사례도 흔치 않은 일인데, 그는 일본에서도 다른 특파원들과 달리 많은 특종을 보도한 것으로 알려져 있다. 홍두표는 2년여의 특파원 활동을 마치고 편성국장으로 승진하여 귀국했다. 그는 그다음 해 이사로 승격되고 1978년 이후 상무이사, 전무이사를 거쳐 1980년 동양방송 사장이 되었다. 그해 신군부의 언론 통폐합 조치에 따라 TBC가 KBS로 흡수 통합되자 홍두표는 방송계를 떠나 방송광고공사 창설을 주도하여 그다음 해 한국방송광고공사 초대 사장으로 취임하였다. 그는 1986년 전매청장으로 부임, 공사화를 추진하여 그다음 해 담배인삼공사 사장을 역임하기도 했다. 이후 1992년 삼성그룹의 ≪중앙일보≫로 복귀하여 사장이 되었는데, 방송 PD 출신이 중앙 종합 일간지 대표가 되는 경우란 전무한 사례다. 이는 삼성의 2대 주주였던 이병철의 셋째 아들 이건희의 결단이었다. 홍두표는 1993년 3월 친정 격인 KBS 사장으로 취임하여 5년간 재직했다. 그를 '한국 방송의 전설이자 신화'라 일컬어도 지나치지 않을 것이다.

# 36.
# 『문화방송 30년사』 발행과 ≪사보 문화방송≫ 창간

〈사진 36-1〉은 서울MBC가 1992년 12월에 발행한 『문화방송 30년사』 표지다. 이 책은 크기나 부피가 방대할 뿐만 아니라 디테일 측면에서도 대단한 사사(社史)라 할 수 있다. 5×7배판 크기에 분량도 1420쪽이나 된다. 이 본 책에 곁들여 별책은 30주년 기념일인 1991년 12월 2일에 맞춰 2권이나 발간했다. '별책1'은 『문화방송 30년 연표』(838쪽), '별책2'는 『문화방송 30년 편성자료집』(634쪽)이다. 이 별책만으로도 대단한 한국 방송 역사 사료가 된다.

〈사진 36-2〉는 두 사료 책자가 겹쳐 있는데, 앞에 것은 MBC ≪사보 문화방송≫ 창간호(1983/5)이고 뒤에 것은 『문화방송 사사』(1961～1982)다. 필자는 MBC 관련 역사를 이 세 소장본 사료를 통하여 공부할 때가 많은데, 특히 『문화방송 30년사』 본 책은 대단한 역작인지라, 그 책을 접할 때마다 당시 이 작업을 추진한 최창봉 MBC 대표이사 사장을 비롯한 사사 편찬 작업에 참여한 모든 분들께 감사를 드리고 싶다.

『문화방송 30년사』를 앞세우는 데는 필자 나름대로의 뜻(이유)이 있다. 그것은 한국 방송 역사의 큰 축인 MBC가 스케일이나 디테일 측면에서 대단한 30년사를 출간함으로써 방송 역사를 연구하는 이들이나 전현직 방송인들에게 크게 공헌했다고 생각하기 때문이다. 앞에서 제시한

MBC 사료 세 가지 중 이 30년사 본 책이 가장 늦게 출간되었지만, 맨 앞으로 등장시켜 다루고자 한다. 워낙 방대한 책이라 출간 기일도 1년이나 늦춰져 창사 30주년이 한 해가 지난 1992년 12월 2일에 세상에 나왔다.

『문화방송 30년사』는 책 모양이나 내용이 대단하여 언급하기가 쉽지 않다. 책이 표지부터 우람하여 넘겨 볼수록 감탄사가 절로 나온다. 짜임새 있게 기획한 이 책은 MBC 역사를 알리는 심볼 마크의 변천사를 시작으로 사시, 사가, 방송 강령, 기념사(방송문화진흥회 이사장 양흥모), 발간사(대표이사 사장 최창봉) 등으로 이어져 간다. 최창봉 사장은 발간사에서 창사 30주년을 계기로 문화방송은 이제 방송 제1세대를 마감하고 제2세대를 열어 가고 있다고 전제한 후, "무분별한 경쟁에서 빚어지는 프로그램의 질적 저하를 지양하고 공익을 우선하는 탄력 있는 자율 방송으로의 신장은 방송 제2기를 출범한 장년 MBC의 표상"임을 강조하였다. 이는 노사 갈등, 이념 갈등 등으로 양극화 현상이 심화되는 당시 MBC의 미래를 걱정하는 시선이 담긴 것으로 해석할 수 있다. 『문화방송 30년사』의 특징은 100쪽 가까운 화보를 들 수 있는데, 인사동 시대, 정동 시대, 여의도 시대의 사진과 각 장르 분야별 화보(보도, 보도제작, 스포츠, TV 제작, 교양, 라디오, 장비 · 시설 등)뿐만 아니라 MBC 전 지역국, 자회사 등 모두를 빠짐없이 균형 있게 싣고 있다.

『문화방송 30년사』 210쪽에 이 책의 목차가 나오는데 제1부 통사편에서는 서장(序章) "'빛의 메아리' 방송 30년"이 돋보인다. 장년 방송의 위상과 내실, 문화방송 '제2세대' 출범, 중장기 발전 계획 등이 다루어진 것은 다른 사사에서는 보기 어려운 부분이다. 이 통사편은 이어 한국 방송의 여명기, 인사동 시대(1961~1968), 정동 시대(1969~1981), 여의도 시대(1982~ ), 신질서 새 방송 시대, 재단(방송문화진흥회, 정수장학회) 등으로 구성되어 있다. 제2부 매체사 편에는 라디오 방송, FM 방송, 텔레비전

사진 36-1. MBC『문화방송 30년사』

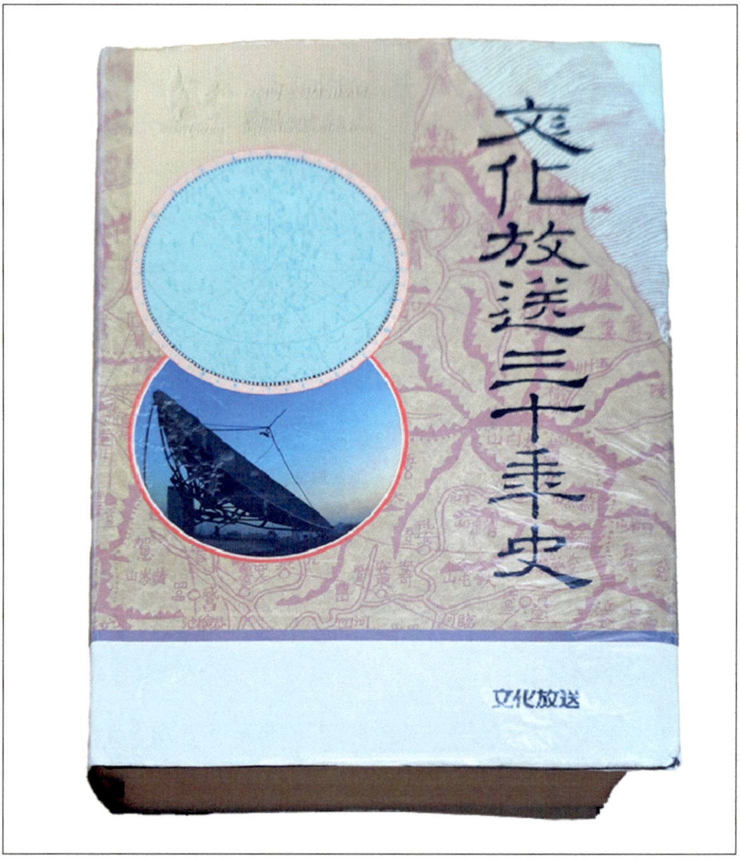


방대한 MBC 역사책으로 기념비적 사료다.
출처: 저자 소장 자료.

방송, 방송기술, 방송심의, 광고사업 등으로 분야별 역사가 기록되어 있다. 제3부는 '증언'으로 되어 있는데 'MBC와 나'편에는 역대 사장 7명의 증언이 담겨 있다. '남기고 싶은 이야기'는 임택근 등 MBC에 근무했던

사진 36-2. 문화방송 사보 ≪사보 문화방송≫과 문화방송 사사『문화방송 사사』

MBC 20년사와 사보 창간호다.
출처: 저자 소장 자료.

180여 명의 인사들이 방송 경험담이나 추억 등을 회상한 글로 구성되어, 본문 곳곳에 실려 있다. 제4부 계열사 관련 회사 편에는 부산문화방송 등 19개 지역방송국이 소개되어 있다. 제5부 자료편에는 각종 자료가 상당량 수록되어 있는데, 수상자에 관한 기록이 디테일하면서도 이채롭다. 주요 사내 상 수상자 명단 이외에 사외 수상, 해외 수상, 방송 행사 수상자까지 기록되어 있다. 이 밖에도 회사 주요 출판물 현황을 정리한 자료도 쉽게 접하기 어려운 것이다. 맨 끝에 '사사 편찬에 도움을 주신 분들'은 문헌자료, 사진자료 등으로 나누어 사내, 사외별로 기록하고 있어 참으로 대단한 기획이라고 할 수 있다. 이렇게 충만한 『문화방송 30년사』를 보면서 한국 방송 역사 연구자인 필자로서는 50년사(2011년)나 60년사(2021년) 등을 방치한 당시 책임자들이 한스럽기만 하다.

본 책 『문화방송 30년사』 이외 별책1 『문화방송 30년 연표』는 1961년 문화방송의 태동에서부터 1991년에 이르기까지 MBC 프로그램, 기술, 경영관리, 일반사항 등 4개 부문으로 구분하여 연도별 월일별로 정리하였다. 별책2 『문화방송 30년 편성자료집』은 MBC TV, MBC 라디오, MBC FM의 개국 이후 정규 편성표를 집대성하여 방송의 요체인 편성자료를 문헌화했다.

〈사진 36-2〉의 ≪문화방송 사사≫(1961~1982)는 1982년 7월 30일 발행되었다. 발행처는 주식회사 문화방송, 서울특별시 중구 정동 22번지로 되어 있다. 사옥이 인사동에서 정동으로 이전한 후다. ≪문화방송 사사≫ 맨 뒤 장 '후기'를 보면, 사사 편찬 과정에서 예상외로 많은 우여곡절이 있었음을 확인할 수 있어 안타까운 마음이 든다. 사료들의 일실로 편찬 과정이 순조롭지 못한 상황이 보이는데, 이 사실은 지금도 MBC가 유념해야 할 사항이다. MBC 문화방송이 사옥을 정동에서 여의도로 옮기고, 여의도에서 상암동으로 이전할 때 오프라인 사료들을 많이 버린 것으

로 알고 있다. 역사는 사료의 기록이다. 아무리 온라인 시대가 도래하여 편리해졌을지 몰라도, 그 모든 것을 디지털에 온전히 담아낼 수는 없으며, 실물 사료를 통한 탐구는 여전히 중요하다. 이런 상황은 한국적인 문화에서 도래된 것으로 보이나 세계 강국 선진국으로 부상하는 대한민국이 지켜 가야 할 중요한 덕목임을 강조하고 싶다. 이 사사 편찬위원회가 임원진과 간부진으로 구성되어 있으나 집필진이 따로 있는 것이 이채롭다. 특히 집필자 4명(서정우 연세대 신문방송학과 교수, 최창섭 서강대 신문방송학과 교수, 임동수 서울신문사 편집위원실장, 유승삼 서울신문사 논설위원)이 모두 외부 인사로 구성되어 있어서 집필에 애로를 겪었을 것으로 보인다.

≪문화방송 사사≫를 들춰 보면, '卷頭(권두)'라는 목차에 발간사(이웅희 사장)로부터 각종 화보, 일러두기 등이 나열되어 있다. 그다음으로 제1편 제1장 총설 편에는 한국방송사 개관, 민영방송 탄생 전후가 기술되어 있다. 제2장 개화기(1961～1968)에는 4개의 절로 나누어 문화방송의 초창기, 변혁기, 성장과 발전, 운영 등을 담았다. 제3장 전환기(1969～1973)는 사세의 확장, 민간 TV시대의 개막 등 2개의 절로 되어 있다. 제4장 경쟁기(1973～1979)는 종합법인체의 출발, 정상을 확보한 1970년대의 후반 등으로 역시 2절로 되어 있고, 마지막 5장 도약기(1980～1982)는 무려 16개의 절로 상당히 집중화했다. 그 16개 절의 소제목을 살펴보면, 정치 발전 과정과 MBC, 언론 통폐합과 방송의 공영화, 조직 정비와 경영 쇄신, 컬러 방송 시대의 개막, 편성·제작 체제의 일신, 보도·스포츠의 강화, 라디오의 활성화, 아침방송 재개와 교육방송, 출력 증강과 방송망 확장, 시설·기기의 현대화, 여의도 스튜디오 건설, 창사 12주년 큰 잔치, 본사·계열사 일체화 작업, 광고·영업 체제의 변화, 프로야구단의 창단, 국제화 시대를 지향하는 MBC 등이다. 제2편 매체사 제1장 라디오

AM은 라디오 개국과 첫 방송, 질적인 변화와 발전, TV시대에 대비한 편성, 보도방송, 아나운서 20년 등으로 되어 있다. 제2장 FM 방송은 FM개국과 첫 방송, 개국 10주년 기념 특집행사, 늘어나는 청취율 등이, 제3장은 텔레비전 방송으로 본격적인 민간 TV시대, 영광의 선두 주자, 보도 등으로 분류하여 기술했다. 제4장 사업 · 업무는 방송심의 업무, 조사 · 연구 · 학술, 방송광고 업무, 사업, 국제협력 등으로 구성되어 있고, 제5장 방송 기술은 절 분류 없이 포괄적으로 함축되어 있다. 제3편 지방사에는 제1장 계열사의 개황에 에이엠(AM) 라디오, 에프엠(FM) 라디오, 텔레비전(TV)으로 분류하여 개요한 다음, 제2장부터는 부산문화방송주식회사를 시작으로 제22장 포항문화방송까지 22개 지역국 역사와 현황이 소개되어 있다. 그 당시 부산 지역과 마산 지역에는 라디오 방송사와 TV 방송사가 분리되어 있어 2개 방송사가 존치하였기에 22개 지역국이었다. 끝으로 제4편 자료에는 TV · 라디오 기본 방송 편성표, 역대 임직원 명단, 현직 사원 명단, 퇴직 사원 명단 등이 들어 있다.

≪사보 문화방송≫은 1980년 12월 MBC가 언론 통폐합 후 공영방송으로 변신하면서 전국 각 지역에 있는 MBC 상호의 주식회사를 공영화한 뒤에 서울MBC 계열사로 만들면서 창간하였다. 이 사보 창간호는 발행일이 1983년 5월 10일로 되어 있다. 서울MBC 사보로는 'MBC 가이드'가 오래전부터 있었지만 지역 MBC들이 서울 MBC의 계열사로 공영화되면서 새로운 전국적인 사보가 필요했기에 새로 창간한 것으로 보인다. 이 창간호에서 이웅희 MBC 대표이사가 본사 사장이라는 타이틀로 밝힌 창간사에도 사보의 역사가 언급되어 있다. 이웅희 본사 사장은 "'MBC 가이드'가 기왕에 있어 왔지만,"이라고 전제한 후 "그 매체는 우리들이 제작한 프로그램을 시 · 청취자들에게 알리고 출연자들의 주변 얘기를 소개하는 서비스적인 역할만을 맡아 해 왔기 때문에 (중략) 욕구를 십분 충족시킬 수

없는 형편이었습니다. 이에 따라 새로 마련된 광장을 통해 본 · 계열사를 총망라한 사내의 동정이나 공람 사항은 물론이고 날로 발전해 가는 선진 기술과 방송 정보 그리고 방송 현업과 관련한 연구 · 창작물을 수용함으로써 우리 MBC맨들에게 항상 아쉬움을 남겨 주던 기록성에 대한 갈증도 해소할 수 있을 것입니다"라고 설명하고 있다.

이 사보 창간호에 들어가 보면, 위의 이웅희 본사 사장이 언급한 대로 새로 마련된 광장에는 계열사들의 기사로 넘쳐난다. 기사 게재 순으로 살펴보면 청주문화방송 TV국 개국 기사(사보 표지도 청주국 관련 사진)부터 대구문화방송, 부산문화방송, 울산문화방송, 충주문화방송, 전주문화방송, 마산문화방송, 광주문화방송, 남양문화방송(후에 '제주문화방송'으로), 삼척문화방송, 강릉문화방송, 진주문화방송, 부산문화TV, 원주문화방송, 안동문화방송 등의 소식이 두세 건씩 보인다. 부산문화방송과 부산문화TV가 분리되었던 시절인데, 사보에 보이는 부산문화TV의 소식이 이채롭다. '사원 반수가 운전기사'라는 제목의 기사를 보니 "부산문화TV 전체 사원 1백7명 중 절반에 가까운 51명이 운전면허를 취득하고 있어 급할 때는 아무나 중계차를 몰고 현장으로 출동할 수가 있다"라고 되어 있다. 1983년 당시로 거슬러 올라가 보면 경이롭기도 하다. 해외 연수기, 방송 정보 등에 관한 집필 글과 계열사 탐방①로 'TV개국 12주 맞는 대전MBC'가, 취재 낙수에는 '유럽 국제선 기차를 타고'를 쓴 정동영 기자의 글이 보인다. 본 · 계열사 임원 프로필('83 정기주총)이 사진과 함께 두 쪽, 본 · 계열사 동정이 세 쪽에 걸쳐 실려 있다. 사보 끝에 계열사 사보 기자 명단을 보니 지역국 계열사가 20개로 나타나 있다. A4 크기보다 약간 작은 사이즈의 이 사보 창간호는 46쪽 분량인데 앞뒤 표지의 안팎 4면이 각종 행사 사진으로 장식되어 있다.

# 37.
# 『한국방송관계문헌색인』 개정증보 4판까지 발간

『한국방송관계문헌색인』 출간 작업은 한국 방송학계 및 한국 방송계의 발전에 필수불가결한, 근본적이면서도 중대한 과업이다. 이 대사(大事)야말로 방송학계나 방송계 차원에서 지속적으로 이루어져야 한다. 일부 도서관이나 대학연구소 등에서 간헐적으로 이루어지고 있으나, 보다 체계적이고 지속적으로 작업해야 할 과업이라 하겠다. 그리하여 관련 연구나 업무를 담당하는 사람들이 누구나 쉽게 검색할 수 있어야 할 것이다.

필자는 20대 말부터 이 작업에 적극적으로 진력(盡力)하여 『한국방송관계문헌색인』 단행본 책자를 네 차례나 출간했다. 〈사진 37〉에서 보듯, 초판은 1978년(1945～1976)에 삼민출판사에서 자비로 출판했다. 개정판은 1984년(1945～1982, 한국방송사업단), 개정증보 3판은 1990년(1925～1988, KBS문화사업단), 개정증보 4판은 1999년(1925～1997, 나남출판), 이렇게 네 차례에 걸쳐 펴낸 바 있다. 초판을 발간한 1970년대는 지금처럼 컴퓨터 프로그램이 발달되지 않아 종이 카드에 기록한 뒤, 항목별로 분류한 후에 누런 색깔의 팔절지(B4 크기의 용지) 가운데에 아래로 줄을 긋고 수작업을 했는데, 그때를 떠올리면 가슴이 저려 온다. 한편, 격려 차원에서 앞장서 서평을 써 주셨던 서울대 언론정보학과 차배근 교수님과 추광영 교수님께는 지금도 그 큰 격려에 감사한 마음이 넘쳐난다. 개정증보 4판 출판 시, 차 교수님은 한국언론학회가 발행하던 ≪저널리즘≫에 서평을 쓰시면서, 그 말미를 이렇게 서술했다.

> 대학에서 방송을 전공하는 교수들도 대부분이 생색나는 일에만 온통 매달리고 있는 실정인데, 김성호 국장(그 당시 편저자가 KBS 국장으로 재직 중이었음-필자 주)은 남들이 싫어하는 문헌 정리 작업을 도맡아 주고 있다. 외롭고 어려운 작업이지만 앞으로도 계속 이 일을 맡아서 우리나라의 방송과 방송학의 발전에 이바지해 줄 것을 바랄 뿐이다. 다음 제5판에서는 문헌 목록집들을 컴퓨터로도 검색할 수 있게 그 내용들을 CD나 디스켓에 입력해서 부록으로 끼워 주었으면 더 좋겠다고 생각해 본다.

그러나 안타깝게도 필자는 개정증보 5판을 내지 못했다. 기대에 부응하지 못하여 한동안 자괴감에 빠지기도 했다. 특히 격려를 보내 준 선학(先學) 교수 및 학계에 미안함과 더불어 부채를 지고 있다는 생각은 지금도 떨칠 수 없다. 개정 5판을 내지 못한 필자 나름대로의 사유는 다음과 같다.

첫째, 필자의 개인 능력으로는 기하급수적으로 늘어나는 방송 관련 문헌을 정리하는 일을 도저히 감당할 수가 없었다. 증보 5판에 수록해야 할 1990년대 말과 2000년대 초는 한국 사회에서 방송 매체가 절정에 달했던 '방송의 시대'였다. 필자의 안목으로는 앞으로 이때와 같은 '방송 시대'는 도래하지 않을 것으로 보인다. 방송의 위력과 영향력이 절정에 이르자 방송 관련 학과가 급증하고 대학 입시에서도 해당 학과가 1위를 차지한 데다 방송 전공 학자, 방송인들이 대거 증가 추세를 나타냈다. 따라서 관련 문헌이 증가할 수밖에 없었고, 그 작업을 개인이 감당하는 것은 어려운 일이었다. 그렇다고 관련 학회나 방송 기관 같은 데에서 나서서 추진하지도 않았으며, 차선책이라도 될 만한 비용이나 인력 지원도 되지 않았다.

둘째, 필자로서는 체력적 · 재정적 한계로 감당하기가 어려웠다. 20대에 초판을 시작하여 30~50대에 증보판을 내어 4판까지는 가까스로 출간했지만, 60대에 들어서 폭주하는 문헌을 정리하기에는 체력적 한계를 느꼈다. 개정증보 4판 출간 때는 KBS 국장(밀레니엄기획단장) 보직으로 격무에 시달리던 시기이기도 했지만, 팔리지도 않는 책이라 출판비를 보조하기도 어려운 상황이었다.

셋째, 필자의 미디어(컴퓨터 등) 작동 기술의 부족에도 원인이 있다. 지금도 마찬가지지만, 기술치(技術痴)에 가까운 한계 때문에 엄두를 내기 어려웠다. 당시만 해도 방송계와 학계 양수겸장(兩手兼將)의 과욕으로 과제가 산더미처럼 넘쳐나 늘 격무에 시달리는 상황이었다. 거기에다 컴퓨터 등 미디어를 작동하는 기술이 부족하여 동료나 후배들께 신세 지는 일도 많았기에 한계를 절감했다.

한편, 방송 관련 옛 사료의 정리 작업 및 열람 시스템이 마련되기를 희망한다. 이러한 사료는 공공도서관이나 대학도서관에서도 일목요연하게 검색하거나 접근하기가 어려운 실정이며, 필자를 비롯하여 개인 소장 사료는 더욱 알 수가 없다. 따라서 이러한 사료를 정리하고 공람할 수 있는 시스템이 기획되어야 하는데, 추진 주체가 문제다. 이러한 사업을 개인 차원에서 추진하기는 힘들 것이며, 결국 관련 방송사나 협회 및 학계, 그리고 공공도서관 등이 주도적으로 추진하는 방법밖에는 묘수가 없을 것 같다.

특히 한국 방송사를 심층적으로 연구하려면 일제 강점기인 경성방송 시대와 1945년 해방 이후 1950년대의 사료들이 필요하다. 따라서 조선방송협회 시대부터 발행되었던 사료는 물론 1950, 1960년대 만들어졌던 방

사진 37.『한국방송관계문헌색인』 책 표지

개정증보 4판에는 1925년부터 1997년까지가 수록되어 있다.
출처: 저자 소장 자료.

송지지(放送紙誌) 등도 포함되어야 할 것이다. 아울러 이러한 사료 목록이 단순한 나열에 그치지 않고, 실제 소장처까지 명확히 기재된 형태로 발행되었으면 한다. 방송 관련 단체들도 이 같은 사료 발굴과 보존에 관심을 기울여 주기를 바란다.

이 색인 책자의 개정증보판을 낼 때마다 격려를 보내 주신 차배근 한국언론학계의 석학 교수님께 감사드린다. 차 교수님께서는 한국언론학회 전문지에 서평을 길게 써 주셨고, 필자는 그 소중한 사료를 지금도 정성껏 소장하고 있다. 그 은혜와 격려에 대한 감사의 마음은 이루 다 헤아릴 수 없다.

# 38.
# 박권상 같은 큰 인물이 KBS 사장에 적임

〈사진 38-1〉은 박권상 선생(이하 '박권상'으로 표기)이 1967년에 펴낸 번역서다. 표지를 보면 『매스 · 컴 사회학』이라는 제목에 찰스 · 라이트 著(저), 박권상 譯(역)으로 되어 있다. 밑에는 汎文社(범문사) 출판사 이름이 적혀 있다. 책 맨 뒷장 판권에 들어가 보니 1967년 3월 30일 발행에, 값은 250원으로 되어 있다.

박권상은 1959년 미국 노스웨스턴대학에서 석사 학위를 받았으니. 일찍이 매스컴 분야의 공부를 한 것으로 보인다. 서울대 영문학과 출신이고 미국 생활도 하여 영어에 능통한 데다 신문사 경력이 출중하여 이런 책을 번역하는 작업은 그리 어렵지 않았을 것으로 판단된다. 더욱이 박권상은 1959년 한국언론학회 창립 당시 간사로도 활동했기 때문에 언론학자로 대학교수를 하기에도 충분할 정도로 이론과 실무에 밝았으며, 학계와 현장을 두루 경험한 상태였다. 필자가 소장하고 있는 이 책은 박권상이 발간한 처음 저술서이고 초간본이다.

〈사진 38-2〉는 박권상이 KBS 사장으로 취임한 후, 1년여가 지난 1999년, 필자가 밀레니엄기획단장 시절 후배들과 함께 기획한 KBS와 KT 간 'i2K 프로젝트 협정서'를 체결하는 광경이다. 여기서 'i2K 협정'은 internet 시대에 2K(KBS, KT)가 합작으로 프로젝트를 추진하자는 내용이다. 당시 KBS 밀레니엄기획단은 방송과 통신의 융합 시대를 대비하는 차원에

사진 38-1 박권상 사장이 번역한 단행본 『매스·컴 사회학』 표지

1967년에 펴낸 이 책에는 찰스 · 라이트 저, 박권상 역으로 나와 있다.
출처: 저자 소장 자료.

서 KBS와 KT 양사 사장단 및 임원진을 KBS 대회의실에 초빙하여 협정서를 맺는 자리를 마련했다. KBS 박권상 사장이 KT 이계철 사장과 악수를 나누고 있고, 두 분 양옆에 부사장들(KBS 이형모, KT 성영소)이 앉아 있

사진 38-2. i2K 프로젝트에 협정하는 KBS와 KT 사장

인터넷 시대에 대응하는 두 K 회사 임원들이 모여 협정식을 맺고 있다.
출처: 저자 소장 자료.

다. 이 행사를 주관한 필자는 박권상 사장 뒤편에 서 있다. 이 협정서를 기초로 KBS와 KT가 합작하여 크레지오닷컴(KBSi 전신)과 스카이라이프를 출범시켰다. 크레지오닷컴 1대 주주가 KBS, 2대 주주가 KT, 스카이라이프는 정반대로 1대 주주가 KT, 2대 주주가 KBS였다.

당시 상황을 되짚어 보면, 필자는 1998년 박 사장이 취임한 후 개혁기획단장으로 발탁되어, 경영 혁신과 조직 개편 작업을 수행했다. 이후 부서를 해체하고 물러나 있으면서 김대중 정부가 만든 방송개혁위원회에 한국방송협회 지분 위원으로 참여하고 있었다. 1999년에 들어서 밀레니엄 시대가 도래한다고 사장 직속 기구 밀레니엄기획단을 신설해 단장직을 맡았을 때, 이 'i2K 프로젝트' 작업을 수행했다. 밀레니엄기획단장 시

절, 필자는 같은 부서에서 참으로 훌륭한 후배들과 같이 일했다. 기술 분야는 김창희(특임본부장 역임) · 전재견(KBS 재직 기술인), 경영 분야는 문창석(시청자본부장 역임) · 마기현(KBS 사우회 사무총장) · 김경원(KBS 미디어 본부장 역임), 제작 분야는 장기랑(작고, 한국PD연합회장 역임) · 박인규(인하대학교 교수), 보도 분야는 이준안(해설위원장 역임) · 김환주(보도국장 역임) 등 쟁쟁한 멤버들이 포진하여 필자를 도왔다. 따라서 이 i2K 프로젝트는 필자 개인의 역량으로만 이루어진 결과물이 아니라, 이들이 만든 공동 작품이었다.

박권상 사장에 대한 글을 쓰면서 부득이하게 필자와 관련된 경험을 중심으로 기술하려고 하는데, 자칫 자화자찬이 될 듯하여 좀 저어되기도 한다. 읽는 분들의 해량을 기원한다. 박권상은 한국의 대표적인 영원한 저널리스트로서 KBS 사장을 5년 가까이 역임했다. 박권상이 1998년 KBS 사장으로 취임한 지 4개월 남짓 흘렀을 때인 9월 초, 저녁 시간에 필자의 집으로 전화를 두 차례나 걸었던 모양이다. 모처럼 언론학 교수들과 저녁을 하고 얼큰한 상태로 밤늦게 귀가하니, 집사람이 박 사장이라고 하는 분께서 두 차례나 전화를 걸어 찾았다고 했다. 잠자리에 들려고 할 때, 또 박 사장이라는 분의 전화라고 바꿔 주기에 좀 신경질적으로 반응했다. "박 사장, 당신 누군데 남의 집에 자꾸 전화하느냐"라고. 아뿔사 박권상 사장이란다. 긴장 속에서 받은 메시지는 KBS 사장 직속의 특별 부서장을 맡아 달라는 것이었고, 부탁이나 지시도 모자라 종용하기에 이르렀다. 여러 가지 이유를 들어 고사하다가 밤도 늦었고 전화 상태도 좋지 않아, 내일 아침 일찍 사장실로 가 뵙겠다고 하고 끊었다. 그 며칠 후부터 필자는 박 사장한테 붙들려 재임 5년 동안 사장 직속의 특별부서 책임자로 힘겨운 나날을 보냈다. 그 특별부서는 박권상 사장이 IMF 외환위기 이후 KBS 구조조정 등 경영 혁신 과제를 추진하기 위하여 만든 임시 기구였

사진 38-3. 박권상 사장이 ERP 가동 설명을 듣는 사진이 실린 ≪KBS 주보≫

2002코리아
하나되어 세계로 미래로

# KBS 주보

발행인 : 박권상 서울특별시 영등포구 여의도동 18번지 TEL 781-1413 FAX 781-1499 www.kbs.co.kr 제271호 2002년 5월 4일 (토)

## KBS, 국내 언론사 최초 ERP시스템 가동 경영혁신 선도

(전사적 자원관리)

### 5월 1일부터 재무·예산·구매·조달 등 처리, 2006년 사무비용 400억원 이상 절감예상

KBS가 국내 언론사 가운데 최초로 ERP(Enterprise Resource Planning 전사적 자원관리) 시스템을 도입, 5월 1일부터 본 가동에 들어갔다.

본 가동에 들어간 ERP 시스템 1단계 업무는 재무, 예산, 구매·조달, 제작비 부문으로써 각 부서는 이날부터 관련 업무를 ERP 시스템을 통해 처리하고 있다.

경영개선추진단은 현장 실무 지원과 Help Desk 활동 등을 강화하면서 비상 대기조를 운영하는 등 ERP 본 가동 초기의 업무 혼선을 예방하고 시스템의 안정적인 조기 정착을 위해 전력을 기울이고 있다.

이와 관련해 박권상 사장은 5월 3일 본관에서 열린 월례조회에서 "가동에 들어간 ERP는 우리 조직의 생산성을 변화시키는데 혁명적 변화를 가져올 것으로 기대한다"고 말하고 "우리 언론사는 물론 ABU에 속한 아시아 방송사로서도 처음 시작하는 이 사업에 대해 긍지를 갖고 성공적으로 정착될 수 있도록 전사원이 적극적인 참여와 협조를 해야한다"고 당부했다.

ERP 시스템은 KBS가 디지털 시대에 부응하는 경영혁신 과제로 추진해온 DCS 프로젝트를 구체적으로 구현하는 수단으로 2000년 11월부터 본격적으로 추진돼 18개월의 준비과정을 거쳐 지난 5월 1일 1단계 시스템 본 가동에 들어가게 됐다.

이로써 KBS는 명실상부한 '세계 정상급 방송사'로 도약할 수 있는 경쟁력을 갖추고, 경영 효율성과 투명성을 극대화 할 수 있는 기반을 구축하게 됐다.

KBS DCS프로젝트는 'Digitalize KBS · Change KBS · Speed-up KBS'를 지향하고 있으며, DCS라는 명칭도 이 영문 이니셜에서 따온 것으로 세계적으로 검증된 ERP라는 경영혁신 패키지를 방송현장에 도입해 KBS의 업무 프로세스를 디지털 시대에 맞게 혁신하고자 하는 의지를 담고 있다.

이 프로젝트의 궁극적인 목표는 KBS 내부 자원을 전산화된 시스템을 통해 통합 관리함으로써 자원활용을 극대화하고 간접비용 등을 절감해 보도와 제작부문 등 KBS의 핵심업무에 재투자함으로써 KBS 프로그램의 품질을 높이는 것이다.

KBS는 내년 1월까지 이 프로젝트에 모두 170억 원을 투자하게 되는데, 2년 이내에 투자비용을 회수하고 2006년까지 약 400억 원 이상의 사무비용이 절감될 것으로 예상하고 있다.

5월 1일부터 시작된 1단계 시스템에 이어 오는 10월에는 2단계 시스템이 가동되어 편성·운행, 관리회계·프로그램 원가계산, 인사, 시설·장비 관리 부문 등이 ERP시스템으로 처리될 예정이다. 이어 약 석 달간의 시스템 안정화 작업을 거친 후 내년 1월경 프로젝트가 완결될 계획이다. ⓒ

ERP 활용 실제 상황을 이재희 사우가 안내하고 있다.
출처: 저자 소장 자료.

다. 부서명도 의미심장한 '개혁기획단', '밀레니엄기획단', '경영개선추진단' 등이었다. 이 3개단('국' 단위 임시 특별 부서)의 핵심 업무는 각기 달랐다. 우선 '개기단'은 조직 개편 등 구조조정이고, '밀기단'은 뉴밀레니엄 플랜인 KBS 중단기 기획 수립이며, '경추단'은 한국 언론사 최초로 '전사자원관리제도(ERP)'의 도입 및 시행 등이다. 참고로 ERP는 Enterprise Resource Planning의 약자다. 그 밖에 사장의 특별 지시(조직 개편 등)도 수행해야 했다. 필자는 이 3단장을 박 사장 퇴임 한 달 후까지 맡아 특별참모로서 일했다. 왜 필자가 이런 험악한 부서로 징발됐는지 지금까지도 그 이유를 알 수가 없다. 알 만한 사람들(박 사장과 가까웠던 언론학 교수나 비서진 등)에게 물어도 자신들은 필자를 추천하지 않았다고 한다. 몇 개월 전에도 박 사장 비서실 차장으로 KBS 본부장을 역임한 문창석 교수(강원대 전 초빙교수)에게 또 물었더니, 그는 필자가 KBS에서 여러 직종과 부서(아나운서, PD, 편성, 정책, 연구소, 연수원, 지역국 등)에서 일했고 전국권(지역국 호남, 영남, 강원권 등 4 군데)에 근무한 경험이 많을 뿐만 아니라 학구적이었기 때문이지 않았겠느냐고 했다.

박권상은 KBS 사장 재임 5년 동안 많은 명언을 남겼는데, 필자는 5년 가까이 박 사장을 보좌하면서 공적 · 사적 자리에서 그의 강직한 성품과 선비 정신을 바탕으로 한 귀언(貴言)을 경청할 수 있었다. 어느 날 KBS 임원회의에서 "세상에 무지(無知)와의 싸움만큼 힘든 일은 없다"라고 했다. 회사 내의 극심한 노사 갈등 상황에서 나온 말이었다. 언젠가는 사석 식사 자리에서 "미래는 오직 준비하는 사람의 것이다"라고 하면서, 어느 국내 석학의 생애를 예로 들기도 했다. "세상살이는 저자세 고자세가 아닌 정자세로 살아야 한다"라고도 했는데, 그는 노블레스 오블리주를 유독 강조했다. '골프 치는 기자는 부패 기자'라고도 했다는데, 그 말씀은 직접 듣지 못했지만 필자에게는 참으로 공감하는 바가 컸다. 2000년 초쯤인가에는 통합방송법이 통과되고 얼마 후에 박 사장이 관련 공로 직원들을 불러 저녁을 한 적이 있다. 그 자리에는 당시 보도국장, 정치부 차장 등이 참석했다. 이 두 사람은 나중에 KBS 사장을 역임하기도 했다. 관련 외부 인사들에게 감사 인사를 전하라는 말씀도 하셨다. 필자는 그 인사 가운데 국회문광위원장이 빠졌기에 그분한테도 해야 하지 않느냐고 했더니 시큰둥해하셨다. 나중에 알고 보니 DJ와 교류할 때 보았던 젊은 비서였던 모양인데, 그래도 필자는 현 직위를 고려하여 감사의 인사를 해야 한다고 주장했다.

박권상 원로가 KBS 사장 시절 필자와 관련된 일화는 이루 다 헤아릴 수 없다. 그 가운데 또 한 가지만 더 회고하고 넘어가려고 한다. 1998년 12월 필자가 개혁기획단장으로서 조직 개편안을 이사회에 상정할 때 박 사장께서 그 당시 사외이사 가운데 영향력이 컸던 목사 한 분을 별도로 만나 협조를 구하라고 했다. 간신히 그 목사를 섭외하여 둘이 식사를 하는 자리에서 조직 개편의 필요성 및 시급성을 강조한 결과 도움을 받은 적도 있다. 필자는 조직 개편 후에 개혁기획단을 해체하고 물러나 대통령 직속 방송개혁위원회 특별기구에 KBS를 대표로 파견됐었다. 통의동에 위치한 방개위 사무실에 나가다, 회의가 없는 날은 회사에 나왔다 했다. 그럴 때마다 엘리베이터에서 박 사장을 가끔 뵈었는데, 만날 때마다 다시 함께 일하자는 뜻을 내비치셨다.

1999년에 들어서자 밀레니엄 시대가 도래한다고 나라가 들썩거렸다. 1999년 4월 초에 필자에게 5월 1일 자로 KBS의 미래 비전을 기획하는 부서인 밀레니엄기획단을 신설하기로 했으니 함께 일할 구성원을 차출하라는 지시가 떨어졌다. 다양한 부서에서 근무한 내 경험에 비추어 볼 때 이런 특별부서에는 반드시 KBS 전 직종을 망라한 엘리트들이 필요했다. 지금은 어떤지 모르지만, 당시만 해도 직종 이기주의가 만연하던 때라 직종을 대표할 만한 능력 있고 평판 좋은 인재를 물색해야만 했다. 이에 필자는 회사에서 능력과 인품이 공인된 인재를 찾아 나섰다. '인사가 만사'인 데다 훌륭한 인재의 선발은 절반의 성공을 보장하기 때문이다. 정초영(작고, 전주 총국장 역임) 부장과 협의하여 앞에서 밝힌 KBS 인재들을 선임했다. 경영 직종에는 마땅한 사람을 못 찾아 고심하다가 박권상 사장의 비서실 멤버인 문창석 차장(시청자본부장 역임)을 발견하기에 이르렀다. 박 사장께 말씀드렸더니 '6개월 후에 다시 돌려보내라'고 하면서 재가했다. 사내에서는 사장 비서를 빼내 오는 필자의 용기(?)가 회자되기도 했다.

박권상 사장께서 1998년 10월경인가, 어느 날 필자를 부르더니 영국 출장을 같이 가자고 했다. 필자는 영어도 잘할 줄 모른다고 사양했더니 그래도 가야 한다고 하여, 필자는 영국 글래스고 대학원에서 공부하고 있는 박인규 PD를 불러 쓰시라고 말씀드렸다. 박 PD는 그때 영국에서 박 사장을 모셨는데, 박 사장은 KBS의 나아갈 방향을 BBC에서 찾고자 했다. 박 사장은 존 버트 BBC 사장과 업무 협약을 맺었고, 급속도로 변화하고 있는 방송 환경에 BBC가 어떻게 대응하는지 좀 더 자세히 알아보기 위해 KBS 인원을 파견하여 조사할 수 있도록 부탁했다. 박 사장은 이 조사를 당시 유학 중이던 박인규에게 맡겼다. 박인규는 10월 말부터 1개월여 동안 BBC의 국장급 간부 50여 명을 인터뷰하여 디지털 시대 BBC의 변화 등을 조사했다. 이 조사의 결과는 박 PD가 회사로 복귀한 얼마 후에 박 사장을 비롯한 KBS 경영진을 대상으로 발표되었다. 박인규 PD의 보고회가 크게 호평을 받아 TV본부에서 박인규 PD를 차출하느라 당시 TV 본부장과 빚어졌던 갈등도 자연스레 해소됐다.

박권상 원로와의 인연을 필자는 지금도 잊을 수 없다. 그런 대인을 곁에서 지켜본 사람으로서, 박권상 같은 분이 한국의 대표 방송 KBS 사장을 해야 한다는 일념에는 지금도 변함이 없다. 박권상과는 지연, 학연, 혈연 등이 전혀 없는 필자를 중책 보직에 발탁하고 승진과 승격을 시켜 주셨으니 감사할 뿐이다. 지난 2024년 그의 10주기에는 『영원한 저널리스트 박권상, KBS 사장 5년의 역사』라는 자료 중심의 책을 출간하려 했지만, 여력이 없어 내진 못하고 인사동 관훈클럽 정신영기념관에서 개최한 10주기 행사에만 참여했다. 그리고 그가 잠들어 있는 안성 수목장 묘소를 찾아가 추모했다. 박권상! 그는 학자이고 선비였던 필자가 존경하는 한국 현대사의 큰 인물이었다.

* 추신: 앞쪽의 〈사진 38-3〉의 설명을 빠뜨렸다. ≪KBS 주보≫ 기사에 보이는 사진은 박권상 사장께 ERP 사용법을 이재희 경영 직종 후배가 가이드하는 모습이다. 뒤편에 필자가 서 있다. 이 책 42장(한국 언론사 최초로 ERP 도입한 KBS)에도 같은 사진이 흐릿하게 보인다.

# 39.
# '방송인 사이버 명예의 전당' 창설(2001)

2001년 한국방송진흥원(원장: 이경자 경희대 교수)이 '방송인 사이버 명예의 전당'을 설립하여 그해 5월 15일 제1회 헌정식을 성대하게 거행했다. 1회 헌정자로는 한국 방송계의 거목 이혜구(1909~2010, 초대 서울중앙방송국장, 서울대 국악과 창설 교수) 원로 등 11명이 선정되었다. 2002년 제2회에는 최창봉 등 8명이, 2003년 제3회 때는 문시형 등 5명이, 2004년 제4회에는 서규석 등 5명이, 2005년 제5회 때는 감의도 등 2명이 헌정되었다. 그리고 몇 년간 중단되었다가 방송계에서 다양한 경력을 쌓은 박준영 원장이 부임하면서 2009년 3월 27일 제6회 헌정식을 부활해 유병은 등 10명을 헌정하였다. 1회부터 6회까지 총 41명의 한국 방송을 빛낸 선현들이 헌정되었고, 이분들에 대한 프로필 집필을 매회 필자에게 의뢰하여 행사용 카탈로그에 활용한 후, 주최 측 홈페이지에 보존하였다. 그 후, 주최 기관이 바뀌고 이 명예의 전당이 폐지되면서 그 사료들도 모두 사라져 찾아볼 수가 없게 되었다. 그러나 필자는 지금도 그 원본과 관련 자료 일부를 소장하고 있다.

'방송인 명예의 전당'은 1회는 한국방송진흥원이, 제2회부터 6회까지는 한국방송영상산업진흥원이 주관했는데, 이 산업진흥원은 한국방송진흥원의 후신이었다. 2009년 5월 한국방송영상산업진흥원이 한국콘텐츠진흥원으로 개편되어 '방송영상'이 '콘텐츠'로 확대되면서 자연스럽게

'방송인 명예의 전당'도 소멸되었다. 이제는 그때 헌정자 및 그 가족들이 주관처에 기증했던 귀중한 한국 방송 역사 사료들도 찾아볼 수가 없어 참으로 안타깝다.

필자는 한국 방송 역사를 연구하면서 인물사 탐구에 매진하다 보니 이와 관련된 사료를 수집하는 일이 일상화되었다. 따라서 이 명예의 전당 운영위원으로 1회부터 6회 마지막까지 오랫동안 봉사할 수 있었다. 당시 주최 측 기관에서 이 업무를 담당한 실무 책임자는 이세영 팀장이었다. 그는 명석한 두뇌의 소유자였는데, 그때 서강대 언론대학원에서 공부하면서 이 사업에 열정을 쏟았다. 〈사진 39〉에서 볼 수 있듯이 매회 헌정식 때마다 카탈로그를 만들어 헌정자 프로필과 사진을 실었다. 그리고 주관처 진흥원 홈페이지에 옮겨 보관했지만, 이제는 찾아볼 수가 없어 참으로 안타깝다. 그리하여 필자는 여기에 상징적으로 첫 번째 1회 때와 마지막 6회 때의 헌정식 카탈로그를 '사진'으로 제시하여 역사 기록으로 남기려고 한다.

'방송인 사이버 명예의 전당' 제1회 헌정식은 2001년 스승의 날인 5월 15일 방송회관 3층 회견장에서 개최되었다. 〈사진 39〉의 1회 카탈로그를 열어 보면 '설립 취지와 목적', '경과', '헌정자 명단' 등이 나온다. 헌정자를 카탈로그에 기재된 순서대로 그 성함을 옮겨 보면 다음과 같다.

KBS 기술이사를 역임한 이인관(1914~2007), KBS 초대 감사 및 이사장을 지낸 노정팔(1919~2002), 남산방송국 및 KBS-TV 개국 공로자로 음향 전문가인 엔지니어 한기선(1919~2001), 한국 방송 역사에서 라디오 방송극의 터를 일구어 간 방송드라마의 선구자 김희창(1909~1998), 해방 후 미국을 본떠서 편성의 기틀을 개척한 송영호(1915~1996), 라디오 방송극작가로 데뷔하여 〈마음의 샘터〉 프로그램을 20여 년간 이끌어 갔던 최요안(1916~1987), 일제 강점기 시대에 단파 방송 연락 운동의 주역이었던 성기석(1920~1990), 초대 서울중앙방송국장을 지낸 방송계의 최고 원로인 국악학자로 서울대 교수 이혜구(1909~2010), 최초 방송기술인으로 '한국인 마르코니'라 추앙받았던 한덕봉(1986~1950 납북), 한국 방송 역사에서 아나운서 세계를 개척하여 솔선수범 정신으로 후배들을 이끌어 간 아나운서의 대부 이계원(1915~1968), 아나운서로 폭넓게 활동한 후에 서울중앙방송국장을 두 차례나 지내고 50 나이에 일찍 별세한 윤길구(1916~1966) 등 11명이다. 이 가운데 당시 생존하셨던 이로는 연세순으로 살펴보면 이혜구, 이인관, 노정팔, 한기선 등 네 분이었다.

제2회 헌정식은 2002년 5월 15일 방송회관 같은 장소에서 열렸다. 카탈로그도 1회와 마찬가지로 같은 크기에 내용도 다를 바 없었다. 8명의 헌정자를 카탈로그에 실린 순서대로 살펴보면 다음과 같다.

정환옥(1920~2013)은 부산문화방송, 서울문화방송, 라디오서울(동양방송 전신) 등 민간 상업 방송을 개국한 주역이었다. 유 호(1921~2019)는 드라마 방송작가로 명성을 날리면서 대중가요 작사가로도 많은 작품을 남긴 이다. 한운사(1923~2009)는 〈빨간 마후라〉 등 수많은 방송드라마를 집필한 작가로 KBS 초대 민선 이사를 지내기도 했다. 최창봉(1925~2016)은 한국 최초의 TV PD로 방송계에 데뷔하여 서울MBC, KBS-TV, 동아방송(DBS) 등의 개국을 주도한 '한국 방송의 전설'로 불렸다. 박경환(1927~2016)은 미 군정기에 방송기술인으로 입사하여 한때 대출력 송신소인 소래송신소와 당진송신소 등의 건설에 앞장섰던 인물로 KBS 기술이사를 지냈다. 강찬선(1918~1999)은 마이크와 더불어 방송 일선을 지킨 영원한 아나운서로 퇴직 후에 KBS 이사와 사우회장을 역임했다. 장기범(1927~1988)은 한국 아나운서의 대부로, 그의 '준엄한 선비 정신'은 방송인들의 귀감이었으며, 그를 존경하는 후배들이 많았다. 이종훈(1911~1997)은 순백한 방송기술인으로, 방송기술을 자신의

사진 39. '방송인 사이버 명예의 전당' 행사 카탈로그

제1회 · 제6회 때의 사료다.
출처: 저자 소장 자료.

천직으로 여기며, 묵묵히 갈고닦아 맡은 바 소임을 다하는 것이야말로 엔지니어의 본령이라고 강조한 청렴한 인물이었다. 이들 8명 가운데 생존 시 헌정된 이는 정환옥, 유 호, 한운사, 최창봉, 박경환 등 5명이다.

제3회 헌정식은 2003년 언제 열렸는지, 혹은 카탈로그를 만들었는지도 잘 모르겠다. 기억이 없을뿐더러 소장 사료에서도 찾을 수 없다. 필자

가 운영위원으로서 헌정자 확정 회의에 참여하여 받은 회의 자료는 소장하고 있다. 그 자료에 나와 있는 헌정자 명단순에 따르면 다음과 같다.

문시형(1924~1995)은 1948년 서울중앙방송국 PD로 방송계에 입문하여 〈스무고개-재치문답〉 제작자로 명성을 날리며 KBS TV 편성과장, 청주방송국장을 끝으로 일찍 은퇴하여 방송계 외곽 단체에서 명지대 교수를 지내며 활발한 활동을 한 인물이다. 김인현(1920~1993)은 1948년 KBS 1기 기자로 입사하여 보도 책임자로 일하다 1961년 MBC 문화방송 개국 요원으로 스카우트되어 보도국장, 일본 특파원을 거쳐 라디오 총국장을 역임하기도 했다. 정경순(1921~2008)은 1947년 KBS 엔지니어로 입사하여 진정한 방송기술인으로서 제작 실무에 헌신했으며 1968년 KBS 통합 중앙방송국 초대 기술과장을 역임했고 국내 최대 송신소인 소래송신소장을 두 차례나 맡기도 했다. 조남사(1923~1996)는 1956년 한국 방송 최초의 일요연속극 〈청실홍실〉 작가로서 그다음 해는 최초의 일일연속극 〈산넘어 바다건너〉도 집필하였고 한때는 KBS 편성 간부로 일하기도 했다. 민재호(1916~1987)는 1940년경 경성방송국 아나운서 시험에 합격하여 방송계에 입문한 후 선배 아나운서 이계원과 쌍벽을 이루며 천정부지로 인기를 누렸다. 그는 1948년 이계원이 퇴임하자 방송과장이 되었고, 1950년 6·25전쟁 당시, 유엔군총사령부방송국(VUNC)에 파견되었다가 미국의 소리(VOA)로 파견 나가 평생을 미국에서 살았다. 3회 헌정자 5명은 2003년 당시, 모두 작고한 방송 선현들이었다.

제4회 헌정식은 2004년 9월 2일 19시 63빌딩 2층 국제회의장에서 열렸다. 방송의 날 전야제로 열린 이 헌정식에는 1, 2회 행사 때와 마찬가지로 똑같은 크기의 카탈로그를 만들어 설립 취지와 목적, 설립 배경은 물론 '경과' 등을 상세하게 설명하고 있다. 이 카탈로그에 기록된 헌정자순으로 살펴보면 다음과 같다.

김성열(1929~2011)은 1947년 서울중앙방송국 기술자로 방송계에 입문하여 1961년 KBS-TV 개국 때 기술 분야의 개발을 주도하고, KBS 여의도 방송센터 건립 시 책임자 역할을 했으며, 탁월한 영어 실력으로 ABU 등 주요 국제기술회의를 주도했다. 배준호(1923~1990)는 1946년 KBS PD로 방송계에 입문하여 한국 방송 최초로 방송 프로그램 통계표 작성, 어린이 시간 편성, 학교방송 기획 등 선구적인 역할을 한 방송인이다. KBS 부산방송국장 등 지역국장 두 곳, MBC 개국 당시 방송부장, TBC 동양방송, CBS 기독교방송 등에서 다양하게 활동을 한 인물이다. 서규석(1929~ )은 1959년 정부 특채시험에 합격하여 공보 관계 부서에 근무하다 KBS 편성계장을 지낸 후 1964년 MBC에 스카우트되어 문화방송 중흥에 크게 기여하였다. 라디오 · TV 국장, 일본 특파원 등을 지내다 상무이사로 승격되었으나 1980년 해직되기도 했으며, MBC 방송문화진흥회 이사장 등을 역임한 방송의 실무와 이론을 겸비한 큰 인물이다. 이기하(1932~2002)는 한국 최초의 텔레비전 방송국 HLKZ-TV 창설 요원으로 입사하여 드라마 제작 등을 하다 KBS-TV 개국 요원으로 스카우트되어 개국식 연출을 담당하기도 했다. 그는 상업 방송 TBC-TV, MBC-TV 등을 오가며 상당한 드라마를 연출했으며 만년에 KBS로 복귀하여 일하기도 한 TV 드라마의 선구자였다. 최계환(1929~2010)은 1951년 KBS 아나운서로 방송계에 입문하여 1954년부터 서울중앙방송국 아나운서로 근무하다 1961년 MBC 개국 당시 아나운서실장으로 스카우트되었고, 1964년에는 RSB(TBC) 개국 아나운서실장으로도 활약했다. 그는 1973년 KBS가 공사화된 후 KBS로 복귀하여 아나운서실장을 맡아 지상파 3사 아나운서 책임자가 되는 영예를 안기도 했다. 5명의 헌정자 가운데 당시 생존자는 김성열, 서규석, 최계환 3인으로 모두 1929년생이다. 2025년 현재 생존자는 서규석 한 분뿐이다.

제5회 헌정식은 2005년 9월 3일 방송의 날 방송대상 시상식과 함께 열렸다. 필자가 소장한 사료가 없어 찾다가 그 당시 주관처인 한국방송영상산업진흥원이 발행하던 'KBI News'를 발견했는데, 그 뉴스지에 "제5회 방송인 명예의 전당 헌정식-방송의 날인 3일, 제32회 방송대상 시상식과 함께 열려-"라고 되어 있는 타이틀을 볼 수 있었다. 이 헌정식은 KBS홀에서 대상 시상식과 함께 치러져 MBC를 통해 생방송되었다. 헌정자는 CBS 기독교방송을 설립한 민영방송 시대 개척자 감의도와 한국 TV미술의 선구자 장종선 등 2인이었다. 감의도(1911~2001)는 한국에서 태어난 미국인 선교사로 미국명은 에드워드 오토 디캠프다. 그는 1954년 CBS 기독교방송 창설을 주도하여 오랫동안 방송국장 및 사장으로 봉직했으며 1976년 퇴임 때까지 CBS를 자유 민주 언론으로 성장시켜 한국 민주주의와 언론 발전에 큰 영향을 끼쳤다. 장종선(1918~1986)은 텔레비전 무대미술의 선구자이자 그 분야의 독보적인 인물로, 한국TV 무대미술에 그가 남긴 업적은 자못 기념비적이라 할 수 있다. KBS-TV 개국에 필수불가결한 무대미술 작업을 선도했으며, 동양TV 사옥 이전 때 사실적인 무대 구사에 역점을 둔 공로로 국장급 본부장으로 승격되었고, 나중에 이사로 선임되어서도 늘 연구하고 개발하는 데 힘썼다. 헌정자 2인 모두 고인인 데다, 가족들도 찾기가 어려워 후배들이 대리 수상하였다.

제6회 헌정식은 2009년 3월 27일 오후 3시 방송회관 3층 회견장에서 개최되었다. 2005년 제5회 헌정식 이후 4년 만에 재개된 것이다. 이는 새 원장으로 취임한 박준영(KBS TV제작본부장, SBS 전무이사, 방통위 상임위원 등 역임) 님의 방송 철학에 따른 쾌거로 보인다. 그동안 4년의 공백기 탓인지 헌장자는 10명으로 많은 편이었다. 필자가 소장한 작달막한 카탈로그에 실린 순서대로 헌정자의 면모를 살펴본다.

유병은(1917~2009)은 1943년 조선방송협회 엔지니어로 입사하여

1974년 KBS 대전방송국장으로 퇴임하였다. 그는 방송 역사 연구가로 방송 사료를 오랫동안 수집하여 사설 방송박물관을 설립하였다가 그 자료를 KBS에 기증하였다. 임택근(1932~2020)은 '시청자의 심금을 사로잡은 화술의 마술사'로 일컬을 정도로 명아나운서였다. 그는 1951년 KBS 아나운서로 방송계에 입문하여 명뉴스캐스터, 명MC, 명스포츠 캐스터 등으로 이름을 떨치다가 1964년 MBC 고위 간부로 스카우트되어 〈임택근 모닝쇼〉 등을 진행하며 상무, 전무, 사장대리 등으로 활약하다 1980년 은퇴하였다. 이정석(1932~2008)은 1954년 ≪조선일보≫ 1기 기자로 입사한 후 1963년 ≪동아일보≫ 부설 동아방송 개국 요원으로 스카우트되어 방송 저널리즘의 지평을 넓혀갔다. 그는 1971년 동아방송 뉴스부장에서 국영방송 KBS 보도 책임자로 스카우트되어 보도본부장, 런던 특파원, 워싱턴지국장, 국제방송국장 등 요직을 거치며 서울올림픽본부장, 기획조정실장, KBS 제작단 사장 등을 두루 역임했다. 박근숙(1933~2019)은 1957년 ≪부산일보≫ 기자로 언론계에 입문한 후 1961년 서울MBC 개국 요원으로 스카우트되었다. 그는 MBC에서 평생 보도 분야에 종사하면서 30대에 초대 보도국장을 거친 후 1970년 한국 방송 최초로 앵커 시스템을 도입 〈뉴스테스크〉를 탄생시켜 초대 앵커로 활약했으며 1974년 MBC 상무로 은퇴했다. 정순일(1934~2009)은 20대 초반 일간지 및 월간잡지에 방송평을 쓰다가 1957년 오재경 공보실장의 발탁으로 방송문화연구실 창설 요원이 되어 방송계에 입문하였다. 그는 영어와 일본어에 능통하여 한국 방송의 선진화에 크게 기여했으며 KBS와 MBC를 오가며 고위 간부로 활약하여 MBC 일본 특파원, 각 분야 국장, KBS 제작이사, 보도본부장을 거친 후 현장에서 물러난 뒤에도 방송위원회 등 기관에서 주요 직책을 맡았다. 이순재(1935~ )는 1956년 한국 최초의 텔레비전방송국 HLKZ-TV에 탤런트로 데뷔하여 평생 동안 연기자로 활약하였다. 그는 한국방송연기자협회 초대, 2대, 11대 회장으로 활동하기도 했다. 오승룡(1935~2022)은 1949년 고등학교 3학년 시절 KBS 극단원 연기자로 활동을 시작해, 이후 성우로서도 왕성한 활동을 펼쳤다. 그는 1960년대 민간방송 탄생 시기에, 각 방송사의 주요 인기 프로그램(예: MBC 〈오발탄〉 등)에 출연해 인기를 날리며 방송 드라마에 매진했다. 김기팔(1937~1991)은 1960년 KBS 신춘연속극 공모에 '해바라기 가족'으로 당선되어 방송 문단에 진출하였다. 그는 1970년 동아방송(DBS) 정치 다큐드라마 〈정계야화〉로 당시 군사정권에 억눌린 청취자들에게 위안을 주었으나 방송 통폐합으로 끝을 보지 못했으며, MBC 드라마 〈땅〉도 미완으로 남고 말았다. 윤혁기(1937~2016)는 1967년 민간 상업 방송 TBC 편성 PD로 방송계에 입문하여 편성차장, 부장, 국장, 편성이사를 지낸 후 1980년 통폐합 후 그다음 해 초 KBS로 부임하여 방송이사, 방송본부장, 관리본부장, 기획조정실장(수석 본부장), 부사장 등 주요 임원을 역임한 뒤에 퇴임했다가 얼마 지나지 않아 한국방송진흥원장으로 일하다 SBS 사장으로 발탁되어 5년 가까이 재임하면서 방송 3사로 격상시켰다. 그는 한국 TV 편성의 대가이자 귀재로 불렸다. 표재순(1937~ )은 1967년 TBC 동양TV 제작 PD로 방송계에 입문하였다. 그는 1969년 MBC-TV 개국 후 스카우트되어 20여 년간 '전설의 왕PD'로 불리면서 〈대원군〉, 〈집념〉, 〈수사반장〉 등 수많은 드라마를 기획 연출했다. 그는 SBS 전무, 프로덕션 사장으로서 방송 수준을 크게 향상시켰으며 퇴임 후에는 서울올림픽 개폐막식 연출을 하는 등 문화예술계에서 많은 활동을 했다. 이 10명의 헌정자 가운데 2006년 당시, 작고한 이로는 이정석, 김기팔 2인이었다. 현재 생존한 헌정자는 이순재, 표재순 2인이다.

# 40.
# MBC 문화방송을 반석 위에 올려놓은 서규석

필자가 서규석(徐圭錫, 1929~ ) 방송계 대원로를 댁으로 찾아가 뵌 것은 꽤 오래전 일이다. 한국 방송 역사를 연구하다 보니 사료 찾기가 일상이었는데, 이를 귀하게 여긴 장명호 MBC 전 사우회장께서 서 원로를 만날 수 있도록 연결시켜 주었다. 서울 광진구의 한 소박한 가옥에서 사모님과 살고 계신 서 방송계 원로께서는 건강한 모습으로 반갑게 맞아 주셨다. '방송인 명예의 전당'에 헌정되실 때나 방송계 큰 행사 등에서 먼발치로 뵈었지만 이렇게 대면하기는 처음이었다. 책을 주신다는 전언(傳言)도 들은 데다, 식사라도 밖에서 모시려고 운전을 잘하는 집사람과 함께 방문하였다. 댁 마루에 놓인 책장에서 소장 방송 사료들을 살펴본 다음, 근처 식당으로 모시려고 했는데, 사모님께서 바깥출입이 여의치 않으셨다. 하는 수 없어 중국집 식당 음식을 시켜 댁 식탁에서 함께 식사를 했던 기억이 역력하다. 서규석 원로(이하 '서규석'으로 표기) 댁 방문은 필자에게는 큰 영광이었다. 둘이서 기념 촬영도 했다(〈사진 40-1〉 참조). 〈사진 40-2〉는 방송계 원로급 인사들이 펴낸 서규석의 고희 기념 방송문집이다.

서규석은 1959년 정부가 조직한 방송문화연구실의 중견 간부로 방송계에 입문한 후, 국영방송 KBS를 거쳐 1964년 한국문화방송(MBC)으로 스카우트되어 오랫동안 고위 관리자 또는 경영자로 활약한 한국 방송계의 큰 인물이다. 그는 항상 '방송의 실제와 이론'을 겸비한 연구자로서의

사진 40-1. 서규석 원로 댁에서 촬영한 사진

방문 기념으로 댁 마루에서 찍었다.
출처: 저자 소장 자료.

사진 40-2. 고희 기념으로 편찬한 방송문집 『하늘을 향해 화살을 날린 뜻은』

서규석 원로가 고희를 맞자 후배들이 펴낸 단행본이다.
출처: 저자 소장 자료.

자세를 견지했으며, 방송 현장을 떠난 후에는 한국 방송 최고기구인 방송위원회(방통위원회)나 MBC 방송문화진흥회 등에서 크게 활동했다. 특히 그는 2000년을 전후로 한 시기에 MBC의 외곽 기구에서 방송계 큰 원로로 우뚝 서 있었다.

서규석이 방송과 인연을 맺은 것은 1959년 중앙관청의 사무관 특별 공개 채용 시험에 1등으로 합격하여 방송 관장 정부 부처인 공보실의 방송관리국 산하 방송문화연구실 연구원으로 근무하게 되면서부터였다. 그는 입사 2년 후쯤인 1961년 방송문화연구실 실장을 거쳐 KBS 서울중앙방송국 편성계장을 잠시 지내기도 했다. 편성계장 재직 시 그는 당시로는 흔치 않은 오스트레일리아 정부 초청 행정 및 방송과정 연수를 6개월 동안 다녀오기도 했다.

서규석은 해외 연수를 마치고 1962년 3월 공보부 방송관리국 관리과 지도담당 사무관으로 복귀한 후, 1963년 말 관리과 지도계장이 되었다. 그는 이 공무원 방송인 시절인 4년여간 한국 방송 역사에 획기적인 업적을 기록하였다. 그는 우선 한국 최초로 1960년 6월 '방송관리법안'을 국회에 제출하는 작업을 하는 한편, 『방송청취백서』를 만들어 펴냈으며, '방송 중립화'를 검토하였다. 또한 그는 1961년 봄 "한국방송의 현황과 문제점"이라는 논문을 발표하는데, 이러한 그의 학구적인 노력은 평생 동안 견지되었다. 특히 서규석은 1963년 1월 ≪방송≫이라는 월간잡지 속간호(7권 1호, 한국방송문화협회 발행)에 "방송학의 과제"(1. 머리말, 2. 방송연구의 역사, 3. 방송학의 문제점, 4. 결론)라는 논문을 발표했다. 이는 한국에서 '방송론'을 넘어 '방송학'이라는 개념이 처음으로 등장한 상징적인 계기가 되었다. 이러한 상황을 인지한 한양대 이강수 명예교수는 그를 '뛰어난 방송이론가'로 칭하기도 했다. 서규석은 한국의 방송정책 주관부서인 방송관리국 관리과에 근무하던 시절인 1963년 한국방송윤리위원회를 출범시키는 산파역을 맡기도 하였다.

서규석은 1964년 3월 국영방송의 한계를 여러 측면에서 인지하고, 민방인 문화방송(MBC)의 고위직인 방송부 차장으로 이적한다. 그 당시 방송부는 편성, 보도, 제작 파트를 아우르는 방송을 총괄하는 대단위 부서였다. 그는 이 시기부터 MBC에서 가장 중추적인 핵심 역할을 하게 되었다.

서규석은 1965년 10월 정순일(鄭淳日)의 후임으로 제2대 MBC 주일특파원으로 2년간 활동한 후 귀국하여 방송의 중추부서인 편성국의 책임자(국장)로 임명되어 MBC 라디오의 중흥에 전력을 다한다. 또한 그는 1968년 가을학기부터 고려대를 비롯해 이화여대, 한양대 등의 신문방송학과에 출강하기 시작했다. 아울러 그는 1968년 TV 편성국장으로 자리를 옮겨 MBC-TV 개국 작업을 진두지휘했다. 1969년 8월 8일에는 MBC 텔레비전을 개국시켰으며, 며칠 후에는 라디오편성국장으로 옮겼다. 이후 1970년에는 총무국장, 관리국장을 겸직하기도 했다.

서규석은 MBC가 1971년 5월 TV 편성, TV 기술, TV 아나운서를 총괄하는 TV 총국을 신설하자, 초대 총국장으로 임명되었다. 그러나 이 조직은 기술과 아나운서 분야의 독립적 분장을 위하여 한 달 남짓 후에 폐지되었고, 그는 TV 편성과 TV 제작 업무를 관장하는 TV국이 신설되면서 초대 국장으로 보임되었다.

서규석은 이 시기에 KBS나 TBC보다 늦게 출발한 MBC-TV를 TV 3사 반열에 올려놓느라 동분서주하며 각고의 노력을 기울였다. 그 대표적인 사례가 바로 크게 히트한 드라마 〈새엄마〉의 강력한 선택이라 할 수 있다. 곧 TBC의 〈아씨〉, KBS의 〈여로〉 등 '멜로드라마'가 선풍을 일으키던 시절 '홈드라마' 장르를 개척하고 〈새엄마〉로 그 대안을 제시, MBC의 위상을 한껏 드높였던 것이다.

서규석은 1974년 2월 MBC 상무이사로 승격되었으며, 그해 7월 MBC · ≪경향신문≫ 신문 담당 상무로 선임되었다. 즉 민영 언론사의 중역이 된 것이다. 그는 4년 후인 1978년 그의 본령인 MBC 방송 담당 상무로 복귀하여 MBC 발전에 열정을 한층 더 쏟았다.

서규석은 1980년 신군부가 집권하면서 저지른 언론인 강제 해직으로 30~40대 20년 가까이 혼신을 바쳤던 MBC에서 물러나 야인이 되었다. 그는 이때부터 7, 8년간 경희대학교, 외국어대학교, 한양대학교 등에서 후진에게 방송의 실제와 이론을 전수하는 학구적 활동을 왕성히 펼쳤다.

서규석은 1988년 방송위원회가 발족되자 상임위원으로 방송정책을 입안하는 일에 몰두했다. 그의 복귀는 사필귀정이요, 그의 경륜을 필요로 한 시대적 상황이라 할 수 있다. 그는 2년여의 방송위원 생활을 마치고, 독립프로덕션 (주)서울텔레콤 대표이사를 거쳐 한양대학교, 광주대학교 등에서 객원교수, 초빙교수 등을 지냈다.

서규석은 1998년 2월 MBC 법인재단인 방송문화진흥회 이사장으로 선임되어 2년간 봉직했으며 2002년 2월에는 MBC 시청자주권위원회 위원장으로 선출되어 자문을 하기도 했다. 그는 1968년 제11회 방송문화상을 수상한 바 있으며, 1980년 국민훈장 석류장, 1997년 방송 70주년을 맞아 보관문화훈장을 받았다. 그는 2000년 고희(古稀)를 맞아 동료 및 후학들로부터 송제(松齊) 서규석 방송문집 『하늘을 향해 화살을 날린 뜻은』을 봉정받기도 했다. 이 문집은 〈사진 40-2〉에 표지가 보인다.

이 책 제1부 2장에는 '내가 본 인간 송재' 편에 강원용을 비롯한 20여 명의 유명 인사가 필진으로 참여했는데, 선비 학자인 이강수(한양대 명예교수)의 글이 돋보인다. 이강수는 '서 선배-뛰어난 방송이론가'라는 제목하에 서규석이 ≪언론학보≫에 기고한 '영국방송제도의 특색'이라는 글이 "아마도 내가 알기로, 이 논문은 신문방송학자들이 발표한 논문을 포함해서 영국 방송제도에 관한 많은 논문 가운데 이 주제에 대하여 가장 먼저 연구한 논문일 뿐 아니라 가장 체계적으로 연구한 대표적인 논문이라고 생각한다"라고 썼다. 이강수 교수는 서규석 원로를 존경했던 언론학자 중 한 분이다. 더불어 필자로서는 서 원로를 소개해 준 장명호 MBC 전 사우회장께 거듭 감사드리며, 한편으로는 그가 추천하여 MBC 사우회보 편집위원장으로 봉사했던 김승월 형제의 건강을 기원한다.

# 41.
# KBS 우리말 이름 '한국방송' 제정 시행

〈사진 41-1〉은 KBS 우리말 이름을 맨 처음 발의한 이의 글이다. 이 글을 쓴 분은 KBS 감사를 역임한 조봉균(趙俸均, 1939~ ) 선배님이다. 최고의 명문고와 명문대에서 공부한 그는 언론계 재직 중에 정부 기관으로 스카우트되어 문공부 · 공보처 고위관리로 근무하다 1992년 KBS 감사로 부임하여 2년간 봉직했다. 그는 인품과 덕망이 뛰어난 데다 명석한 두뇌의 소유자라 본받고 배울 점이 많았다. 하급 직원인 필자에게도 직위를 내색하지 않고 대화를 편안하게 이끌었던 기억이 선명하다.

〈사진 41-2〉는 필자가 1999년 KBS의 미래 정책을 기획하던 부서인 밀레니엄기획단장 시절 최고 의사 결정권자인 사장께 올린 보고서다. 이 보고서에는 KBS 단기 추진 과제 가운데 위상 강화 방안으로 "KBS 우리말 호칭 선정 공포-한국방송 KBS"가 들어 있다. 그 당시 사장은 박권상 선생으로 공영방송 KBS의 위상이 최고로 빛을 발하던 시기였다. 그는 정치권으로부터 KBS를 독립시키는 데 주력했고, 방송인의 자율적 위상을 높여주었던 인물이다. 필자가 박권상 사장에게 올린 이 보고서 뒷면에는 '현황(타 방송사는 우리말 호칭 사용 등)', '문제점(국가기간방송으로서 이미지 실추 등)', '추진 방향(한국방송공사 정관 개정 등)' 등을 제시했다. 필자는 이 보고서를 사장 결재를 받은 후 사내 관련 부서(정책, 홍보 부서 등)에 보내어 추진에 박차를 가했다.

다음은 2011년 사단법인 KBS사우회가 펴낸 『그때 그 시절 KBS 이야기』(커뮤니케이션북스 발간)에 수록된 필자의 글이다. 제목은 '한국방송, 우리말 이름 탄생'이다. 원문대로 싣는다. 독자 여러분의 해량을 바란다.

---

KBS의 우리말 이름 '한국방송'! 이 '한국방송'의 제정이야말로 한국 방송 역사에 길이 빛날 큰 역사적 사건이다. 이 역사(役事)가 역사(歷史)의 뒤안길에서 단순히 비사(祕史)로 스쳐 지나기 쉬운지라, 그 전말을 기록하여 후학들에게 전승하고자 한다.

먼저 밝혀 둘 것은, KBS의 우리말 이름 '한국방송' 제정은 필자가 처음으로 기획한 작품이 아니라는 사실(fact)이다. 필자는 이 사건의 언저리에서 10년 가까운 세월 동안 단순히 조력(助力)만 했을 뿐이다. 우리말 이름을 최초로 제안하신 분은 그 당시 감사이셨던 조봉균 선배님이었다. 조 감사께서는 1990년대 초반에 필자가 KBS 본관 6층 제2회의실에서 문화발전위원회 의장으로서 회의를 주관하다 나오며 마주치면, KBS의 우리말 이름 제정을 제안하시곤 했던 것으로 기억한다.

그리고 그 후 7, 8년이 지난 1999년, 필자가 사장 직속 기구인 밀레니엄기획단장을 맡아 박권상(朴權相) 사장님께 이 건에 대해 특별 보고서를 올린 바 있다.

### 1992년 말, 조봉균 감사님의 발의로 논의 시작

KBS의 우리말 이름 '한국방송'이 탄생하기까지는 근 10년에 이르는 잉태 및 숙성 과정이 있었다. 역사적으로 추적해 보면 1992년경까지 거슬러 올라가게 되는데, 그 단초는 경영 혁신 운동에서 비롯된다.

사진 41-1. 조봉균 KBS 전 감사의 글

8 제1119호 KBS 사우회보

공사창립 특별기고

# 우리말 이름 「한국방송」이 탄생하기 까지

조봉균 회우

「KBS 한국방송」이 「한국방송」이라는 우리말 방송명을 갖게 된 것은 1927년 이 땅에서 첫 방송전파가 발사된 지 74년, 광복 후 56년, 「한국방송공사」 창립 후 28년만의 일이었고, 이 명칭안이 공식 발안되고서도 8년이 지나서였다. 필자가 「한국방송」이라는 우리말 명칭의 최초 발안자라는 영광을 안게 된 것은, 「한국방송공사」 발족 후 20여 년이 지난 제안 당시까지 국가를 대표하는 방송의 명칭이 「KBS」라는 영어 이니셜 외에 우리말로는 없었기 때문이다. 영어로는 「Korean Broadcasting System」이라는 회사 정식명칭과 「KBS」라는 회사 약칭 및 방송명이 모두 있었으나, 우리말로는 「한국방송공사」라는 회사 정식 명칭만 있고 방송명이나 회사 약칭은 없었던 것이다.

그때의 명칭 사용 실태를 보면, 방송명(Station ID)은 우리말 명칭 없이 「KBS」로만 표시하였으며, 공사는 약칭이 없어서 「한국방송공사」라고 긴 이름으로만 불렸다. 사가(社歌)의 가사는 끝 부분이 "♪...KBS, KBS, 민족의 방송."이라는 외침이었다. '민족의 방송' 이라면서 우리말 방송명은 없이 "...KBS, KBS"라고만 외치자니 공허감이 들었다. 사기(社旗)에서도 KBS만 사용했다.

국가기간방송에 우리말 방송명이 없는 것을 평소 허전하게 느끼던 필자는, 1992년 4월 한국방송공사 감사로 봉직하면서 이 문제를 검토하였다. 「KBS 사보」 1993년 6월호에 '우리 방송의 본명을 찾자' 라는 제목의 글을 기고하고, 「한국방송」을 공사의 약칭 겸 우리말 방송명으로 제정하여 영어 이니셜 명칭 KBS와 병용하자고 제안했다. 국가기간방송의 본명은 나라말 이름인 「한국방송」이라야 하고, 「KBS」는 방송의 국제성을 위한 보조명칭이라는 생각에서였다.

우리말 방송명의 필요성에 관해서는 여러 사람에게 구두로 설명했다. 그러나 말만으로는 사내에서 구체적 시 노정팔(盧正八) 이사장과 이사진, 공보처차관 등에게 개별적으로 설명했다. 설명 과정에서는 "일본도 NHK라고만 하지 않느냐"라고 반문하는 다소 의외의 반응도 있었다. 이에 대해서는 "「NHK」는 「Nippon Hoso Kyokai」(日本放送協會)라는 일본어 본명의 알파벳 표기에서 두문자를 딴 것이니 영어명칭 이니셜인 KBS와는 성격이 다르며, 우리가 그와 같이 한다면 KBS는 HBK가 되어야 할 것"이라고 설명했다. 하지만 필자가 1994년 4월 임기만료로 퇴임하자 이 명칭안 추진은 수면 밑으로 가라 앉았다.

「한국방송」 명칭을 끝내 성사시킨 인사는 광운대학교 콘텐츠대학원장으로 재직 중인 김성호(金聖鎬) 교수다. 그는 1993년 KBS문화발전위원회 의장으로서 처음 이 문제의 실무를 추진하다가 1994년 원주방송국장으로 전임되면서 손을 놓았다. 그러나 박권상(朴權相) 사장 재임 시인 1999년 「밀레니엄기획단장」을 맡으면서 실무적으로 재추진하여 마침내 정관개정을 실현시켰다. "공사는 한국방송공사라 칭하고 영어로는 KOREAN BROADCASTING SYSTEM(약칭 KBS)이라 칭한다."라고 되어 있던 정관 제2조 명칭규정을 "공사는 한국방송공사(영어명칭 Korean Broadcasting System)라 하고, 약칭으로 한국방송(KBS)이라 한다."로 바꾼 것이다. 이 개정안은 2000. 3. 29. 이사회에서 의결되고 5.22. 방송위원회 인가를 받았다. 그리고 2001.3.3. 공사창립 28주년 기념일을 기해 "제2의 창사 정신으로 「KBS 한국방송」 시대를 선언"하고, 로고·인쇄물·홍보물 등에서 이 명칭의 전면적인 사용에 들어갔다. 드디어 「한국방송」은 공사의 우리말 약칭이자 방송명으로 탄생한 것이다. 「KBS 한국방송」의 역사에 남긴 김 교수의 찬연한 업적이다. 「한국방송」 명칭의 유래에 관한 원고 요청을 받아 이 글을 쓰기는 하나 쑥스럽기도 하다. 이 방송명은 「한국방송공사」라는 공사 명칭 속에 이미 들어 있는 것이지 필자가 창안한 것이 아니다. 이를 찾아 쓰지 않

KBS 우리말 이름 탄생 비화를 기고한 글이다.
출처: 저자 소장 자료.

KBS는 그 당시 한국의 100대 기업에서 추진하고 있는 경영 혁신 운동을 참고하여 우리 실정에 맞는 추진방안을 모색했다. 그 주요 사업 내용은 사무 · 문서 관리체계 개선, 생산적인 회의 문화 정립, 결재단계의 단순화, 원가의식 고취 등이었다. 이러한 사업을 효율적으로 추진하기 위해서는 구성원들의 의식 개혁이 전제되어야 한다는 인식하에

사진 41-2. '한국방송 KBS' 시행 보고서

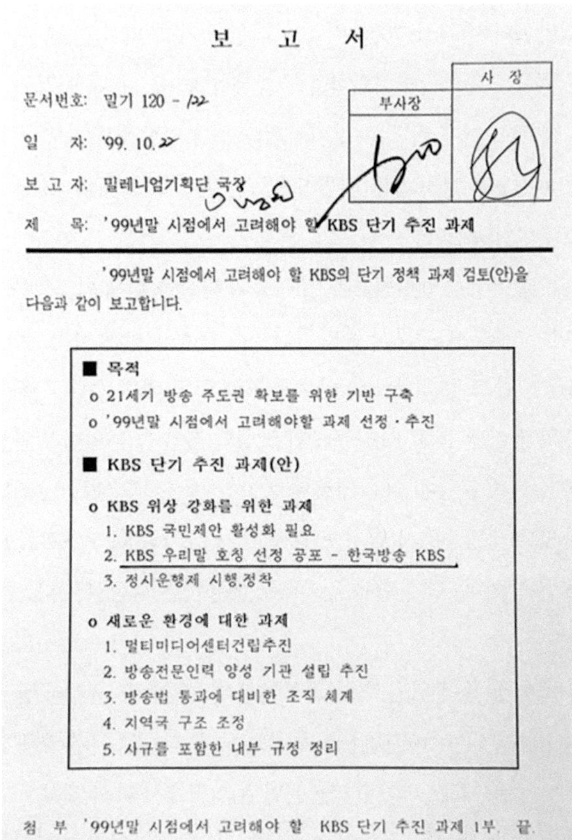

# 보 고 서

| 부사장 | 사 장 |
| --- | --- |
| (서명) | (서명) |

문서번호: 밀기 120 - 122

일 자: '99. 10. 22

보 고 자: 밀레니엄기획단 국장

제 목: '99년말 시점에서 고려해야 할 KBS 단기 추진 과제

'99년말 시점에서 고려해야 할 KBS의 단기 정책 과제 검토(안)을 다음과 같이 보고합니다.

■ 목적

o 21세기 방송 주도권 확보를 위한 기반 구축

o '99년말 시점에서 고려해야할 과제 선정 · 추진

■ KBS 단기 추진 과제(안)

o KBS 위상 강화를 위한 과제

1. KBS 국민제안 활성화 필요
2. KBS 우리말 호칭 선정 공포 - 한국방송 KBS
3. 정시운행제 시행.정착

o 새로운 환경에 대한 과제

1. 멀티미디어센터건립추진
2. 방송전문인력 양성 기관 설립 추진
3. 방송법 통과에 대비한 조직 체계
4. 지역국 구조 조정
5. 사규를 포함한 내부 규정 정리

첨 부 '99년말 시점에서 고려해야 할 KBS 단기 추진 과제 1부. 끝.

KBS 최고책임자에게 올린 우리말 이름 실행을 위한 공문이다.
출처: 저자 소장 자료.

한국능률협회, 한국생산성본부 등에서 주관하는 경영 혁신 연수 프로그램에 눈을 돌리게 되었다.

이러한 과정에서 경영 혁신에는 기업문화의 정립이 필수적이라는 사실을 인지하게 됐다. 이에 따라 사풍 쇄신운동으로「주춧돌 7000운동」을 입안했다(여기서 '7000'은 KBS 직원 숫자를 의미한다). 이 운동의 추진 주체로 문화발전위원회를 구성하기에 이르는데, 이것이 1992년 11월경이다. 이때 필자는 이 위원회의 초대 의장을 맡게 됐다. 국장급 이상의 위원을 대표하는 위원장으로는 손영호(孫濚鎬, 1936~2004) 부사장이 담당했다.

1993년 들어서 문발위원들은 이 운동의 확산을 위해 워크숍을 개최했다. 변화선도자(CA)로서 문발위원들은 승용차 함께 타기 추진 전략, 출퇴근 시간 조정 및 주 5일 근무제 도입 관련 의견 수렴, 사원 의견공모 계획 아이템 검토, KBS 문발위 활성화 제언 등 다양한 방안들을 도출했다. 특히 문발위 의안 가운데 본고와 관련된 의제는 "우리말 방송 이름 및 한국방송공사 약칭 필요성 제기"(『1994 KBS 연지』, 1994.5. 78쪽 참조)이다. 그 문헌을 원본대로 인용하면 다음과 같다.

- 검토 배경: 문발위원 회의 과정에서 한국방송공사 약칭 필요성 제기(1992.11월)/ 1993년 6월 호 사보에 "우리 방송의 본명을 찾자"란 제목의 글 게재/ 1993년 7월 문발위 회의에서 다시 제기
- 추진 경과: 전사원 대상 의견조사(7.19~8.7)/ 의견조사 결과 분석 및 사측에 건의(8.11)/ 회사 차원의 검토 보고(8.16~9.2)/ 경영회의 및 이사회 상정 요청(9.8)

이 당시 추진 과정에서 필자는 두 가지 어려움을 예상하며 걱정하기도 했다. 하나는 정관개정 문제였다. 한국방송공사 정관 제2조(명칭)에는 "공사는 한국방송공사(영어 명칭 KOREAN BROADCASTING SYSTEM, 약칭 KBS)라 한다"로 되어 있었다. 이 정관의 변경은 이사회

의 의결을 거쳐 공보처 장관의 인가를 받아야 했다. 다른 하나는 국내 다른 방송사들의 반발이 없지 않을까 하는 점이었다.

이 두 가지 사항 중 첫 번째는 조봉균 감사님이 앞장서 해결해 주시겠다고 격려했다. 그분은 기자 출신이지만 공보처 고위 관리로 재직하다 오셨기 때문에 일의 난이도를 꿰뚫고 있을 뿐만 아니라 인적 네트워크도 풍부해 걱정하지 않아도 됐다. 두 번째 사항은 지내 놓고 보니 기우(杞憂)였다는 걸 알 수 있었다. 일본 NHK 사례 때문인지 국내 방송사들이 잠잠했기 때문이다.

### 1999년 밀레니엄기획단장 시절 재차 추진 작업 결실

1994년 8월부터 필자는 원주방송국장으로 발령받아 재임 2년 동안 일선 현장에서 바쁘게 뛰어다니고 있었다. 이에 본 건은 필자가 직접 관장하던 정책 사안이 아니어서 잊고 지내다 1998년 9월 IMF 이후 개혁기획단장으로 징발되면서 몇 년 전에 추진하던 이 사안이 내 뇌리 속에서 되살아나기 시작했다. 그러나 워낙 화급한 당면 과제(조직 개편, 구조조정 등)가 산적해 있어 손대 볼 여력이 없었다. 그다음 해 늦은 봄인가 필자는 KBS 대표로 대통령 직속 '방송개혁위원회'에 참여했다가 귀사하여 밀레니엄 시대를 대비하라는 명령을 받고, 사장 직속 부서로 '밀레니엄기획단'이 창단되어 그 단장을 맡게 되었다.

이때는 좀 여유가 있는 편이어서, 차분하게 21세기에 KBS가 가야 할 방향을 구상했다. 대표적인 산물이 "KBS 뉴밀레니엄 플랜"이다. 지금 들여다봐도 손색없는 기획물이다. 지식이 풍부하고 능력 있는 PD, 기자, 엔지니어, 경영 직종 후배들이 머리를 맞대고 세운 플랜이라 내용이 알찼다. 퇴임한 어느 선배와 후배는 대학 강단에 설 때마다 활용한다면서 유용하게 쓴 문헌이었다고 고마워했다.

그 시절 밀레니엄기획단장으로서 필자는 후배들과 숙의하여 “1999년 말 시점에서 고려해야 할 KBS 단기 추진 과제”라는 보고서를 만들어 박권상 사장께 보고했다. 필자의 일기장에는 99년 10월 22일로 적혀 있고, 필자를 보좌한 후배는 김창희(전 KBS 특임본부장, 비즈니스 사장)로 기억한다. 그 보고서에는 KBS 위상 강화를 위한 과제 3건과 새로운 환경에 대한 과제 5건이었다. 전자의 대표적 과제가 “KBS 우리말 호칭 선정 공포-한국방송 KBS”(보고서 원문 인용)이고, 후자는 “멀티미디어센터 건립 추진”이다.

이 보고서에서 KBS만이 우리말 호칭이 없을 뿐만 아니라 국가기간방송으로서 우리말을 지키는 보루인 대표 방송사로 이미지를 크게 실추하고 있음을 적시하고 2000년에 우리말 호칭 사용을 목표로, 정관개정이 필요한 중요 사항이라 문광부에 의견을 제시한 후에 추진하기로 방향을 설정했다. 그러나 이 사안은 문광부에서 방송위원회로 이관됐다. KBS 우리말 약칭 ‘한국방송’ 사용은 그해 3월 29일 KBS 이사회 의결을 거쳐 5월 22일 방송위원회로부터 인가를 받았다(『2001 KBS 연지』, 2001.6, 16쪽). 그러나 ‘한국방송’의 전면 사용은 그다음 해인 2001년 3월 3일 공사 창립 기념일부터다(「2002 KBS연감」, 2002.6, 127쪽). 그 당시 홍보실이 제작한 CIP에는 “‘한국방송’은 세계 정상급 공영방송 KBS의 새 이름입니다”라는 카피로 되어 있다. 그 아래에는 다음과 같이 부연 설명한 문구도 보인다. “KBS는 공사창립 28주년을 맞아 21세기 뉴미디어시대 국민과 함께 새로운 비전을 정립하고 더욱 힘찬 도약을 준비하기 위해 제2의 창사 정신으로 ‘KBS 한국방송’시대를 선언했습니다.”

KBS의 우리말 이름 ‘한국방송’ 실현은 조력자의 한 사람으로서 자랑스러운 역사적 사건임에 틀림없다. 돌아보면 10여 년 동안 우여곡절이 많았지만, 가슴 뿌듯한 쾌거라 할 수 있다. 이 대역사에서 고마운 분은 아이디어를 주시고 격려했던 조봉균 감사님이다. 그분의 인품과 덕망, 그리고 경륜이 이루어 낸 결정체라 할 수 있다.

# 42.
# 한국 언론사 최초로 ERP 도입한 KBS

〈사진 42-1〉은 KBS가 국내 언론사 최초로 ERP(전사적 자원관리) 시스템을 가동하여 경영 혁신을 선도한다는 여러 기사를 실은 ≪KBS 주보≫다. 〈사진 42-2〉는 ERP 시스템을 추진할 당시에 활용한 26쪽짜리 팸플릿과 프로젝트 종료 보고서 문서다. 이 완료 보고서를 자세히 살펴보면, '프로젝트 개요'에 사업 예산이 200억 원대로 적혀 있다. 단일 방송사가 추진하는 사업으로는 대단히 큰 프로젝트였다.

방송사 경영 혁신을 목적으로 추진한 이 ERP 프로젝트는 한국 방송 역사상 초유의 대단히 큰 사건이었다. 2000년대 초반에 국내 언론사는 물론 일본의 NHK 등에서도 엄두도 못 냈던 프로젝트였다. 필자가 KBS 재직 당시(사장 직속 특별부서 '밀레니엄기획단장' 시절) 동료 후배들과 함께 기획하고 추진한 이 프로젝트는 아시아권에서는 필리핀 민간방송사 하나뿐이었다.

우선, 독자들의 편의를 위하여 전문용어에 대한 설명이 필요해 보인다. ERP는 'Enterprise Resource Planning'의 약자로 우리말로 '전사적자원관리(全社的資源管理)'라고 한다. 이것은 기업의 업무관리를 돕는 하나의 거대한 컴퓨터 시스템이지만, 세계적으로 유명해진 이유는 이 컴퓨터에 담겨 있는 경영 혁신의 방법론, 구체적으로 말해 '최고의 실행 사례(Best Practice)'이기 때문이다. 〈사진 42-2〉에 보이는 DCS는 'Digitalize

Change Speed-Up'의 약자로 ERP 도입을 추진하기 위하여 KBS가 회사 내 공모로 선정한 프로젝트 명칭이다. 그 당시 IT 직종의 안명수 사우가 응모한 'DCS'가 당선작으로 뽑혀 프로젝트 추진 내내 사용되었다. 이 프로젝트의 핵심 목적은 KBS의 업무 프로세스를 선진 프로세스 기준으로 최적화하고, 세계적 표준 경영 정보 시스템인 자원관리(ERP) 시스템을 구축하여, 회사의 업무 생산성을 높이고 자원을 최적화 활용함으로써 글로벌 경쟁 시대의 기업 경쟁력을 향상시키는 데 있었다. 당시 필자는 KBS 내 여러 직종(PD, 기자, 기술, 경영, IT 등)의 유능한 인재들을 발굴하여 ERP 프로젝트를 기획하고 추진하는 데 힘을 보탰다.

〈사진 42-1〉 사료는 2002년 5월경에 발행된 ≪KBS 주보≫에 실렸던 기사들이다. 주보에 실린 사진은 당시 박권상 사장께 ERP 사용법을 이재희 경영 직종 후배가 실행 방법을 가이드하는 모습이다. 주보 중간 "KBS ERP 구현, 선진방송의 도약대"는 연세대 부총장 김기영 교수의 글로, 사진이 함께 실려 있다. 김기영 교수는 연세대에 ERP를 도입한 경영학 학자인데, 필자가 KBS ERP 추진 자문교수로 초빙했다. 3 · 1 문화재단 이사장을 지낸 김기영 교수는 그 당시에 KBS 사장 면담, 경영진 특강 등을 통해 KBS ERP 도입 및 실행에 큰 공헌을 한 선구적인 학자였다. 아울러 김기영 교수는 필자가 광운대 교수로 재직 중일 때, 광운대 총장으로 초빙되어 각별한 인연을 맺기도 했다. 그다음, 주보 가운데 오른편에 "ERP의 성패는 나에게 달려 있다"라는 글을 쓴 이는 당시 ERP 실행 기구 선정 심사위원장을 맡았던 서울대 김재일 경영학 교수로, 사진이 같이 실려 있다. 김재일 심사위원장은 "ERP의 성공적 도입은 기업의 재고감축, 시간단축, 비용 절감, 생산성 증가 등 기업이 추구하는 모든 목표들을 포괄적으로 달성할 수 있는 기반을 제공한다. 그러나 일반 제조업체는 수익성 및 효율성만 추구하면 되지만, KBS는 이에 덧붙여서 공익성을 추구해야

사진 42-1. KBS ERP 시스템 시행 관련 자료

이 프로젝트에 참여한 교수들의 글이 보인다.
출처: 저자 소장 자료.

한다"라고 공익성을 강조했다. 이 주보에서 두 교수가 집필한 지면 앞부분(가려져 있다)에 필자는 'DCS 프로젝트, 선진 경영 · 제작 인프라 구축'이라는 제목의 글로 KBS맨들에게 ERP의 성공적 안착을 호소했다. 필자는 이 글에서 "KBS 역사상 전무했던 이 대형 프로젝트는 추진팀의 각고의 노력과 전 임직원의 적극적인 참여, 그리고 불굴의 의지가 성패의 요소라 할 수 있다. ERP는 만능이 아니다. 경영 혁신의 가장 좋은, 국제적으로 공인된 도구일 뿐이다. 모든 KBS인들의 Consensus Approach가 상생될 때, 이 사업은 성공적으로 완수될 것이다"라고 강조하며 심오한 각오를 당부하기도 했다.

세 컷의 주보 가운데, 마지막 사진은 제목이 'ERP 2단계 시스템 10월

사진 42-2. KBS ERP 추진 자료집과 종료 보고 공문

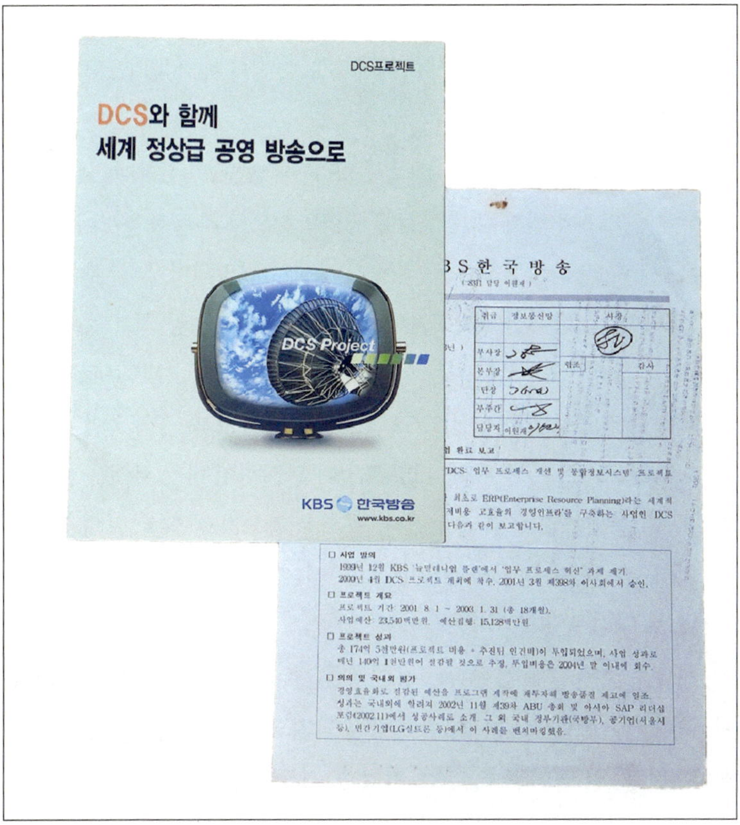


프로젝트 추진 관련 책자와 마지막 보고서다.
출처: 저자 소장 자료.

14일부터 가동'된다는 기사다. 2002년 상황인데, 이미 5월 1일 KBS가 국내 언론사 가운데 최초로 실시한 ERP 1단계의 성공적인 정착에 힘입어 2단계 시스템 1차 업무를 가동했다는 내용이다. 2단계 오픈 첫날 764명의 직원이 시스템에 접속, 1068건의 전표를 처리, 비교적 성공적인 출발을

보였다. 1단계 시스템이 예산, 회계, 구매, 조달, 제작비 등 돈의 흐름에 관한 것이라면, 2단계 시스템은 편성, 방송시설, 프로그램 원가, 인사 등 방송사 특유의 업무가 그 대상이어서 규모도 방대하고 제작도 까다롭기 때문에 3차로 나누어 오픈했다.

〈사진 42-2〉에서 보이는 사료들은 ERP시스템을 추진할 때 당시의 문건들이다. 'DCS와 함께 세계 정상급 공영방송으로'라는 팸플릿에는 'ERP 일반론'과 '우리 회사 DCS 프로젝트'가 자세히 설명되어 있다. 위 일반론에는 'ERP란, 일반적인 ERP 도입 효과, ERP 구축의 성공 요소' 등이 담겨 있다. 그다음 이 프로젝트에는 "KBS의 ERP 도입 배경, DCS 프로젝트 추진 계획, DCS 프로젝트 비전, DCS 프로젝트 기대 효과, 구체적인 변화 모습, DCS 프로젝트 수행 주체, ERP 도입과 관련하여 나는 무엇을 할 것인가?" 등이 상세하게 설명되어 있다. 끝으로 참고자료에는 1단계(선도업무) 일정 및 역할이 명시되어 있다. 그 아래에는 DCS 프로젝트 사업 완료 공문으로 당시 박권상 사장의 재가를 받았다. 이 프로젝트는 워낙 방대한 예산에, 수많은 외부 컨설턴트 등이 수년간 수행한 사업이라 이사회 의결, 국회의 국정감사, 감사원 감사 등을 받기도 했다. 박권상 사장의 선비적 리더십이 필자에게는 큰 자산이었다. 지도자의 중요성을 절감한 프로젝트였다. 기타 기념 볼펜 등 부수적인 이벤트도 많았다. 특히 이 프로젝트를 추진하며 잊을 수 없는 사실은 후배들이 사명감으로 무장하여 솔선수범하면서 열정을 보여 준 점이다. 일일이 다 거명하기 어렵지만 김창희, 이제학 후배의 불타는 업무 추진력은 결코 잊을 수가 없다. IT업무 직종의 이원재 후배도 ERP의 성공적인 정착에 열정을 보여 주었다.

끝으로 이 대형 프로젝트를 추진하면서 국내외적으로 성과를 기록으로 남기고자 한다. 먼저, ERP 주무 부처인 KBS 경영개선추진단은 2002년 10월 22일 국내 공공부문 기업을 대상으로 설명회를 개최했다. 이 자리에는 서울시, 담배인삼공사 등 국내 15개 공기업이 참여해 KBS가 추진하는 ERP 프로젝트에 많은 관심을 보였다. 한편 그해 10월 31일부터 11월 8일까지 일본 도쿄에서 개최된 제39차 ABU(아시아 태평양 방송연합) 총회에서는 KBS가 추진한 DCS 프로젝트를 경영 혁신 사례로 다루었다. KBS는 34개국 94개 기관 409명의 방송인이 참가한 이 자리에서 '21세기 디지털시대의 KBS 경영 혁신'이라는 주제로 DCS 프로젝트 사례를 발표해 큰 호응을 이끌어 냈다. ABU 총회에서 방송사 경영 혁신을 주제로 다룬 것은 ABU 사상 처음이며 이는 KBS의 전면적인 ERP 도입과 빠른 정착이 국제적으로 인정받았다는 증거이기도 하다. 이 발표는 KBS로서는 물론 한국 방송 역사에 있어서도 매우 의미 깊은 일이다.

특히 이는 국민의 방송 KBS가 수신료의 가치를 소중하게 생각하며 내부 혁신을 단행한 하나의 결실이 아닐 수 없다. 이뿐만 아니라 DCS 프로젝트는 아시아 지역의 ERP 성공 사례로 채택되어 2002년 11월 8일 제주도에서 열린 '리더십 포럼'에서 국내 아시아 지역의 사장 CEO 150여 명을 대상으로 DCS 프로젝트 추진 성과를 발표했다. KBS의 DCS 프로젝트가 방송사뿐만 아니라 민간 기업까지 영향을 미치는 큰 성과를 이루었다는 사실을 의미한다. 참고로 ERP 제품은 독일 SAP(Systems Application and Product in data processing)를 썼다.

# 43.
# 노정팔 한국 방송 원로 KBS에서 영결 의식 거행

〈사진 43-1〉은 노정팔(1919~2002) 선생(이하 '노정팔'로 표기)의 영결식장 모습이다. 이곳은 국회의사당 근처 여의도 KBS 본관 뒤편에 세워진 신관 건물 1층 홀이다. '고 노정팔 전이사장 영결식'이라 쓴 현수막 양 끝에 근(謹) 조(弔)가 표기되어 있다. 근조는 "사람의 죽음에 대하여 삼가 슬픈 마음을 나타냄"을 뜻한다. 〈사진 43-2〉는 영결식 순서에 따라 고인의 이력을 소개하고 있는 필자의 모습이다. 뒤편에는 박권상 당시 KBS 사장, 그 옆에 조사(弔辭)를 담당한 한국 방송의 전설로 불린 최창봉 선생, 그다음이 서영훈 전 KBS 사장 등 원로들이 자리하고 있다. 여기서 필자가 사죄를 드려야 할 말씀이 있다. 〈사진 43-2〉보다는 최창봉 선생께서 추도사하시는 사진을 올려야 하는데, 소장 사료를 아무리 찾아도 찾을 수가 없어 이 사진을 쓸 수밖에 없었다. 그리하여 죄송한 마음에서 최창봉 원로께서 필자에게 주신 조사 원본 〈사진 43-3〉(친필 조사 첫 장)을 뒤편에 실었다.

노정팔이 한국 방송 역사 서지(書誌)에 언급된 곳이 한두 군데가 아니다. 이 책에서도 앞부분에 '해방 후 최초의 라디오 PD, KBS 이사장 노정팔'이라는 타이틀로 필자가 쓴 장문의 글이 실려 있다. 한국 방송 역사를 천착하는 사람으로서 노정팔 연구는 필수불가결한 기본이라고 생각한다. 그런 측면에서는 최창봉도 마찬가지다. 그리하여 필자는 이 책에서

사진 43-1. 노정팔 KBS 전 이사장 영결식 장면

방송 원로에 대한 예의 차원에서 KBS가 마련한 식장 광경이다.
출처: 저자 소장 자료.

도 "한국 방송의 전설'로 불린 최초의 TV PD 최창봉'이라는 제목으로 다루어 수록하였다. 이 두 원로에 대한 글은 모두 원고 분량에 제한 없이 상세하게 기술하였다. 필자는 두 방송 원로를 만년에 15년간 모시었고, 두 분 장례식에도 사흘 동안 봉사하면서 묘지 안장에도 참여하였다.

노정팔의 별세 후 곧바로 필자에게 연락한 이는 KBS 근무 시 1980년에 만났던 김호영 국장이었다. 이분은 그 당시 필자의 상사였고 퇴임 후에는 위 두 분 원로를 소개하여 모임을 갖게 했을 뿐만 아니라 방송 사료들도 물려주신, 필자로서는 잊을 수 없는 방송 선배다. 필자는 연락을 받고 곧장 연세대 세브란스 장례식장으로 달려가 봉사하였다. 발인 날 KBS에서 영결식(사회: 조건진 아나운서, 후에 아나운서실장 역임)을 잠시라

사진 43-2. 영결식에서 필자가 노정팔 KBS 전 이사장의 경력을 낭독하는 모습

그 뒤편에 박권상 사장, 최창봉 원로들의 면면이 보인다.
출처: 저자 소장 자료.

도 치르는 게 좋을 것 같아 KBS 임원진과 협의하여 동의를 받았다. 1945년 KBS(PD)에 입사하여 1993년 KBS 이사장직에서 퇴임한 이 방송 원로를 KBS에서 발인 영결식을 해 드리는 것이 예의라 판단하고 강력하게 추진하였다. KBS에서 버스 편의를 제공하여 안성 묘지에 모신 다음, KBS 임원진에게 보고드리고 귀가하는데 조사를 해 주신 최창봉 원로께서 격려 전화를 주셨다. 그 이후 최 원로와의 만남은 15년간 이어졌다.

최창봉의 조사는 〈사진 43-3〉에서 볼 수 있듯이 '노정팔 이사장님 영전에'라는 제목으로 200자 원고지에 꾹꾹 눌러쓴 정성스러운 글이다. 필자가 소장한 이 조사 원본은 원고지 12매다. 조사의 내용을 자세히 살펴보면 노정팔의 방송 생애는 한국 방송의 역사임이 구구절절하게 나타나

사진 43-3. 최창봉 선생의 조사 원고

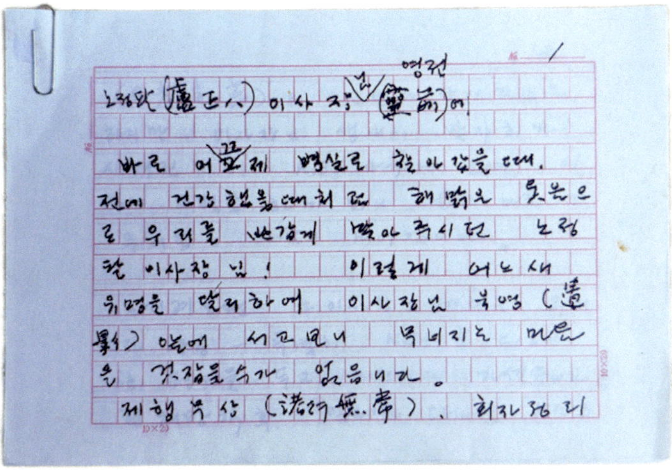

노정팔(盧正八) 이사장님 영전(靈前)에!

바로 어끄제 병실로 찾아 갔을 때, 전에 건강했을 때처럼 해맑은 웃음으로 우리를 반갑게 맞아 주시던 노정팔 이사장님! 이렇게 어느새 유명을 달리하여 이사장님 유영(遺影) 앞에 서고보니 무너지는 마음을 것잡을 수가 없읍니다. 제행무상(諸行無常). 회자정리

최창봉 원로께서 직접 집필하여 낭독한 원본이다.
출처: 저자 소장 자료.

있다.

이 조사 2쪽 후반에 "돌이켜보면 노 이사장님께서는 우리나라 방송-특별히 KBS를 위해 한평생을 두고 애쓰시다 가셨습니다. 해방 직후 일제가 떠나간 KBS에서 편성요원으로 방송을 시작하실 때 빈약했던 보수 때문에 생활비를 보태기 위해서 종종 기고하시던 신문사에서 좋은 대우로 아주 그쪽으로 오라는 유혹도 뿌리쳐 가며 끝내 방송을 떠나지 않고, 무거운 녹음기를 걸머지고 전국을 돌며 녹음구성 프로그램을 제작하던 중, 영양실조로 폐결핵에 걸려 마산요양소에서 입원치료까지 받으셨습니다" 라는 애절한 내용도 보인다. 최창봉은 노정팔의 성품을 이렇게 회고하기

도 했다. "노정팔 이사장님을 사람들은 학(鶴)이라고 불렀습니다. 이사장님은 학처럼 맑고 깨끗하게 사셨습니다. 어쩌면 사람을 사귀는 데 있어서도 너무 가리지 않느냐는 말을 들을 정도로 자신의 순결을 지키는 데 노력을 멈추지 않았습니다. 노 이사장님은 불의와 타협하지 않는 강인함에 있어서 오해를 받을 때도 있었지만 이에 개의치 않고 끝내 꿋꿋하게 평생을 보내셨습니다." 이 조사 마지막이 참으로 애틋하다. "노정팔 이사장님! 이제는 학처럼 마음 놓고 그렇게도 그리시던 삼수갑산(三水甲山) 고향 산천에도 훨훨 날아가서 돌아보시고, 노 이사장님이 늘 기도하시던 하나님이 계시는 영원한 생명의 고향에서 편안하게 쉬십시오, 삼가 이사장님의 명복을 빕니다. 2002년 8월 3일 최창봉" 이상이다.

# 44.
# KBSi에 한일 최첨단 CEO 이해진, 손정의 방문

KBSi는 2000년부터 10여 년간 KBS 자회사로 존치했다가 2011년 7월 KBS미디어와 합병되었다. 필자는 2003년 6월부터 2007년 2월까지 3년 8개월가량 KBSi 사장으로 재임했다. 1999년 필자가 KBS 본사 재직 시절 당시 박권상 사장의 권유로 밀레니엄기획단장을 맡아, 후배들과 인터넷 시대를 대비하여 〈i2K 프로젝트〉를 추진했다. 이 'i2K'는 "인터넷(internet) 시대를 맞이하여 두(2) K(KBS+KT) 회사가 프로젝트를 추진한다"는 의미였다. 그리하여 KBS가 1대 주주, KT가 2대 주주인 KBSi(2000년 4월 설립 당시는 '크레지오닷컴')를, KT가 1대 주주, KBS가 2대 주주인 스카이라이프 회사를 탄생시켰다. 이와 관련된 주제는 다른 장에서도 다루기에 자세한 내용은 생략하지만, 2010년대 들어서는 KBS, KT 두 회사가 각 1대 주주 단독 소유로 전환되었다.

〈사진 44-1〉은 필자가 KBSi(인터넷) 대표이사 사장으로 취임한 해인 2003년에 NAVER 이해진 CEO와 MOU를 체결하던 광경이다. 〈사진 44-2〉는 2005년 일본 소프트뱅크 손정의 CEO와 여의도 KBS 별관 앞에서 KBSi 임원진과 함께 찍은 사진이다. 앞줄 왼쪽 두 번째가 손 회장, 그 옆 왼쪽 끝이 길기철 KBSi 부사장, 오른쪽 끝에 선 이가 김이식 KBSi 이사, 그 옆이 필자다. 필자 뒤편 오른쪽은 '욘사마' 일본 매니지먼트 담당 손일형 IMX 대표다.

사진 44-1. NHN 이해진 CEO와 KBSi 대표이사 사장 필자와의 협정식

인터넷 시대에 대비하여 네이버와 KBSi가 상호 협력을 맺었다.
출처: 저자 소장 자료.

이해진 네이버 CEO와 MOU 체결은 인터넷 시대가 열리며 자연스럽게 이루어졌다. 그 당시 대외관계가 폭넓었던 박인택 KBSi 부사장이 네이버와 MOU를 체결한다고 알려와 KBSi에서 이해진 CEO를 맞이하여 간략하게 행사를 치렀다. 두 회사 간부진이 참여했던 사진도 어디에 있을 것이다. 행사를 마친 후 다과를 나누며 필자는 이해진 CEO에게 우리 회사가 어려운 시절이니 네이버가 3000만 원만 지원해 달라고 부탁하였다. 이해진 사장이 그 돈을 어디에 쓰려고 하시느냐 묻기에 필자는 인터넷 시대가 본격화되면 어린이들이 지나치게 인터넷에 빠질 것 같아 선생님, 학부모들이 걱정이 클 것이라고 말씀드렸다. 그래서 필자는 그 예방책으로

사진 44-2. 일본 소프트뱅크 손정의 CEO와 만남

KBS 별관 앞에서 손정의 대표와 KBSi 임원진과 기념 촬영하였다.
출처: 저자 소장 자료.

네이버가 후원하고, KBSi가 주관하는 '어린이와 인터넷에 관한 세미나' 비용으로 쓰려고 한다고 했더니 이해진 사장이 즉석에서 승낙하면서 고맙다는 표현도 아끼지 않았다.

이 세미나는 중요한 사안이라 필자가 기획하고 주관하는 방향으로 추진했다. 우선 이 일은 필자의 취향에 맞을 뿐만 아니라 서울대를 비롯하여 여러 대학에 강의를 많이 한 경험이 큰 힘이 되었다. 그 당시는 광운대에서도 강의 중이라 광운대 미디어영상학부 학부장 박소라 교수에게 이 세미나를 프로젝트 형식으로 맡기고, 네이버 기부금 전액을 광운대 관련 부서(산학협력단)로 이관하였다.

박소라 교수는 즉각적으로 필자와 협의하며 세미나 준비에 들어갔다. 〈사진 44-3〉에서 보이듯이 주제는 '어린이와 인터넷 미디어 연구'로 정하고 2004년 6월 24일 KBS 신관 5층 국제회의실에서 개최했다. 주최는 KBS 인터넷, 후원은 nhn 네이버이다. 사전에 '어린이 인터넷 이용 실태조사' 20쪽 분량의 설문지를 만들어 일선 초등학생들에게 설문조사를 실시했다. 2004년 당시 연구팀의 책임연구자는 박소라 광운대 미디어영상학부 교수였으며, 공동연구자는 윤성옥 · 이현경 광운대 미디어영상학부 박사과정, 그리고 양지윤 서강대학교 신문방송학 석사였다. 윤성옥 선생은 현재 경기대학교 미디어영상학과 교수로서 (사)한국언론법학회장을 역임했고, 이현경 선생은 SBS 아나운서부장을 지내고 현재 스포츠캐스터로 활동하고 있는 것으로 알고 있다.

세미나 사진을 보면 가운데 중앙에 주제 발표를 하는 박소라 교수, 그 왼쪽에 토론자로 참여한 서울대 언론정보학과 윤석민 교수가 보인다. 박 교수 오른편에는 사회를 맡은 필자, 그 옆이 윤성옥 선생이다. 이 세미나는 KBS 9시 뉴스에도 리포트로 보도되었다. 필자에게는 '어린이와 인터넷' 관련 세미나가 처음이었으며, 감사하게도 많은 호평을 받았다. 네이버 이해진 사장과 헌신적으로 세미나를 주관한 박소라 교수, 윤성옥 선생께 감사한 마음을 잊을 수 없다. 이 세미나 자료는 2004년에 박소라 · 윤성옥 · 양지유 지음으로 단행본(『어린이와 인터넷 미디어』, 커뮤니케이션북스)으로 발행되었다. 그다음 해로 기억되는데 2005년 3월 1일 박소라 교수의 주선으로 한국대학인터넷방송연합 발족식이 광운대에서 개최되었다. 그때 후원을 KBSi가 하고, 필자는 졸지에 고문을 맡은 적이 있다.

일본 최대 정보기술(IT) 기업 소프트뱅크 손정의 CEO의 KBSi 방문은 필자로서는 영광스러운 사건이었다. 손정의 CEO가 직접 국내 지상파 방송 인터넷 회사를 방문한 것은 처음 있는 일이다. 그 동기나 발단은 일본

사진 44-3. '어린이와 인터넷 미디어 연구' 세미나 광경

nhn 지원으로 광운대 박소라 교수 연구 팀이 참여한 모습이다.
출처: 저자 소장 자료.

에서 사업을 하던 손일형(IMX 대표) 사장이 연결시켜 준 것으로 기억된다. 손 사장이 손정의 CEO에게 KBSi가 일본 NTT에 디지털 콘텐츠를 비즈니스한다는 소식 등을 전하여결단한 것으로 보인다. 손 CEO가 일본 참모들과 함께 KBSi 회의실에서 업무 현황을 청취한 후 관심이 큰 소프트웨어 대해서는 실무진이 일하는 현장을 찾아가 인터넷을 통해 실제 상황을 점검하기도 했다. 통역도 손일형 대표가 맡았다.

20년이 지난 2005년 상황이라 기억이 잘 나지 않아, 필자가 소장하고 있는 당시 이지인 사우가 창간 작업을 한 'KBSi 사보'(2005년 7월 27일자) 기사를 원문대로 인용하려고 한다. 'KBSi · SOFTBANK 상호협력 모색'이라는 제목이다.

> KBSi 김성호 사장과 일본의 SOFTBANK 손정의 사장은 디지털 콘텐츠를 바탕으로 한류를 동남아시아 지역에 확산시키기 위한 상호협력 방안을 모색했다. 일본 내 ADSL 제공사업자이자 글로벌 기업인 SOFTBANK 손정의 사장은 "한국의 디지털 콘텐츠 비즈니스를 선도하고 있는 KBSi를 방문하게 되어 기쁘다"고 말하고 "양사 간 협력이 가능한 사업이 무엇인지를 타진해 향후 파트너십을 바탕으로 한류를 동남아 지역에 널리 퍼뜨리는 초석을 마련하자"고 제안했다. 이어 손정의 사장은 유료 콘텐츠인 콘피아 700K 서비스를 직접 시연해보고 국내 고화질 서비스의 현황과 동시 접속자 수에도 깊은 관심을 가졌다.

이상이 기사 내용이다.

앞 기사에서도 언급한 대로 손 CEO는 KBSi 실무자들 책상으로 가 그 자리에 앉아서 직접 시연하는 모습(사진 필자 소장)이 참으로 놀라웠다. 필자는 그날 한정식으로 점심을 대접한 후, 본사 정연주 사장을 소개해 만나도록 주선했다. 그 당시 KBS 국제협력실 책임자인 민은경 팀장에게 연락하여 KBS 본관으로 모시고 가 손정의 사장을 소개했다. 손 사장은 정 사장과 면담한 후 좀 세월이 지나서 정 사장을 일본에 초청했다고 한다. 한류 콘텐츠가 빛을 발하기 시작한 때로 기억된다.

필자는 이러한 국제적 계기를 다양성 있게 창출하기 위하여 KBSi에 글로벌 파트를 만들어 콘텐츠사업부 김병준 과장을 콘텐츠유통 파트장으로 임명하고 미국, 일본, 중국 등을 창구로 사업을 추진할 요원을 모집하였다. 그때 미국 · 영국 등을 담당할 인물로는 장성희(현 KBS미디어 팀장, 〈동물의 왕국〉 담당 PD)가 선발되었는데, 그는 영국 대학에서 석사 학위를 취득한 인재였다. 일본통으로 일본인 오오야 치히로, 중국통으로 중국에서 박사 학위 공부를 한 최완영 박사 등을 신규로 채용하였다. 앞의 장성희, 치히로 두 여성 사우는 현재 KBS미디어에 근무 중이며, 뒤의 최 박사는 MBC로 스카우트되었다. 그때 하상범(현재 KBS미디어 부장) 사우도 같은 부서에서 한국 시장을 담당하도록 채용한 것으로 기억한다.

# 45.
# 종합 편성 채널의 등장, 한국 방송 전성기 점화

방송통신위원회는 2010년 12월 7일 종합 편성 채널 및 보도 전문 채널 사용 사업자 선정 서류 접수를 마감했다. 종편에 6곳, 보도에 5곳이 신청했다. 곧바로 그달 22일 심사위원회를 구성하여 본격적인 심사에 착수했다. 심사위원은 각계의 전문가 14명으로 구성되었는데 심사위원장에는 이병기 서울대학교 공과대학 전기공학부 교수가 선임되었다. 위원장 이외 13명 위원 명단은 공개하지 않았다. 이 교수는 방통위 상임위원을 역임한 바도 있다. 최시중 방통위원회 위원장은 "신청한 사업자들이 모두 우리나라를 대표하는 사업자들로 생각되고, 그분들이 성의를 다해 마련한 제안서이기 때문에 아마 모범답안이 많이 나오리라고 생각하고 있다"라고 기자들에게 밝히기도 했다.

이 종편 채널 심사에서 통과된 회사는 신문사 네 곳이었다. 이 네 신문사 가운데는 1960년대부터 방송사를 경영하다 1980년 신군부가 자행한 언론 통폐합이라는 폭거로 회사를 빼앗긴 ≪중앙일보≫와 ≪동아일보≫가 앞장섰다. ≪조선일보≫도 신문 산업의 사양화(斜陽化)를 감지하고 나선 것으로 보이며, ≪매일경제≫는 기존 매경TV를 앞세워 참여했다. 이렇게 이들 신문사가 방송권을 따내어 방통위로부터 채널 사용 사업 승인을 받아 종편 4개 방송사가 등장했다. 그 당시, 이 종편 4개 사를 승인한 정부 정책을 비난하는 여론도 많았다. 어느 언론에서는 '종편 무더기

사진 45. 종합 편성 채널로 선정된 4사의 로고

종편 시대 개막에 즈음하여 중앙 일간지들이 뛰어들었다.
출처: 저자 소장 자료.

승인은 재앙이다'라는 제하의 사설을 싣기도 했다. 이 사설에서는 "기존 방송들의 생존을 어렵게 하면서 새로운 방송들, 그것도 외국의 값싼 프로그램들로 채워지고 광고를 유치하기 위해 광고 시장을 혼탁하게 만들 것이 뻔한 종편들을 대량으로 허용하는 것이 과연 올바른 정책인지 반성해야 한다"라고 비판하기도 했다. 매우 우려스러운 상황이 예견되기 때문이었다.

아울러 일부 방송 비평가들은 정부의 방송 정책이 일관성을 상실하여 가뜩이나 케이블 TV가 넘쳐나는 방송 시장에 이들 4개 채널이 합세하면 과당 경쟁 시대로 돌입하게 된다는 비판을 하기도 했다. 케이블TV 채널이 넘쳐나는 방송 환경이기에 심지어 어느 방송학자는 하늘의 별처럼 많은 채널이 생긴 나라가 되었다며 걱정하기도 했다. 또 다른 방송 전문가는 종편 채널을 일컬어 라디오 토크쇼처럼 제작비를 절감하느라 몇 사람의 전문가를 출연시켜 정치 이슈로 프로그램을 양산할 것을 우려하기도 했다. 또한 일부 방송인들은 종편 채널이 4개 사나 탄생하면서 이념과 진영 논리가 범람하여 양극화 현상을 가중시킬 뿐만 아니라 재정 극대화를 위하여 중간 광고가 등장할 것으로 내다보기도 했다. 이러한 우려 속에서도 한국 방송 역사에서 2011년 12월 1일 종합 편성 방송 시대가 개막했다. 지상파 메이저 3대 방송사에 버금가는 종합 편성 채널 4개 사가 등장한 것이다. 이렇게 메이저 신문사들이 종편을 통하여 방송사업에 진출하면서 '미디어 빅뱅' 시대가 시작되었다.

드디어 2011년 12월 1일 종합 편성 4개 채널 JTBC, TV조선, 채널A, MBN 등이 개국하여 첫 방송을 송출했다. 이날 종편 출범을 기념하기 위해 4개 사가 성대한 개국 공동 축하쇼를 벌였다. 오후 5시 40분부터 7시 50분까지 개국 공동 축하쇼 〈더 좋은 방송 이야기〉를 생방송으로 내보냈다. 서울 세종문화회관에서 열리는 1부 개막식은 방송인 손범수가 진행을 맡고, 삼성무용단의 북춤, '탄생'을 형상화한 군무를 시작으로 개국 선포식, 종편 4개 사의 채널 소개가 이어졌다. 각 사를 대표하는 드라마의 주연 여배우들도 참석했다. 또 박정현, 원더걸스, 미쓰에이의 축하 무대도 열렸다. 2부는 서울 안암동 고려대학교 화정체육관에서 펼쳐져 소녀시대를 비롯해 국내 톱 가수들이 한자리에 모이기도 했다.

이 종합 편성 채널에 대해서는 조영신 박사의 글을 통하여 좀 더 심도 있게 살펴보려고 한다. 조 박사는 2017년 한국 방송 90년을 맞아 필자가 기획한 〈국민과 함께한 KBS 20년-1997~2017-〉(2017, KBS 한국방송)에 관련 글을 기고한 바 있다.

방송정책을 관장하는 부처에서는 지상파의 독과점을 해소하는 방안이 필요했다. 그래서 외주정책을 펼치며, 여러 플랫폼을 도입했지만 여전히 지상파의 독주를 막을 수는 없었다. 그리하여 선택한 것이 지상파와 동일한 편성 전략을 구사할 수 있는 종합 편성 채널의 도입이었다. 법률적으로 방송 채널 사용 사업자의 지위를 가지지만 편성 개념으로는 지상파 방송사에 준한다. 주파수로 방송 프로그램을 송출하는 또 다른 전국 지상파 사업자를 선정할 수 없는 상황에서 지상파와 동일한 편성을 하는 사업자를 선정, 지상파와 실질적인 경쟁을 조성하고, 이를 통해 콘텐츠 시장의 독과점을 해소하자는 것이다. 신문사업자의 퇴출 경로를 만들어 주었다거나 하는 정치적 이유도 있겠지만, 적어도 방송산업적 차원에서 종합 편성 채널은 시장 내 경쟁을 촉진시켜 산업 내 긴장도를 불어넣고, 이를 통해 다양성 등을 증가시키기 위한 정책적 수단이었다고 평가할 수 있다. 명목상으로는 지상파와 채널사용 사업자로 분류되지만, 실질적인 편성의 성격상 3개 사업자가 경쟁을 하던 시장에서 7개 사업자가 실질 경쟁을 벌이게 된 것이다. 세월이 지나며 한정된 방송시장에서 이들 7개 사업자들의 경쟁은 회사의 명운이 달린 만큼 치열할 수밖에 없었다. 최근에는 편성종합 채널이 자사 중앙일간지를 통해 극심한 홍보 전략을 펼치고 있을 뿐만 아니라 경쟁력 강화 방안으로 지상파나 OTT까지도 경쟁 대열에 나서고 있다. 한 일간지(한겨레신문, 2025.1.23.일 자)에서는 "OTT-지상파 '뭉쳐야 산다'"는 기사를 크게 싣기도 했다.

아무튼 종합 편성 채널은 승승장구하는 것으로 보인다. 신문 구독의 절벽이 갈수록 커질수록 종편 4사는 방송사업에 매달리는 모습이 확연해 보인다. 따라서 각계의 방송 전문가들이 우려했던 제반 사항이 노출되고 있다. 그 가운데 가장 많이 염려한 부분이 연예인들의 고공행진에 상상을 초월하는 출연료가 아닌가 한다. 방송 전문가들은 종편 개국 당시에 "연예인 몸값 어디까지 오를지 걱정"이라고 하면서 종편의 탄생과 더불어 연예인의 출연료가 천정부지로 치솟을 것을 우려하기도 했다. 특히 종편이 초반에 자리를 잡기 위해서는 스타 섭외에 집중할 것이 예상돼 연예인의 출연료는 가파르게 상승할 전망이라고 내다보기도 했다. 자본주의 국가에서 연예인들의 출연료 상승을 조절한다는 건 불가능한 일이다. 그러나 국내 방송의 제작 환경을 고려하지 않은 몸값 올리기 경쟁은 방송사뿐만 아니라 외주제작사, 나아가 시청자들에게까지도 피해를 줄 수 있다. 이러한 우려에 필자도 적극 동감하면서, 연예오락 프로그램에 대한 과열 경쟁이 걱정스럽기만 하다. 아무리 상업 방송이라고 해도 국민을 위한 방송으로 나가야 한다. 이념과 진영 논리에 매몰되지 않고 공평 공정을 바탕으로 국민을 통합하는 데 앞장서기를 염원한다. 정치가 나라와 국민을 분열의 장으로 내몰고 있는 현실도 직시하여야 한다. 전파는 국민의 소중한 자산이며 공공적 재물이기 때문이다.

# 46.
# 한국방송학회 프로젝트『한국방송인물사 연구』

〈사진 46-1〉은 한국방송학회가 발주했던 프로젝트『한국방송인물사 연구』 보고서 책자다. 이는 2012년 연말에 수주받아 2014년 방송학회에 제출한 연구 결과물이다. 필자는 이 프로젝트를 수행하면서 제2부를 맡아 쓰셨던 연세대학교 오인환(1935～2023) 교수님의 선비적 성품과 역사의식에 감명을 받았다. 오 교수님이 집필한 제2부는 한국방송학계인물사로 신문방송학과의 역사와 교수들의 인명사전이다.

〈사진 46-2〉는 오인환 교수님 사모님 공정자 인하대학교 명예교수님께서 펴낸 시집이다. 2024년 12월에 발행된 시집『당신께』는 사모님이 부군 오인환 교수님을 추모하는 애절한 시들로 절절히 엮여 있다. 필자는 고매한 인격자 선비 오인환 교수님을 기리는 차원에서 이 시집 표지 사진을 여기에 올린다. 남편과 사별 후 편지로 적은 이 시들은 첫 번째 글 '첫 편지'부터 감동을 넘어서 감읍(感泣)을 준다.

2012년 늦가을, 당시 한국방송학회장을 맡고 있던 성균관대학교 송해룡 교수에게서 만나자는 전갈이 와 뵈었더니『한국방송인물사 연구』 작업을 해 줄 수 있느냐고 제의하셨다. 예의범절이 깍듯한 충청도 양반 학자는 연구비는 많이 못 드리지만 더 늦기 전에, 다 잃기 전에 작업을 추진했으면 한다고 했다. 필자로서는 그 제안만으로도 고마움을 넘어서 감격스러울 따름이었다. 우리 것을 등한시하는 작금의 학계 풍토에서 이러한

사진 46-1. 한국방송학회 프로젝트 보고서 『한국방송인물사 연구』

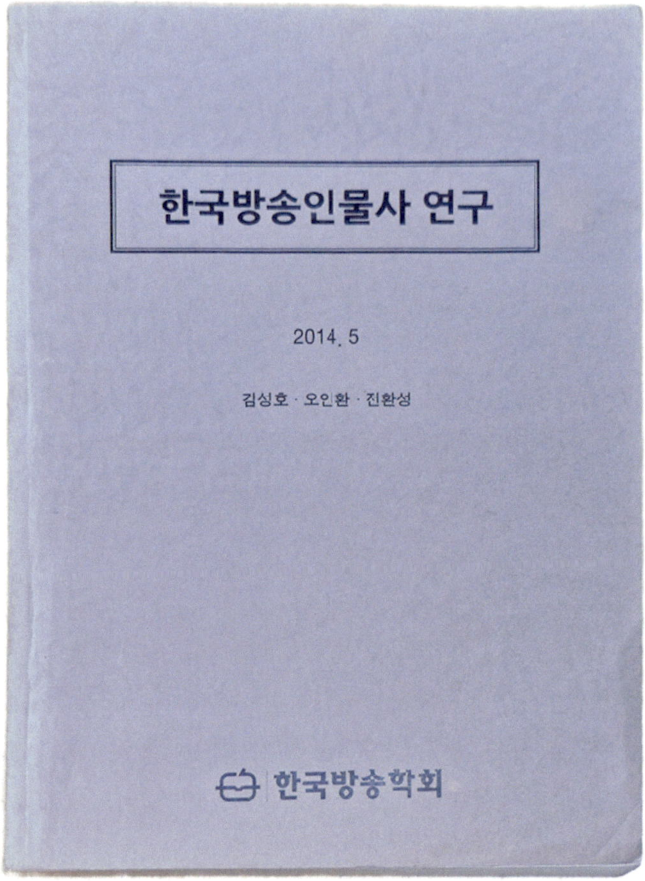


한국방송학회에서 발주한 프로젝트의 결과물이다.
출처: 저자 소장 자료.

사진 46-2. 고 오인환 교수 부인 공정자 교수의 시집 『당신께』

연구자 중 원로인 오인환 교수께서 별세하자 사모님이 발간한 시집이다.
출처: 저자 소장 자료.

사고와 혜안이 너무 신선하여 '방송계 인물사'는 필자가 책임질 테니 '방송학계 인물사'도 함께 추진하자고 역제의를 했다. 필자는 젊은 시절부터 강의 및 학회 일로 대학에 자주 드나든 경험이 많았는데, 대부분의 대학이 신문방송학과 관련 역사를 체계적으로 정리해 두지 못하고 있었다. 한마디로 대학은 방송계보다 한술 더 뜨는 편이었다. 필자의 제안을 흔쾌히 수용한 송해룡 한국방송학회장은 '방송학계 인물사' 분야 연구자로는 평소 가슴에 담아 놓았던지 곧바로 오인환(전 연세대) 원로 교수님을 추천했고, 오 교수님과 협의하여 공동 연구자로 전환성(청주대) 교수를 초빙하였다. 전 교수는 대학에서 정년 퇴임한 직후라 좀 쉬려고 하는 시점이어서 퍽 당혹스러워하고 여러 차례 고사했지만, 오인환 원로 교수님과 필자가 강권하듯이 이끌어 모셨다. 이렇게 필자는 선비이신 두 교수님을 모시고 연구 작업에 들어갈 수 있었다.

우선, 이 저술 작업의 발단부터 말씀드려야 할 것 같다. 필자는 평소에 방송 선현(先賢)들을 기리지 않는 방송계 풍토가 너무 한심스러워 걱정이 많았다. 거기에다 방송 역사의 기록도 등한시하고, 있는 사료도 제대로 보존하지 않으니, 50년 100년 앞을 내다볼 때 국민소득은 4~5만 달러가 될지언정 진정한 선진 한국, 선진 방송이 이루어질 것 같지 않았다. 방송인들이나 방송을 공부하는 사람들은 많아졌는데, 방송 선대(先代)들에 대하여는 알려고도, 기리려고도 않는 세상이 되었다. 우리들이 지금 가는 이 길에는 반드시 앞서 헌신적으로 개척한 선현들이 있었을 터인데도 말이다. 아무리 방송의 힘이 호랑이보다 무섭고 원자 폭탄처럼 막강하다지만 그 위력을 만들고 조정하는 이가 누구인가? 사람보다 위대한 미디어가 더 있는가? 한국 방송의 역사에서 선구자적인 업적을 남긴 선인(先人)이 누구인지도 모르는 방송인, 방송학자들이 너무 많다. 예를 들면 한국인 최초의 PD가 누구인지, 매체별(라디오, TV)로 혹은 시대별(일제

시대 또는 해방 후)로 살펴보면 어떻게 다르게 나타나는지도 잘 모르고 있다. 이러한 현상은 방송기자 직종이나 방송기술인 직종도 마찬가지다.

거듭 부연하지만, 『한국방송인물사 연구』는 1, 2부로 되어 있는데, 1부는 '방송계 인물사'로 필자가 맡았고, 2부는 '방송학계 인물사'로 오인환 · 전환성 두 교수님이 담당하였다. 제1부의 범위는 이 땅에서 방송이 시작된 1927년 경성방송국 개국부터 1964년 민방 3사가 개국한 시기까지로 설정하였다. 자세한 내용은 제1부의 '일러두기', '서설' 등에 자세히 설명해 두었다. 여기에 수록한 방송인은 한국 방송 초창기부터 주요 역할을 해 온 인물들로, 아나운서를 비롯하여 프로듀서, 기자, 기술인 등 방송 현업인들을 중심으로 정리하였다.

제1부는 한국 방송인에 관한 기초적인 문헌 탐구의 집적(集積)이며, 체계적인 정리(整理)라고 할 수 있다. 한마디로 '연구'를 통한 저작물이라기보다는 문헌에 근거하여 한국 방송 초창기에 활동한 인물들을 순차적으로 일별(一瞥)한 방송인 인명사전이라고 할 수 있을 것이다. 1부의 집필자로서 두 가지만 밝혀 두고자 한다. 하나는 방송인에 따라 집필의 분량이 다를 수 있다. 이것은 연구자가 기집필하여 활용한 사례를 가능한 전부 실어 후발 연구에 도움을 주고자 하기 때문이다. 또 하나는 각주가 학술 논문처럼 체계적이지 못하고 다소 난삽한 느낌을 줄 수 있는데, 본 글의 특성상 불가피한 현상이라고 이해하시기 바란다.

제2부 '한국방송학계 인물사'는 한국의 방송학자에 관한 '인물사 탐구' 또는 '한국방송학자에 관한 인명사전' 정도의 성격을 띤다. 여기에서도 '일러두기'에서 자세히 밝히고 있지만, 그 연구의 수록 범위(연구 범위)는 1945년 해방 이후부터 1979년까지로 하였다. 1980년대 이후의 방송학 인물사 연구는 이에 관심이 있는 연구자의 몫으로 미루어 놓았다. 아울러 수록 대상은 방송학 관련 인물들로, 우선 4년제 대학과 2~3년제 대학으

로 구분, 방송 관련 학과의 설립 순서 및 학부 개설 교과과정에 나타난 방송 관련 교과목 담당 교수(혹은 강사) 순으로 소개하였다. 그러나 각 대학교나 대학에서의 초창기 개설 과목과 담당 교수에 관한 자료가 없거나 유실된 것이 많아 확인 불가능하거나, 근거에 의해 추정했더라도 불확실한 자료들이 다수 존재할 수밖에 없다. 따라서 이에 관한 부분은 추후 방송학 인물사의 출간 여부에 관계없이 인터넷 사전인 'Wikipedia'처럼 모든 방송학 관련 회원들이 참여하여 수정 보완해 갈 수 있는 개방형 참여형 공간으로 방송학회 홈페이지에 남겨 두고자 한다.

1년 6개월 동안 노고를 아끼지 않으신 두 분 교수님께 감사드린다. 특히 오인환 교수님께서는 각 대학을 방문하여, 학과 교수 및 교무처 관계자의 적극적인 협조를 받아 옛 자료들을 구하여 정리하셨고, 전환성 교수님께서는 대전에서 수시로 상경하여 자료 수집 및 정리에 애쓰셨다. 주로 프레스센터에서 만나 협의하고 자료를 탐색한 후, 오 교수님을 먼저 배웅해 드리고 혼자 지방으로 내려가는 전환성 교수의 모습이 못내 아쉬워 서울역까지 동행하여 차 한 잔 나누던 일들이 좋은 추억으로 남아 있다. 이 연구 프로젝트는 세 분의 학회장을 거쳤다. 발주해 주신 24대 학회장 송해룡 교수님, 중간 보고를 수용하신 25대 강상현 교수님, 그리고 최종 보고서를 접수하신 26대 유의선 교수님 등 모든 분들께 감사의 인사를 올린다.

# 47.
# MBC 문화방송 '상암 시대' 개막(2014)

MBC 문화방송이 상암동에 신사옥 건립 계획을 수립한 계기는 서울시의 제안에 따른 것이다. 난지도와 상암동 일대를 방송과 통신 콘텐츠 제작을 위한 첨단산업단지로 개발하는 DMC(Digital Media City) 계획을 수립한 서울시가, DMC 내에 방송시설을 유치하기 위해 MBC에 방송 용지 구입을 권유하면서 본격적으로 검토하기 시작하였다.

〈사진 47-1〉은 MBC가 2014년 8월에 발행한 '상암동 신사옥 건설 기록지'다. 325쪽가량의 방대한 고화질의 이 책은 발행인이 (주)문화방송으로 되어 있지만, 기획/편집이 (주)현대산업개발, 내용 집필이 (주)현대산업개발과 (주)희림종합건축사사무소로 되어 있는 것으로 미루어, 수주회사에서 만든 것으로 보인다. 〈사진 47-2〉는 부록 성격의 공사 일지로 2011년 5월부터 2013년 10월까지의 기록이다.

상암동 DMC의 MBC 신사옥은 이전의 사옥과는 비교할 수 없는 새로운 개념의 방송 기반 시설이다. 그 당시 관련 자료에서는 MBC의 미래를 읽을 수 있는 '미래의 거울'이라고 표현하기도 했다. 국내 최초로 방송 UEC(Urban Entertainment Center), 즉 도심형 복합 엔터테인먼트 공간으로 개발하는 방송 시설이면서, 글로벌 종합미디어 그룹으로 도약하는 MBC의 위상을 상징하기 때문이다. MBC는 상암동 신사옥을 통해 분산된 업무 시설을 한곳으로 통합함으로써 방송 환경 변화에 대응하는 방송

사진 47-1. MBC 문화방송 상암 시대 개막 1

기능의 효율성을 높일 수 있다고 보았다. 나아가 MBC는 방송 시설과 미디어 콘텐츠를 활용한 UEC를 건설함으로써 방송 문화의 새로운 시대를 선도할 수 있을 것이라는 판단에 따라 상암 신사옥 건립을 추진하기로 결정하기에 이르렀다.

사진 47-2. MBC 문화방송 상암 시대 개막 2

상암 방송 시대 문을 연 MBC가 추진한 프로젝트 관련 자료다.
출처: 저자 소장 자료.

MBC는 서울시와 오랜 협의를 거쳐 2007년 3월 27일 DMC 내 방송 시설 용지 부지 매입 계약을 마쳤다. 이후 MBC는 상암동 신사옥 종합 개발 계획 아이디어 설계 경기를 실시하고, 신사옥 이전 전략 수립을 위한 타당성 조사를 수행하는 한편, 사내에 부동산자문위원회를 구성해 사전에

면밀한 검토와 조사를 실시하였다. 공개 입찰을 통해 신사옥의 설계는 희림건축이, 1단계 시공은 대우건설, 2단계 본공사는 현대산업개발이 맡기로 했다. 그리고 MBC를 종합미디어 그룹으로 포지셔닝할 수 있는 사옥, 개방적이고 통합적인 방송사 시설, 수익을 창출할 수 있는 시설, 방송 시설과 미디어 콘텐츠를 활용한 UEC 콘셉트 등 네 가지를 신사옥 건설의 기본 방향으로 설정하고 2008년 9월 1일 설계에 착수했다. 2010년 3월 착공식을 갖고 본격적인 공사에 들어간 신사옥은 상암동 1603, 1604번지 일대 3만4270.10$m^2$의 부지 위에 건축면적 1만8102.39$m^2$, 연면적 14만 9935.81$m^2$의 지하 3층 지상 14층 건물로 2013년 11월 완공되었다.

신사옥 건립비는 건설비와 방송 기자재, 시설 투자를 포함해 4795억 원에 이른다. 신사옥에는 제작, 뉴스 스튜디오와 라디오 스튜디오, 매직 스튜디오를 비롯해 미디어 체험 시설, 방송 갤러리, 투시형 라디오 스튜디오, 야외 광장 등이 들어섰으며, 옥외 수경 시설과 태양광 발전, 지열 시스템 등을 갖춘 자연 친화적 건물로 건설되었다. 특히 UCC(User Created Contents)의 활용도가 갈수록 높아지는 현실에서 MBC의 야외 공연장과 대규모 공개홀을 통해 공연과 퍼포먼스를 하고 인터넷이나 미디어 보드 혹은 공중파나 케이블에 방영하는 등 UEC의 가능성을 제공하게 되었다. 이와 함께 연기자, 엔지니어, 미술 제작자, 작가, 연출에 대한 교육 시설들을 한곳에 모아 방송아카데미 기능을 강화함으로써 학생들이 MBC 부지 내에서 자유롭게 실습하고 연습 공연을 할 수 있는 장도 마련했다.

〈사진 47-1〉 책자는 표지에 '(주)문화방송 상암동 신사옥 신축공사 건설기록지'라는 작은 타이틀 아래 영문자로 크게 'MBC New Headquarters'로 표기되어 있고 그 아래에 'Construction Report'라고 되어 있다. 대기업 대형회사에서 발간된 기록지답게 크나큰 화보에 설명 자료도 명쾌하게 나와 있다. 목차에 들어가면 1장 건설개요, 2장 건축계획 및 설계, 3장 공사

관리, 4장 참여 현황 등으로 되어 있다. 제1장 건설개요 장 바로 밑에 적혀 있는 내용을 옮겨 적으면서 2, 3, 4장의 내용은 생략하도록 한다.

> (주)문화방송 상암동 신사옥은 디지털미디어시티의 중심입니다. 신사옥은 디지털미디어시티의 차세대 첨단방송의 메카로 미래지향적인 최첨단 방송시설과 뉴미디어 글로벌시장을 겨냥한 업무시설 그리고 대중과 콘텐츠가 공존하는 커뮤니티시설은 21세기를 이끌어갈 최첨단 디지털미디어 엔터테인먼트 클러스터의 랜드마크입니다.

국내 최대 건설 기업체답게 다소 웅장한 표현이다.

〈사진 47-2〉 책자도 '(주)문화방송 상암동 신사옥 신축공사 건설기록지' 아래 영문자로 크게 'MBC New Headquarters'로 표기되어 있다. 다만 그 아래는 다르다. 'A pictorial report construction'로 쓰여 있다. 화보 기록집이다. 이 수많은 화보 가운데 두 가지만 살펴보는 것으로 마무리하려고 한다. "화보 하나: Air view - MBC 상암동 신사옥은 멀티 컴플렉스 엔터테인먼트 공간으로써 상암 디지털미디어씨티의 상징이 됩니다." "화보 둘: Panorama View - 디지털미디어씨티의 중심에 위치한 MBC 상암동 신사옥은 방송, 언론, 디지털, 영상산업의 랜드마크가 됩니다"

사옥 건설에 대하여는 전혀 문외한인 필자로서는 소장한 관련 사료를 참고하여 살펴봤는데, 오류가 없는지, 지금도 같은 기능을 하는지 알 수가 없다. 다만 상암동에 여의도 아날로그 시대 지어진 방송촌을 능가하는 디지털 시대 방송촌이 건설되는 한 단면을 지나칠 수 없어 나름대로 고찰하였다. 오류가 있다면 독자들께서 혜량하시길 바랄 뿐이다.

# 48. 『한국 방송 90년 연표』·『국민과 함께한 KBS 20년』 기획·집필

한국 방송 90주년을 맞는 2017년 2월쯤, 필자는 당시 KBS방송문화연구소장으로부터 초대를 받았다. 연구소장은 만나자마자 대뜸 〈한국 방송 90년사〉 집필을 부탁했다. 필자는, "시간상으로 어렵고 혼자 쓸 수도 없어 곤란하다"고 말씀드렸다. 그러자 연구소장이 "선배님, 90주년을 그냥 지나칠 수는 없습니다. 무언가 해 주세요" 하기에 필자는 두 가지를 제안했다. 90년사 저술은 어려우니 100년사를 대비하여 〈한국 방송 90년 연표〉와 〈한국 방송 20년〉(1997～2017)을 집필하여 단행본 책자로 만들자고 했다. 〈한국 방송 90년 연표〉는 필자 단독으로 집필이 가능하고, 〈한국 방송 20년〉은 장르별로 필자를 선정하여 책을 내자고 했다.

1997년에 『한국 방송 70년사』는 출간됐는데, 2007년에 〈80년사〉는 못 냈고, 2017년에 〈90년사〉도 못 내니, 한국 방송 진성기인 지난 20년간의 역사서를 별책으로 출간하기를 당부했다. 그리하여 필자가 졸지에 '한국 방송 90년사 편찬위원장'을 맡게 되었고, KBS방송문화연구소에서 오랫동안 연구 활동을 한 김해식 박사가 간사를 자청하였다.

〈사진 48-1〉과 〈사진 48-2〉가 그때 KBS방송문화연구소에서 출간한 두 책자 단행본 표지다. 필자가 단독으로 집필한 『한국 방송 90년 연표』는 작업 중에 큰 어려움이 많았다. 집필 몰입도는 문제 되지 않았지만, 아

이템 선정 기준이나 기존 사료의 인용 등에 일관성이 결여될 수도 있기 때문이었다. 또한 2017년 연말까지는 결과물을 내야 한다는 강박감이 매일 다가왔고, 전문 연구원을 쓰거나 책자에 사진을 곁들여 내기에도 경제적 어려움(예산상)이 있다고 했다. 그리하여 10년 후의 100년사를 준비하는 차원에서 큰 줄기만 잡는 것으로 집필에 착수했다.

또 한 가지는 『한국 방송 90년 연표』이지만 KBS 중심으로 집필할 수밖에 없었다는 사실이다. MBC · SBS · EBS 등도 다루려고 노력했으나 MBC 이외 다른 방송사의 역사서나 연감에는 연표의 기본인 '월 일'의 표기가 되어 있지 않은 사례가 많았다. 그럼에도 불구하고 다른 문헌(『한국언론연감』) 등을 인용해서라도 가능한 한 많은 방송사를 포함시켰다. 필자는 KBS가 한국의 대표 기간 방송사로서의 포용적 아량과 대승적 차원에서 배려해야 한다는 방송철학을 지니고 있다.

10명의 필자가 공저한 『국민과 함께한 KBS 20년』(이하 '『KBS 20년』'으로 표기)은 지난 20년간의 사료를 중심으로 집필해야 한다는 방침을 설정하고 필자 선정에 들어갔는데, 의외로 어려움을 많이 겪었다. 어느 장르는 집필자가 두서너 번 바뀌었고, 타 방송사의 필자 선정에는 거부감도 만만치 않아 KBS 출신으로 압축하고 표제도 'KBS 20년'으로 하여 출간했다. 그러나 일부 필자들은 대승적 차원에서 '한국 방송'을 다루었다. 필자는 편찬위원장으로서 제1장 '20년 개관: 세계 속에 한국을 심은 한국 방송의 전성시대'만 집필했다.

### 『한국 방송 90년 연표』

『한국 방송 90년 연표』는 KBS방송문화연구소가 필자에게 집필 권한을 위임하여 정리하였다. 이 작업을 필자에게 위탁한 이유는 두 가지로 추정되는데, 그 하나는 필자가 한국 방송 사료를 가장 많이 소장한 수장가(收

사진 48-1. KBS한국방송연구소에서 청탁한 『한국 방송 90년 연표』

방송 개시 90주년을 맞아 발행한 연표 단행본이다.
출처: 저자 소장 자료.

藏家)이기 때문이고, 다른 하나는 한국 방송 역사, 한국 방송 인물사를 연구하는 학자이기 때문으로 보인다. 열악한 조건이라 많이 망설였지만 필자가 수락한 이유는 우선 방송인으로서, 또 방송학자로 살아온 수혜(受

사진 48-2. KBS 20년(1997~2017) 역사서 『국민과 함께한 KBS 20년』

한국 방송 70년사 발간 이후 20년간 역사를 정리한 책이다.
출처: 저자 소장 자료.

惠)를 갚아야 한다는 마음 때문이었고, 40여 년 수집한 방송 사료를 활용할 수 있는 기회가 될 것이라는 생각에서였다. 특히 필자의 사관(史觀)을 존중하려는 KBS방송문화연구소(장)의 협조와 배려도 흔쾌히 작업에 매진할 수 있는 원동력이 되었다. 이 연표는 지상파 방송 중심으로 집필했으며, 그 가운데 KBS의 비중이 클 수밖에 없었다. 이는 방송사의 역사성에 기인한 것이기도 하지만 사료 수집의 한계에서 비롯된 결과이기도 하다. 그럼에도 불구하고 다른 문헌(『한국언론연감』)을 참고하여 인용해서라도 가능한 한 많은 방송사를 포함시켰다.

아울러 아쉬운 측면도 상당히 많았다. 각 방송사 '연감'을 전량 읽고 검토하기에는 어려움이 따라 '연감'에서 그 당해 연도의 '주요일지'를 보고 선별하여 기록하는 방법을 선택했다. 그러나 해가 갈수록 '주요일지'가 요식 행위(1쪽으로 갈음)로 형식적이어서 방대한 연감을 뒤져야 하는 고충이 따랐고, 거기에도 한계가 있었다. 이런 부족한 측면은 차후 100년사 편찬 시에 충분한 시간적 여유를 갖고 반드시 보완되어야 할 것이다.

한편 필자는 기존 방송 연표의 기술 방식과는 달리하려고 특성화 차원에서 노력을 기울이기도 하였다. 그동안 세 차례 발간된 '연표 책자'는 역사서에 달린 부록 성격의 별책(別冊)이기에 아쉬운 점이 많았다. 그러한 측면을 보완하는 데 큰 도움을 준 책자가 〈세계방송연표〉(박우용 편저, LG상남언론재단)다. 이 책의 편저자가 방송서지·사서 전문가로서의 안목이 돋보여 크게 활용할 수 있었다. 감사의 인사를 드린다.

본 연표의 특징이라면 기발행된 세 차례 연표에서 볼 수 있는 부분은 삭제(특히 '방송 전사' 부분 전량)하기도 하고 '방송인(사람)', '방송 프로그램(콘텐츠)', '방송 역사서(책자)' 기록 등을 새롭게 보완하였다는 것이다. 이는 '사람이 곧 방송이다'라는 필자의 방송관(放送觀)과 역사 기록을 중시하는 지론(持論)에서 비롯되었다. 그렇다고 완벽한 수준이라고는 할 수 없을 것이다. 시간에 쫓겨 오자 등 오류가 많아 '100년사 연표' 작업할 때 바로잡기를 바란다.

『KBS 20년』

한국 방송은 밀레니엄 시대가 개막되는 2000년을 전후한 20년간에, 5000년 역사를 자랑하는 대한민국이라는 브랜드를 세계에 크게 알리고 각인(刻印)시키는 위대한 역할을 이룩하였다. 이 시기에 한국 방송이 창출한 '한류(韓流)' 콘텐츠는 인접한 일본, 중국 등을 뛰어넘어 동남아 국가(태국, 필리핀, 베트남, 싱가포르, 말레이시아 등)를 뒤흔들고, 서남아 국가(이란, 아랍 등)를 거쳐 유럽, 미주, 아프리카 등 전 세계에 한국의 이미지를 심었다. 이러한 영향으로 쿠바 같은 나라에서도 한국어를 배우는 청년들이 늘고 있다고 한다. 이 같은 현상은 2017년 말 현재 베트남에서도 펼쳐지고 있는데 베트남 10대들이 한 끼 3500원의 쌀국수를 먹으면서도 한국 아이돌 앨범 구매엔 지갑을 열고 있으며, 한국어가 곧 베트남 제1외국어로 전환된다고 한다.

대한민국 5000년 역사상 유례를 찾아볼 수 없는 이 대단한 현상은 어디서 온 것일까? 누가 이러한 원동력을 제공했으며, 무엇이 이 막강한 파워를 행사하게 하였는가? 그것은 한마디로 '한국 방송인 · 한국 방송의 힘[파워]'에서 비롯되었다. 한국 방송의 방송 드라마가 한류를 탄생시킨 것이다. 〈겨울연가〉(KBS 드라마), 〈사랑이 뭐길래〉(MBC 드라마) 등이 한류 열풍의 촉발제가 되었다. 물론 그 후의 'K-Pop'이 가세하여 큰 역할을 했지만, 이 또한 한국 방송이 매개가 되어 촉진시켰다고 해도 지나치지 않을 것이다. 아울러 2002년 월드컵을 세계 역사상 가장 빛나게 치름으로써 한국인의 자질과 능력을 전 세계에 과시한 바탕에도 그 몫을 다해낸 '한국 방송'이 있었음을 부인할 수 없을 것이다.

2017년은 한국 방송 90주년이다. 이 90주년에 방송인, 방송학자는 한국 방송이 한국을 세계 속으로 끌어올린 밀레니엄 시대 개막 전후 20년간의 한국 방송 역사를 사실에 입각하여 정확하게 기록으로 남겨야 할 의무와 책임이 있다. 역사는 기록이며, 기록되지 않는 역사는 역사로서의 기능을 할 수 없다. 기록하지 않는 공동체는 미래가 없으며, 선진 시민의 자격을 상실한 개체일 뿐이다. 필자는 기록하지 않고 사료도 보존하지 않는 한국적 풍토에서 이 찬란한 역사가 송두리째 사라질 것만 같은 우려를 피할 길 없다. "다 잃기 전에, 더 늙기 전에" 기록으로 남겨야 한다. 이 90주년의 계기를 맞아 한국 방송 90년사를 완벽하게는 못 내더라도 70년사 발간 이후 공백기인 20년(1997～2017)만이라도 탄탄히 정리하여 100년사를 준비해야 한다. 이는 80년사가 간행되지 않아 20년의 공백이 역사 저편으로 사라질 것만 같은 걱정이 크기 때문이다. 역사의 주인공은 사람인데, 그 찬연한 한국 방송 20년을 이룩한 장본인들이 다 사라져 가고 더 늙어가기 전에 기록으로 남겨야 할 것이다.

이 『KBS 20년』 필진을 책 순서대로 소개한다. 1. 김성호-20년(1997～2017) 개관, 2. 조영신-새로운 매체의 출현과 방송시장의 변화성 시대, 3. 김구철-방송 뉴스의 변화와 발전, 4. 장영주-교양, 기획, 다큐멘터리의 발전, 5. 전 산-KBS 드라마 20년, 6. 오진규-예능 프로그램의 진화, 7. 유건식-한류의 성장:K 드라마와 K Pop을 중심으로, 8. 김성길-스포츠방송의 발전, 9. 장옥님-디지털 시대 진화하는 라디오, 10. 이상길-방송기술의 변화와 발전. 이상과 같다.

# 49.
# 2019년 『한국 언론학 설계자들』 기획 · 발간

〈사진 49-1〉은 『한국 언론학 설계자들』의 표지, 〈사진 49-2〉는 출판 기념회 사진이다. 언론학 퇴직 교수들의 모임인 한국언론연구회가 창립 20주년을 맞아 이 공동체의 캐릭터를 살려 『한국 언론학 설계자들』(다할미디어, 2019.5, 284p)을 기획하여 펴냈다. 한국언론연구회 총무(회장)인 필자가 언론학 원로들의 자문을 받아, 설계자 14분을 선정하고 이 설계자 분들과 관련이 깊은 원로교수 14명에게 집필을 의뢰하였다. 출판 기념회 사진에서 보이는 바와 같이 집필자 대부분이 원로 교수들이다. 앞줄 오른쪽 끝에 김동철(서문 집필) 최원로, 중앙에 최정호(천관우 집필) 원로, 왼쪽에 안광식(이해창 집필) 원로 등 90대 노교수들이 앞장서 주셨다. 앞줄 오른쪽 두 번째는 이화여대 정충량 선생에 대한 집필을 맡은 이종선(전 이화여대 기획처 부처장이며, 한규섭 서울대 언론정보학과 교수 모친) 선생이다. 앞줄 왼쪽 맨 끝에는 책 출간을 맡아 준 출판사 다할미디어 사장 김영애 박사다.

이어 뒷줄에 서 계신 집필자 분들을 소개한다. 오른편부터 오두범 청주대 명예교수(김규환 집필), 김정기 외국어대 명예교수(박권상 집필), 필자(노정팔 집필), 이광재 경희대 명예교수(황기오 집필), 김학천 전 건국대 교수(박유봉 집필), 정진석 외국어대 명예교수(최 준 집필), 끝으로 김경희 한림대 교수다. 김 교수는 당시 언론학회 부회장으로서 학회를 대

사진 49-1. 한국 언론학 선구자 평전 『한국 언론학 설계자들』

14명의 원로 언론학자들이 저술한 단행본이다.
출처: 저자 소장 자료.

표하여 참석했으며, 그 후 48대 회장을 역임했다. 이 자리에 참석하지 못한 집필자로는 강현두 서울대 명예교수(최창봉 집필), 차배근 서울대 명예교수(임근수 집필), 이상철 중앙대 명예교수(곽복산 집필), 이종국 전 대전과학기술대 교수(안춘근 집필) 등이다. 정대철 한양대 명예교수(장용 집필)는 출판 기념회에 참석했다가 수업 때문에 일찍 자리를 떠서 사진 촬영을 함께 하지 못했다. 이 책에 방송인으로는 노정팔(김성호 집필: 외길 50년 한국 방송계 거목 노정팔)과 최창봉(강현두 집필-한국 방송의 개척자 최창봉) 두 선현이 들어 있다.

필자는 이 단행본 출간에 기획자 및 진행자로 참여하면서 책 말미에

사진 49-2. 『한국 언론학 설계자들』 출판 기념사진

1990대 원로학자들을 비롯한 집필자들과 출판사 사장 등이 참여하였다.
출처: 저자 소장 자료.

발문(跋文)을 쓰기도 했다. 이 책의 이해를 돕는 차원에서 그 발문을 여기에 옮겨 싣는다. 그러나 세월이 흐르고, 상황이 많이 변화된 지라, 군데군데 삭제하기도 하고 새로 첨가하기도 하였다. 다음은 발문 내용이다.

> 이 책을 펴내는 데 애쓴 출판사 편집장께서는 '발문'보다는 '후기(後記)'로 하자고 했지만, 필자는 성향(性向) 때문인지 '발문'이라고 하였다. 국어사전에도 보이지만, "책 끝에 적은 글"보다는 "책의 끝에 책의 내용 대강이나 또는 그에 관계된 사항을 간단하게 적는 글"이 멋져 보였고, 그 심층에는 필자가 어릴 때, 충청도 시골 향리(鄕里)에서 서당(書堂)에 다닌 영향이 있는 듯도 하다.

책 서두(書頭)에서 한국언론학계의 최원로이신 김동철 선생님께서 이 책의 발간 경위, 집필자 소개 등을 말씀하시며 봉사자 역할을 한 필자에 대해서도 과찬(過讚)을 하셨기에 더 드릴 말씀이 없지만, 내친김에 한발 더 나가 보려고 한다.

한국언론연구회가 올해(2019)로 20주년을 맞았다. 필자는 10여 년 전만 해도 이런 공동체가 있는 줄도 잘 몰랐다. 더욱이 필자가 학부에서 국문학을 전공한지라 언론 전공 교수들과도 인연이 많지 않았다. 그러나 1970년 KBS 입사 후부터 한국 방송 역사 사료 수집에 몰두하여『한국방송관계문헌색인』단행본을 네 차례 펴냈으며, 방송 역사 공부가 좋아서 언론(방송)학회 모임에 꾸준히 나갔다. 때문에 방송 현업에서는 비교적 일찍이 언론학계 인사들과 교류도 하며 방송 발전을 위해 산학협동을 주창하기도 했다. 그러한 영향으로 근년에 들어 다가가기조차 어려웠던 김동철, 안광식, 최정호, 이강수 선생님 등 90대 원로님들과 말씀을 나누는 영광을 누리면서 한국 방송 역사학자로 사는 보람을 진하게 누리고 있다.

재차 강조하지만, 이 책은 필자가 한국언론연구회 총무(회장)로서 연구회 창설 20주년을 맞아 한국 언론학 설계자들을 기리려고 기획한 결과물이다. 원로 교수님들은 필자의 이 구상을 수용해 주시고 격려와 지도도 아끼지 않으셨다. 준비 작업이 진척되면서 올해(2019)가 한국언론학회 60주년이 되는 해라는 사실도 인지하고 그 당시 이재진 회장님께 말씀드렸더니 흔쾌히 수용해 주시어 부담을 많이 덜 수 있었다. 집필진 선생님들께서 70, 80대 중후반, 그리고 90대 초반이신 관계로 더 연로하시기 전에 서둘러 한국 언론학 설계자들의 학문 세계와 인간적인 면모에 대해 직접 듣고 싶었고, 이를 토대로 후학들에게도 알리고 싶었다. 필자가 원고를 수집하며 출판사를 선정하여 편집진과 협의하는 전 과정에서 늘 잊지 않으려고 노력한 정신은 선고(先考)의 가르침이었다. '승어부(勝於父)하거라' 하신 유훈이 필자에게는 큰 힘이 되었고, 책을 발간하기까지 인내하는 원동력이 되기도 했다. 발문을 마무리하면서 소망이 있다면 2, 30대 전공학도들이나 4, 50대 학자들이 이 책을 읽고, 이미 작고하신 언론학 분야의 설계자, 선각자, 선구자들을 연구하고 기리는 데 뜻을 함께해 주시기를 간절히 바란다는 점이다.

끝으로 배움과 지식이 부족한 필자에게 이 책을 펴내는 데 격려를 보내 주신 모든 분들께 감사드린다. 특히 필자에게 자문해 주시며 격려를 많이 보내 주신 이강수, 오인환(2023년 별세), 정진석 원로 교수님들께 사례(謝禮)를 보내며, 이광재 교수님께서 베풀어 주신 배려와 격려도 잊을 수 없다. 아울러 출판을 담당해 주신 '다할미디어' 대표 김영애 박사님, 윤수미 실장님, 김배경 팀장님에게도 고마운 인사를 드린다. 이 책이 좀 팔려서 적자가 나지 않기를 희망한다.

# 50.
# KBS 공영방송 50년사 단행본 출간(2023)

KBS 한국방송이 2023년 3월 3일 공사 창립 50주년 기념일을 맞아 큼직한 단행본을 출간하였다. KBS는 정부가 직영하던 국영방송에서 1973년 한국방송공사로 출범하면서 공영방송으로 전환되었다. 한국방송 KBS가 공영방송화 50주년을 기념하기 위하여 『KBS 50』이라는 책을 출간하며 표지에 '국민을 위한 공적 채무를 수행하다'라는 부제를 달았다. 그리고 표지 맨 끝에 소형 숫자 '1973-2023'이라 하여 50주년을 표기하였다. 필자의 관점으로는 KBS 역사는 1945년 해방 후부터만 따져도 80주년이 다 되어 가는데, '50'이라는 표기는 잘못되었다고 생각한다. 그 타이틀을 'KBS 공영화 50'이라고 명명하는 것이 훨씬 좋아 보이고 사실(fact)이기 때문이다. 참으로 아쉬운 생각이 크다. 특히 필자는 필진의 일원이면서 자문 역할도 한 사람으로서 안타까운 심정을 숨길 수 없고, 한편 부끄럽기도 하다.

〈사진 50-1〉은 『KBS 50』 단행본 표지다. 〈사진 50-2〉는 이 책의 맨 끝장이다. 『KBS 50』의 발간사를 쓴 김의철 사장은 "KBS의 50년을 돌아보고 정리하는 작업은 공영미디어로서의 정체성을 확인하고, 공적 책무를 비롯한 새로운 비전 제시를 위해서도 필수적"이라고 강조하였다. 아울러 이 책의 특징은 집필진 전원이 분야별로 실무 경험을 지닌 KBS 장기 재직자들을 중심으로 구성되어 공사 50년사를 정리하였다는 점이다. 당시 내

부 근무자들을 엄선하여 선별하였고, 외부 필진으로는 언론학자 정준희 교수와 필자 두 사람뿐이었다. 필자는 한국 방송 역사 연구가로서 이 책 기획에 자문 역할을 하면서 강력하게 사내 유능한 인재들을 활용하자고 제언했다. 이 제안은 책 발간 주관 부서인 KBS 방송문화연구소의 유건식 소장 등 연구소 직원들이 흔쾌히 수용했기 때문에 이루어질 수 있었다.

이 책은 5장과 부록으로 꾸며져 있다. 부록에는 역대 사장 연표 및 회고 글이 실려 있어 자못 특이하면서도 경이로웠다. 90대가 된 기라성 같던 역대 사장으로부터 생존한 CEO들이 글을 주셨다. 『KBS 50』 책으로 들어가 보면, 1장 'KBS 50 국민과 함께'에는 먼저 '국민 그리고 KBS'가 나오는데 당시 최경진 KBS 시청자 위원장의 글 '시청자 시민이 본 KBS'가 실려 있다. 다음으로는 '공영방송 KBS 50년 최고의 프로그램'이 인터넷 설문 조사를 통하여 선정되어 실려 있다. '최고의 보도'에는 〈KBS뉴스9〉가, 2위 〈2002 한일 월드컵중계〉, 3위 〈금모으기 캠페인〉 등으로 나타났다. '최고의 시사교양'에는 〈인간극장〉, 〈이산가족찾기〉, 〈추적60분〉, '최고의 드라마'는 〈태양의 후예〉, 〈토지〉, 〈태조 왕건〉, '최고의 예능'에는 〈전국노래자랑〉, 〈1박2일〉, 〈개그콘서트〉 등으로 기록되어 있다. 그 다음으로는 이 프로그램들에 관한 자세한 설명과 더불어 프로그램 장르 분야별로 10선을 소개하였다. '보도10선', '시사교양10선', '드라마10선', '예능10선' 등이 차례대로 실려 있다. 이 가운데 '예능10선'만 소개하면 다음과 같다. 1. 〈전국노래자랑〉(1980~ ), 2. 〈유머1번지〉(1983~1992), 3. 〈가족오락관〉(1984~2009), 4. 〈가요무대〉(1985~ ), 5. 〈열린음악회〉(1993~ ), 6. 〈뮤직뱅크〉(1998~ ), 7. 〈개그콘서트〉(1999~2020), 8. 〈해피투게더〉(2001~2020), 9. 〈해피선데이〉(2004~2019), 10. 〈1박2일〉(2007~ ) 등이다. 1장 2절에는 '사진으로 본 KBS'로 공사 이전 사진과 1973년 공사가 된 해부터 1980년대, 1990년대, 2000년대, 2010년대까

사진 50-1. KBS 공사 창립 50주년 기념 책자 『KBS 50』

1973년부터 2023년까지 KBS 50년 역사를 정리하였다.
출처: 저자 소장 자료.

사진 50-2. 『KBS 50』 판권

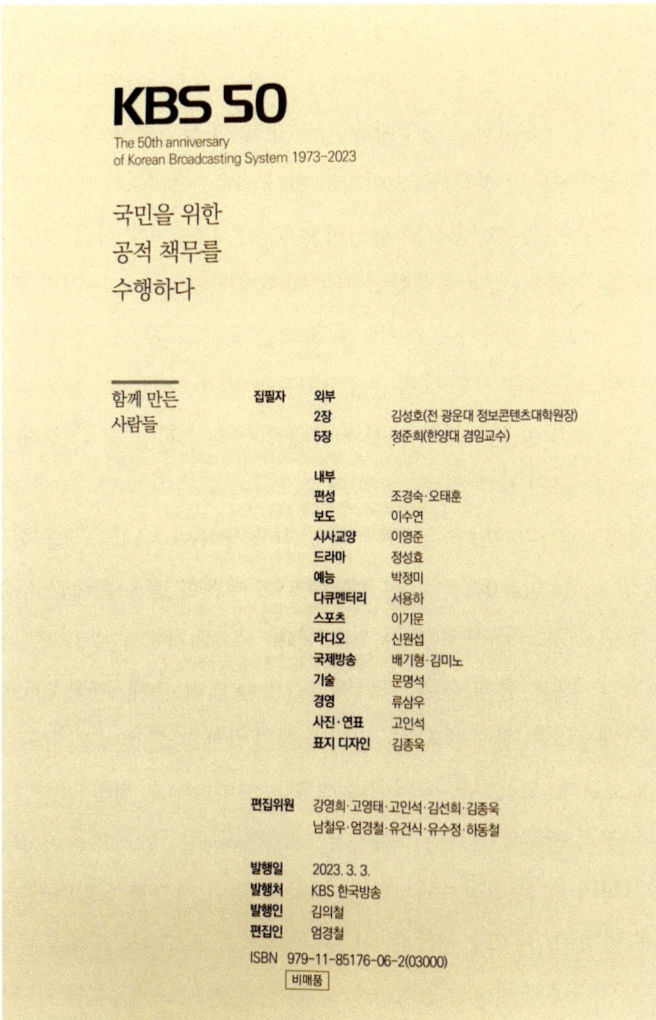

KBS 50

The 50th anniversary
of Korean Broadcasting System 1973-2023

국민을 위한
공적 책무를
수행하다

함께 만든
사람들

집필자
외부
2장 김성호(전 광운대 정보콘텐츠대학원장)
5장 정준희(한양대 겸임교수)

내부
편성 조경숙·오태훈
보도 이수연
시사교양 이영준
드라마 정성효
예능 박정미
다큐멘터리 서용하
스포츠 이기문
라디오 신원섭
국제방송 배기형·김미노
기술 문명석
경영 류삼우
사진·연표 고인석
표지 디자인 김종욱

편집위원 강영희·고영태·고인석·김선희·김종욱
남철우·엄경철·유건식·유수정·하동철

발행일 2023. 3. 3.
발행처 KBS 한국방송
발행인 김의철
편집인 엄경철
ISBN 979-11-85176-06-2(03000)
비매품

이 책을 함께 만든 사람들을 소개하였다.
출처: 저자 소장 자료.

지의 주요 사진이 실려 있다.

그다음은 2장으로 들어가기 시작하여 본격적인 공사 창립 50년간의 글들이 실리기 시작한다. 2장 '공영방송 역사를 조명하며'는 필자의 글로 서언, 본론, 결어의 순서로 기술하였다. 본론의 주요 목차만 옮겨 적으면 다음과 같다. 1970년대: 공영방송 창립기 및 조성기(방송 인재의 선발, 기수별 공채제도의 정착/ KBS 여의도 청사 신축, '여의도 방송 시대' 개막 / 방송 각 분야 공영방송으로 전진하는 모습). 1980년대 한국 방송 개편기 및 KBS 확충기(언론 통폐합 조치로 방송제도 공영방송 단일화 체제화 / 〈특별 생방송, 이산가족 찾기〉 등 굵직한 콘텐츠들/ 서울올림픽 주관 방송사와 노동조합 등 단체 등장), 1990년대: 방송 다원화기 및 KBS 공영방송 도약기(방송 민주화로 다매체 다채널 방송시대 전개/ 한국 대표 공영방송으로 우위 시대 창출/ 명품 프로그램에 대하여 '한류' 탄생 도모), 2000년대: '국가기간방송' 및 '한국방송' 탄생기(KBS 우리말 이름 '한국방송' 탄생 유래/ 한류(韓流)의 본격화로 KBS 세계화 점등(點燈)/ 각종 이벤트성 행사 및 명품 프로그램), 2010년대: 국가기간방송 및 대표방송으로 정착기(종편방송의 출현 및 국가기간방송 역할 증대, 한국 대표방송으로서 재난방송 정체성 확립, 신기술의 개발에 따른 방송기술의 선진화), 2020년대: 코로나19 이겨내며 대표 공영미디어로 정착 등이다.

3장 '공적 책무를 기록하며'에서는 KBS 현직 사내 엘리트들이 집필자로 참여하여 각 분야 장르별 KBS 공영방송 50년 역사를 집필하였다. 첫 번째로 편성 분야는 TV 편성과 아나운서 역사를 조경숙과 오태훈이 담당하였다. 아나운서 역사가 편성 분야로 합류한 것은 KBS 직제상 아나운서실이 편성본부 소속이기 때문이다. 편성 분야 등 이후의 장르들도 주요 목차를 옮겨 기록하는 것으로 가름하려고 한다. TV 편성은 1970년대: 국가가 주도하는 편성, 1980년대: 국가가 만든 공영방송 체제, 1990년대:

내부적 공영방송 개념 재정립, 2000년대: 공적 책무와 시장의 이중 압박, 2010년대～현재: 미디어 초경쟁기의 도전 등이다. 아나운서 역사는 아나운서 진행 주요 방송(뉴스, TV 프로그램, 라디오 프로그램, 스포츠 중계 방송), KBS 한국어연구회 등을 다루었다. 보도 분야는 이수연의 집필로 1970～1980년대: 권위주의 시대 뉴스보도, 1980년대: 방송보도 형식의 발전, 1990년대: 방송 뉴스의 영향력 확대와 공영방송 KBS의 부상, 2000년대: 뉴스보도의 심층화와 영향력 강화, 2010년대: 권력의 견제와 감시, 그 갈등의 역사, 2020년대: 코로나19 통합뉴스룸과 신뢰 저널리즘 등으로 분류 집필하였다. 시사교양 분야는 이영준이 태동기, 최전성기, 장르별 고찰(어린이 프로그램, 청소년 프로그램, 토크 및 강연 프로그램, 매거진 및 정보 프로그램), 맺음말 등 순서로 고찰했다. 드라마 분야는 정성효가 KBS 드라마의 시대별 특색(1970년대와 한국적 드라마의 정착, 1980년대와 드라마의 영상시대, 1990년대와 드라마의 다양화, 2000년대와 드라마 한류, 2010년대 이후와 드라마 글로벌 콘텐츠 시대), KBS 드라마의 미래와 방향 등으로 집필했다. 예능 분야는 박정미가 1970년대 '간섭과 규제' 속에서 '건전한 연예 오락'을 지향하다, 1980년대: 대형 쇼와 코미디의 시대, KBS 대표 장수 예능의 탄생, 1990년대: 지상파 전성시대, 공영적 가치를 담은 예능(음악 쇼, 바라이어티, 코미디, 예능 드라마), 2000년대: 다채널 경쟁기, KBS 예능의 제2전성기(전과 동일 장르), 2010년대: 다매체 다채널 시대, 위기의 지상파 예능, 2020년대: K-콘텐츠 전성시대, KBS 예능의 새로운 지향점을 찾아야 할 시기 등으로 집필했다. 다큐멘터리 분야는 서용하가 담당했는데, 시대별 다큐멘터리 흐름(KBS의 다큐멘터리의 시작, 1980년대 이후의 KBS 다큐멘터리, 1990년대 이후의 다큐멘터리, 2000년대 방송기술의 변화와 다큐멘터리), 장르별 KBS 다큐멘터리의 흐름(휴먼 다큐멘터리를 통한 본격적인 다큐 제작의 시작,

본격 정규 다큐멘터리의 탄생 〈일요스페셜〉, 다큐멘터리 명가의 존재감을 확인시킨 〈KBS 대기획〉 시리즈, 역사 다큐멘터리, 자연환경 다큐멘터리, 시사 다큐멘터리, 국제 시사 프로그램, 의학 다큐멘터리), KBS 다큐멘터리의 다양한 변신과 〈일요스페셜〉에서 〈다큐인사이트〉까지 살아남기, 공영방송 50년, 다큐멘터리 혁신을 위한 시간 등으로 상세하게 기록하였다. 스포츠 분야는 이기문이 집필했는데, 공영방송 〈KBS스포츠의 시작〉-1970년대, 〈KBS스포츠〉의 도약-1980년대(프로스포츠 발전의 씨앗을 뿌리다, 스포츠의 즐거움과 감동을 선사하다, 〈1986 서울 아시안게임〉, 〈1988 서울올림픽〉), 경쟁과 갈등의 시작-1990년대, 〈KBS스포츠〉의 도약과 극복-2000년대(공영방송의 책무를 다하다, 주관 방송 및 국제신호 제작 능력을 과시하다, SBS의 올림픽, 월드컵 방송권 독점), 〈KBS스포츠〉의 확장-2010년대 이후(시청자에게 감동 그 이상을 전하다, 주관 방송 책무를 수행하다, 다가올 시련, 스포츠 빅이벤트 방송의 미래는?) 등의 크고 작은 목차로 기록하였다. 라디오 분야는 신원섭이 담당했는데 시기별 내용에서 1기: 1973~1992년, 2기: 1993~2005년, 3기: 2006년~현재까지로 분류하여 정리하고 맺음말로 마감했다. 국제방송 분야는 배기형 · 김미노 2인이, TV 국제방송(KBS 월드 TV, KBS 월드 편성 및 주요 프로그램, KBS 월드의 유튜브 및 소셜 미디어), 라디오 국제방송(KBS 월드 라디오, 한국어 보급, 라디오 뉴미디어 서비스) 등으로 분류하여 집필했다. 기술 분야는 문명석이 맡았다. 그 주요 내용은 KBS 방송기술의 역사, 라디오 시대(1920년대~현재), 흑백텔레비전(TV) 시대(1960년대~1970년대), 컬러텔레비전(TV) 시대(1980년대~1990년대), 디지털 텔레비전(HDTV) 시대(2000년~현재), 초고화질 텔레비전(UHDTV) 시대(2017년~현재), 인터넷 모바일 시대(현재~ ) 등이다. 경영 분야는 류삼우가 이사회 구성 및 변천, 경영목표와 경영평가, KBS 미래상 추구(주춧돌 7000운동과 문화발전위원회, KBS 미션 · 비전 · 핵심 가치 수립), 조직/인사(인력 현황, 채용, 여성 직원 증가와 여성 관리자 현황, 직제의 변천, 연수 교육훈련, 노사 관계), KBS 재원(수신료, 광고), 예산 · 재무회계, 정보시스템 구축, 시청자(시청자위원회, 시청자 참여 프로그램, 시청자 상담실), 홍보(사훈 · 사가, 시청자 심볼마크), 국제협력, 제작 현장에서 순직한 영원한 KBS맨들 등의 순서로 집필하였다.

제4장에서는 '지역국과 함께'라는 제목으로 부산총국을 비롯한 창원, 대구, 광주, 전주, 대전, 청주, 춘천, 제주 등 9개 총국이 주요 연혁, 주요 프로그램, 주요 사업, 지역국 현황 등의 소제목으로 기록되어 있다.

제5장은 정준희 교수가 'KBS 50 새로운 미래를 향하여'라는 주제로 KBS의 정체성과 그 미래(왜 정체성인가?, 공영방송, 국민의 방송/한국인의 방송)와 시민과 '함께' KBS가 그려갈 미래 등으로 분류하여 집필하였다.

'부록'에는 첫 장에 역대 사장 연표 및 회고가 기록되어 있다. 회고 필자로는 이원홍, 박현태, 홍두표, 정연주, 김인규, 길환영, 고대영, 양승동 사장 순으로 되어 있다. 24대 17명의 역대 사장 가운데 8명만 참여하였다. 홍경모, 최세경, 정구호, 서영훈, 서기원, 박권상 사장 등은 별세하였고 서동구, 이병순, 조대현 사장 등은 필진에 참여하지 않았다. 부록 2장에 숫자로 보는 KBS에는 KBS 시대 구분 요약표, KBS 주요 현황, 방송 채널, KBS 채널 현황 등이, 3장에는 50년 연표가 기록되어 있다.

〈사진 50-2〉는 이 책의 마지막 장 판권이다. '함께 만든 사람들'의 집필자는 앞에서 비교적 자세하게 설명하였다. 사진과 연표 정리를 담당한 고인석은 방송문화연구소 담당부장으로 이 책 발간에 중추적인 역할을 하였다. 표지 디자인에 들어 있는 김종욱은 연구소 연구원이다. 그 아래에 강영희, 고영태, 고인석, 김선희, 김종욱, 남철우, 엄경철, 유건식, 유

수정, 하동철 등은 이 책의 편집위원들로 연구소장을 비롯한 연구원 및 연구소 직원들이다.

# 인명 색인

## ㅇ

**ㅈ**

# 저자 소개

**김성호**

한국 방송 역사 학자 · 언론학 박사. 1946년 6월 14일(음력, 호적상 1947년 7월 13일) 충남 당진(합덕)에서 태어났으며 호는 송인(松印) · 수별(樹別)이다. 서강대학교 문과대학 및 언론대학원을 졸업하고 광운대학교 대학원에서 박사 학위를 취득했다. 한국언론학 퇴임교수 모임인 '한국언론연구회' 총무(회장)로, 2015년부터 10년째 봉사하고 있다. 1970년 KBS 공채 입사 후 아나운서, PD, 연구소 연구원, 정책개발 · TV편성 차장, 위성방송부장, 원주방송국장, 연수원 교수, 방송문화연구소장, 개혁기획단장 · 밀레니엄기획단장 · 경영개선추진단장 등 3개 특별부서 단장을 역임했다. 2003년 6월부터 KBSi(인터넷) 대표이사 사장으로 3년 8개월 재임했다. 2007년 3월 광운대학교에서 초청, 미디어영상학부 객원교수로 재직하며 정보콘텐츠대학원장, 국가인적개발센터장 등을 역임했다. 한편으로는 50여 년 학계에 참여하며 한국언론학회 이사 · 한국방송학회 부회장 · 한국소통학회장 등을 맡기도 했다. 서울대 언론정보학과 · 가톨릭대 사회학과 · 서울과기대 매체공학과 · 서강대 신문방송학과 및 언론대학원 등에서 30여 년 강사(대우교수)로 활약한 바도 있다.

저서 및 편서로 『한국방송관계문헌색인』(1976년부터 1999년까지 개정증보 4판까지), 『언론사 입문』(1983), 『언론고시연구』(1987), 『매스컴상식정해』(1988), 『한국방송인물지리지』(1997), 『장기범 평전』(2007),

『한국 아나운서 통사』(2013), 『한국 방송기자 통사』(2014), 『한국방송 인물사 연구』(공저, 2014, 한국방송학회 프로젝트), 『한국 방송 90년 연표』(편저, 한국방송, 2017), 『한국 언론학 설계자들』(편저, 2019) 등이 있다.